美國文明之父

愛默生

童年時期、大學生涯、歐洲旅行見聞、
牧師與婚姻、「宗教」演說，
從出生地波士頓到定居康柯特

A MEMOIR OF RALPH WALDO EMERSON

目錄

目錄

「詹姆斯·艾略特·卡伯特先生一直跟隨父親多年，而且在父親去世前的 10 年裡，卡伯特先生都在幫助父親整理其信件、日記、演講，乃至作品的分類等工作，卡伯特先生雖為父親的學生、好友，但更是位傑出的哲學家和作家。而且父親生前曾授權卡伯特先生為其傳記作家，主要因為兩位先生在平日交流中，父親曾跟我表達，卡伯特不僅是他的知己，更是一位能與其哲學體系深度共鳴的作家，所以，在父親病重的後幾年，我也深知其意，雖他們有口頭授權約定，但我還是在西元 1877 年 11 月底寫信懇請卡伯特為父親作傳一事進行書面確認，出乎我的意料，卡伯特先生 3 天後回信便確定授權，當我拿給父親看簽字的授權書時，父親歡喜的表情我至今難忘，八年後，這部厚重的傳記出版，可惜父親未能見到。但這部傳記是我們家族認為最為客觀和接近父親整個一生哲學體系的傳記。雖然，後來有多部不同作家撰寫了父親的傳記，包括他的朋友亨利·詹姆士（Henry James）先生和威廉·亨利·錢寧（William Henry Channing）先生，但從傳記的嚴謹性和關於傳記主角資料的掌握性來說，卡伯特先生是愛默生及家族唯一授權、可接觸愛默生一生全部的信件、日記、演講稿和作品手稿的作家，所以，出版後的連年再版，並被研究父親及其思想的研究者、愛好者稱為必讀的一部傳記，這便是最高的評價了，衷心向卡伯特先生致敬，我想在天國的父親亦會如此表達。」

—— 愛德華·愛默生（Edward Emerson）在本書出版之際的回顧

前言

　　我寫這本書的目的，是為了讓讀者與朋友們更加深入了解愛默生的外在與內在，在他們原有印象的基礎之上加深對愛默生的了解，而不是為了強行添加一些讓大家感到陌生的愛默生形象，也是為了從更廣闊的範疇去闡述愛默生與他所處的環境以及世界的關係。愛默生生前委託我這樣做，他的家人也希望我能寫一本關於愛默生的傳記，他們向我提供了許多愛默生生前尚未出版的文稿（其中包括愛默生與很多名人之間的通信，這些信件內容都是首次對外人公開的。對此，我要表達衷心的感謝），還有很多早年認識愛默生與了解他家庭生活的人所提供的各種資訊。我寫這本書的目的，就是利用這些機會，用更為詳實的資料去對愛默生的人生進行評估，同時不加入任何超乎事實理解範疇之外的評論。我所闡述的內容，其實絕大部分都只是將愛默生的日記、通信內容，或是從與他同時代的其他人回憶錄中收集過來的，上述內容可能會讓讀者留下這樣的印象：在本書的某些地方，讀者也許會覺得我僭越了這個規則。

　　我發現這些信件的價值遠遠低於我的預期。愛默生在談到自己的時候，這樣說：「自己從來都不是撰寫書信類的高手。」他很難透過書信將自己某個時期或是狀態下的情感直接表達出來，他總是要對這些情感進行篩選或是試驗之後，才會將這些情感的狀態寫下來。對愛默生而言，寫信始終是一件苦差事，而這個過程中所感受到的苦累，讓他在所寫的信件裡無法直接將自己的個性展現出來 —— 當然，我這裡所說的個性，是完全關於愛默生的個性，而絕非筆者的個性。同樣的情況甚至也出現在愛默生的日記裡。日記記錄的內容包含著從他的大學時光一直延續到他人生最後的盡頭：相比於愛默生公開發表的文章而言，閱讀這些日記也無法將我們與他的關係拉近一些。因此，我不得不對這些日記的內容進行分割或是重新安排 —— 當然，我情非所願 —— 我通常需要用自己的語言去表達愛默生的觀點，而不是簡單的讓愛默生透過他的日記來講述他的故事。

　　但是，如果我無法獲得這些內部資訊，無法對他的人生進行細膩入微的觀察，或是無法在我們對愛默生原有的形象獲得更重要的了解，那麼我在創作本書時將無法自由發揮，也無法避免那些想要成為公眾教師的傳記作家所感受到的最大尷尬——我的意思是，我們應該要明白教導與品格之間的差異性。當愛默生在日記裡對一位朋友進行評價的時候，表示任何人都不敢將自己在任何一個小時的想法全部寫下來。他寫道：「難道這很糟糕嗎？我認為，對於一位比我更差或是更缺乏智慧的人來說，我不應該掩蓋自己的心思。但是，對於那些比我更有智慧或是更有美德的人來說，或是那些比我更有智慧與更有善心的人來說，我也找不到任何緊閉心扉的理由。」愛默生說得沒錯，當他這樣做的時候，他受益匪淺。

　　愛默生的很多演說，其中包括耗費了他許多心血與時間、至今都還沒有出版的演說內容。我在本書最後的附錄中列舉了我所了解的目錄，還對絕大多數的演說稿內容進行了簡短歸納。就目前來說，是否要出版這些演說稿依然沒有一個定論。我個人的看法是，愛默生肯定在其中歸納了許多最有價值的論述，所以才會想著要出版這些內容。

　　本書開篇那幅愛默生的雕版肖像拜威廉‧赫伯特‧羅林斯博士[001]的所賜，是他根據著名攝影師霍斯[002]於西元 1856 年為愛默生拍的肖像照片所製。當霍斯看到這幅雕版作品時不無感慨的說：「這是最能生動再現愛默生形象的雕版作品了。」

詹姆斯‧艾略特‧卡伯特
西元 1887 年 5 月

001　威廉‧赫伯特‧羅林斯博士（William Herbert Rollins，西元 1852～1929 年），美國科學家、牙醫，輻射防護的先驅，並在醫學放射學和攝影領域有許多發明和研究。

002　霍斯（Josiah Johnson Hawes，西元 1808～1901 年），美國著名攝影師。他與阿爾伯特‧索斯沃斯（Albert Southworth，西元 1811～1894 年）於西元 1843 年創辦了索斯沃斯─霍斯銀版攝影工作室，並創作了大量優秀的攝影作品。

第一章
出生地，血統，童年時期

西元 1803 ～ 1817 年

　　西元 1808 年 7 月 17 日，星期天，波士頓第一教堂的威廉·愛默生（William Emerson）牧師，就關於放棄之前在城鎮中心的教堂，而選擇在郊區那個「更為寬敞與方便」的教堂一事，對信徒發表演說。他表示，他們這樣做，絕對沒有違背耶穌基督的戒律，因為「將原先那座位於喧囂城鎮中心與市集大街的教堂，遷移到遠離城鎮商業與娛樂中心的地方是正確的」。在接下來的星期四，當宗教儀式第一次在全新的教堂裡舉行的時候，他提醒信徒們，要感謝「在之前那座古老且衰敗的教堂裡禮拜」，也要為擁有這座寬敞、充滿美感的全新教堂而心存感激。他說：「在這座人口密集的城市裡，有這樣一個安靜舒適的環境去禮拜我們的上帝，這是一件值得感恩的事情[003]。」

　　第一教堂不僅是波士頓地區歷史最古老的教堂，甚至要比這座城鎮本身的歷史還要古老。因為，這座教堂是在之前的查爾斯頓上建立起來的，當時這裡還在一片樹叢的陰影覆蓋之下，這發生在溫斯羅普（Winthrop）與他的同伴穿越河流之前的事情了。他們在來到這座建築的第三天之後就離開了。當這座教堂在西元 1713 年建立起來的時候，波特（Porter）會長[004]就表示，這座教堂是新英格蘭地區造價成本最高且最為精美的教堂。按照當時的情況，這座教堂坐落在玉米山（也就是現在的華盛頓大街）。

003　出自《波士頓第一教堂的歷史簡略》，作者威廉·愛默生牧師，波士頓，西元 1812 年。
004　出自《新英格蘭人》一書，西元 1883 年 5 月出版。

現在，這裡聳立著羅傑斯大樓，在距離州立大街不遠的街角處。但是，隨著城鎮的不斷發展，玉米山地區的人口越來越多，變得越來越喧鬧。到了西元 1808 年，這棟「老磚屋」（當時，人們就是這樣稱呼這座教堂的）的所有者接受了班傑明‧喬伊（Benjamin Joy）先生的提議，準備建造一座全新的教堂與牧師住所，並且還要在夏天大街的教區土地上建造三座磚造的住所。作為回報，他得到玉米山地區原先教堂的所有權以及 13,500 美元的現金。

古老的教區房子是複折式屋頂的木造建築，聳立在這片土地的中央（其涵蓋範圍大約有一英畝左右），其所有權屬於教堂，但「坐落（按照理查‧霍林希德〔Ricliard Hollingshead〕與他的妻子安〔Ann〕在西元 1680 年的話來說）在波士頓的南端」，也就是在夏日大街上。現在，這裡已經成為昌西大街的一個街角，距離教堂有半英里路左右。

這座充滿鄉村氣息的房子就坐落在大街的後面，一直延伸到現在的埃文大街，附近有一座果園與花園。在昔日大街的兩旁種植著一排排的榆樹與倫巴第白楊樹。拉爾夫‧沃爾多（Ralph Waldo）是威廉‧愛默生與露絲‧哈斯金斯‧愛默生（Ruth Haskins Emerson）的第四個孩子（第三個男孩子），出生時間是西元 1803 年 5 月 25 日。

時至今日，那些想在同一個地方找尋「隱居的安靜感覺」的人會發現，這裡與華盛頓大街其實沒有什麼區別。要不是有多年前對這裡的記憶，他們很難單憑印象想像出這裡已經有了一排排遮蔽著天空的倉庫建築，繁忙的交通川流不息。在這片繁忙喧囂當中，是一大片開闊的花園與牧場。這裡夏天陰涼，冬天則陽光明媚。愛默生的童年時光就是在這裡度過的。德雷克[005] 說：「在西元 1815 年前，夏日大街有一個面積為兩英畝的牧場，牛鈴發出的叮噹響聲常常入耳。附近蓋爾（Geyers）、柯芬思（Coffins）、羅素（Russells）、巴雷爾（Barrells）、萊德斯（Lydes）、普雷勒斯

005　出自薩繆爾‧亞當斯‧德雷克（Samuel Adams Drake）的《波士頓古老的地標與歷史人物》一書，波士頓，西元 1873 年出版。

（Prebles）等人的房子，就隱藏在果園與花園當中。這些熱情好客的人家會用自製的蘋果酒或奶油款待來客。」

愛默生在西元 1872 年 5 月 26 日的日記中寫道：

昨天是我 69 歲生日，我要到夏日大街上辦點事。雖然這裡距離我當年出生的地方非常近，但我來到這條大街的時候，內心還是感到了一些疑惑。當我看到『金斯頓大街』的路牌之後，我感到非常驚訝。我發現這裡的花崗岩房屋根本沒有透露出一絲奈斯・戈達德農場以及長長的木造柵欄的氣息。同時，在距離我出生地非常近的昌西大街的角落裡，我也同樣感受不到之前的感覺。我突然想到一點，應該只有少數一些活著的人，對這座人口迅速增加的城市的過去有一定的了解。因為當我讀到瑪麗姑姑[006]的手稿時，發現她對過去貴族的品格以及生活品味有著敏銳的洞察力。我在年輕時期乃至壯年時期，能夠在這裡聽到她曾在信中所說的這一切。

即使當我在 20 年之後回想起來的時候，這條夏日大街區域仍然是孩子們遊玩的天堂。每個假日的下午與中午休息時，我們都會進行「捉迷藏」的遊戲。這裡有開闊的土地、柵欄與大道，有錯綜複雜的小屋與木造房屋，有被廢棄的穀倉，有開闊的大門以及許久沒有人觸碰過的乾草堆。這裡甚至還有一個池塘。冬天的時候，一位初學滑冰的人甚至會穿上冰鞋在這裡試著練習滑冰。這裡距離鹹水河流也很近，孩子們可以在碼頭上捉到比目魚與鱈魚。在附近不遠的平民居住區，我們可以看到一個個開闊的運動場所。

但是，愛默生對這些都一無所知。他後來跟我說，他小時候根本沒有雪橇，也從來沒有膽量去滑雪橇，因為他害怕「那個名為圓點的地方」—— 來自風車角與南角的粗魯男孩始終都會來這裡找麻煩，因此他們只能沿著夏日大街來到一般民眾居住的地方。然後，他們會在那裡與來自城市西邊地區的男孩打架。母親之前警告他，不要與大街上那些粗魯的

006　瑪麗姑姑，即瑪麗・穆迪・愛默生（Mary Moody Emerson，西元 1774 ～ 1863 年），美國作家和日記作家，拉爾夫・愛默生的姑姑和啟蒙老師。

男孩產生衝突，因此他經常只是站在家門口，想要看看那些粗魯的男孩是什麼樣子。

在愛默生的日記裡，一些內容是講述當他還是一個「圓胖男孩，在昌西大街上轉動輪圈，在拉丁學校朗誦著從司各特（Scott）到坎貝爾（Campbell）的詩歌的事情」。但是，我沒有發現可以證明愛默生進行這些玩耍或是體型圓胖的證據。「從小到大，我們都是在一起的。」威廉·亨利·弗尼斯（William Henry Furness）牧師在他對愛默生的一些回憶裡談到這點，他的回憶也證實了我的想法。「但是，我只能想到愛默生小時候玩耍的一個情景，那時在我母親房間的地板上。我認為愛默生小時候根本沒有參加其他男孩的遊戲，這不是因為他的身體從小比較屪弱，而只是因為在他很小的時候，他的思想就沉浸在一個更高的層次。關於這方面，我最深的一個印象就是，在他很小的時候，當他沉浸在閱讀書籍的時候，其他的小朋友都會逐漸離開。我還記得，當我第一次認識他的時候，他當時尚沒有產生對文學方面的追求。」

魯弗斯·道斯（Rufus Dawes）是愛默生在拉丁學校的同學。他將愛默生描述成一個「穿著藍色花布衣服，一臉高深莫測的男孩形象 —— 相比於其他同學，他在我的腦海裡留下了極為深刻的印象。我認識他之後，我就喜歡上了這個同學，我也不知道其中的原因，我只是覺得他身上散發出一種天使般的感覺，而且這種感覺是那麼的強烈。」

愛默生的這種早熟心理，很自然讓他喜歡與比他年長的人交流，而不是與他的同齡人交流。西元 1839 年，他在日記中這樣寫道：

在我 13 歲的時候，我的舅舅薩繆爾·里普利（Samuel Ripley）某天這樣問我：「拉爾夫，為什麼其他的男孩都不想跟你玩，並且總是跟你吵架，而成年人卻都很喜歡你呢？」現在，我已經 36 歲了，我覺得這件事應該反過來看：年長的人對我懷著猜疑的態度，並不喜歡與我交流，而年輕人則更加喜歡與我交流。

也許，愛默生給出的這種解釋，是源於他腦海裡某種高尚的想法 —— 正如弗尼斯在上文所說的，愛默生的心靈似乎總是停留在一個較高的層次 —— 有時，愛德華（Edward）與查爾斯（Charles）也會產生這樣的想法，他們錯誤的認為這是因為愛默生的自傲產生的。事實上，愛默生給人的這種印象，是完全超脫於愛默生本人的自我參照的。愛默生說：「我的祖父威廉在某個週六與他的父親一起步行前往教堂，他的父親這樣問他：『威廉，你走路時給人的感覺，好像整個世界都對不起你。』對此，我的祖父回答說：『父親，我並沒有這樣的感覺。』祖父威廉在回答他父親的時候，顯得那麼的謙卑。這是我在家族歷史上找到的一段有趣的軼事，這讓我產生了一些共鳴。」

　　關於喬伊的安排，是一些地產所有者提出來的。其中一人是班傑明・奧斯丁（Benjamin Austin），他在下面一首小詩中就表達了這樣的情感：

老磚屋，再見了！再見了，老磚屋！
你買來了牧師，賣掉了你的大鐘。

　　上面關於牧師的譏諷涉及到另一次談判，這次談判的結果最後讓威廉・愛默生牧師從哈佛鎮調到了他一開始居住的波士頓。

　　威廉・愛默生的血管流淌著「許多祖輩牧師」與精神指引者的血液，這可以追溯到他那些來到美國殖民地最初期的祖先身上。他們不是那種「處於昏睡狀態下」的人，正如詹姆士（James）先生在回想起愛默生時所說的，他身上有著祖輩不斷進化的優秀特質，有一種充滿英雄氣概的熱情，一種對人生最具價值的事情有著清晰的認知。在他的祖輩上，其中一條血脈源於彼得・巴爾克利（Peter Bulkeley），他是來自英格蘭貝德福郡的伍德希爾或是奧德爾地區的教區牧師，他後來在劍橋大學聖約翰學院就讀 —— 他來自一個具有悠久歷史的家族，有著許多財產。但是，他最後因為宗教意見不一而不得不保持緘默，在西元 1634 年渡過大西洋，來到

了新英格蘭地區。他與西蒙·威拉德（Simon Willard）上校一起砍伐森林，最終定居在穆斯克塔德地區（他們後來將之改名為康科特）。作為這一地區文明的先驅者，他們在這裡耗盡了大部分財富。「他被當地民眾視為父親、預言家與可以提供建議的人，受到全國各地牧師的敬重。」他的《福音契約論》是新英格蘭地區一開始出版的少數書籍之一，直到現在都還有一定的影響力。按照他的說法，教堂應該建立在預言家與使徒的基礎之上，「不應該以他們的身分去進行分類，而應該按照他們所持的信仰去進行衡量」—— 這樣一種情感在 200 年之後，終於在他的後代在神性教會上的布道演說中得到了呼應。

巴爾克利的孫女伊莉莎白·巴爾克利（Elizabeth Bulkeley）嫁給了約瑟夫·愛默生（Joseph Emerson）牧師，他是門敦地區具有開創精神的牧師。當他所居住的村莊被印第安人毀滅的時候，他死裡逃生。他們的兒子愛德華（Edward），「在紐伯里的第一教堂擔任過一段時間的執事」，後來娶了科爾內利烏斯·瓦勒度（Cornelius Waldo）的女兒雷貝嘉（Rebecca），她的一個後代說：「我們的家族終於有了一個不錯的姓氏。」他們的兒子是摩爾登地區的約瑟夫·愛默生牧師（西元 1717 年從哈佛學院畢業），是一位研究歷史的學者。他的孫女瑪麗·穆迪·愛默生（Mary Moody Emerson）這樣說：「他是這個國家最偉大的學生，留下了在那個時代規模較大的圖書館。他喜歡閱讀《伊利亞德》這本書。他表示，當他一想到書中讀到的人物與城市都已不復存在的時候，就會感到非常難過。要不是因為我的祖母，我的父親可能早已經因為分娩的情況而失去了姓名，因為他的父親認為自己絕對不能離開本職工作。最後，他們與孩子定居下來了，每天都要學習宗教知識或是接受教義問答書的學習，年齡最大的一個孩子坐在一邊，最小的孩子則坐在另一邊，中間則坐著老二。對當時的孩子們來說，他們唯一的室外活動就是做農事。但即使是這樣的生活，還是讓人心懷怨恨。當他在一天下午搗鼓乾草的時候，父親從窗邊看到了他，大聲對他說：『比利，比利，你這是在浪費你的寶貴時間，快點回來看書吧。』但

是，祖母則說：『不行，做點農事對他是有益的，他已經看了足夠多的書了。』他們都相信貧窮會帶來正面的影響，不願意與在托普斯菲爾德的約翰（John）叔叔產生任何關聯，因為他擁有大片土地，過著富裕的生活。我的祖父每天晚上都在祈禱，希望他的後代永遠都不要成為富人。我的父親大學畢業後，在羅斯伯里教學，後來前往康科特進行布道，並在這裡定居下來。他娶了皮貝·布利斯（Phebe Bliss）為妻子。她的母親是皮貝·沃克（Phebe Walker）。我之前聽說過這個女性，但從來沒有見過。她似乎從來不會因為苦難而被打倒。我的母親指責她冷血，因為當她的丈夫死在家裡的時候，她依然堅持還要去教堂禮拜。但是，她對另外一個世界似乎非常著迷。」

　　瑪麗·愛默生表示，她的父親是來自康科特的威廉·愛默生，他是獨立戰爭時期的愛國牧師。他是摩爾登地區約瑟夫的兒子，約瑟夫是一名學者。瑪莉·穆迪（Mary Moody）是薩繆爾·穆迪（Samuel Moody）牧師的女兒，穆迪牧師是一個對教條與實踐有著超驗主義熱情的人。愛默生在他的早年的演說中表示：「在緬因州的每個城鎮，你們仍然可以聽到關於阿甘米庫斯山地區的穆迪牧師所做出的善舉。當一些教區牧師因為對穆迪尖刻的布道演說而感到不滿，他們會選擇離開教會。此時，穆迪牧師就會大聲的說：『你們這些不知感恩的罪者，快點給我回來！』當那些牧師逐漸養成了不良的習慣，喜歡在週六晚上前往酒館喝酒的時候，勇敢的穆迪牧師就會跟在他們後面，一把抓住這些牧師的脖子，將他們拉到酒館外頭，然後送他們回家，一路上還跟他們講許多發人深省的警告話語。在那個時候，穆迪牧師的做法是將仁慈與熱情結合在一起。他們教誨廣為布施，不浪費任何一點食物。」穆迪牧師甚至將妻子放在他床邊的唯一一雙鞋子，送給了那位在寒冷結霜的早晨赤腳來到他家的可憐女人。當他的妻子想辦法控制丈夫這種樂善好施的行為時—因為她知道自己的丈夫根本沒有足夠的財力去支撐這樣的善心行為—就替丈夫做了一個很難打開的錢包。但是，穆迪牧

師最後將整個錢包都送給了下一位前來向他尋求幫助的人。

　　薩繆爾・穆迪牧師有兩個女婿，他們分別是來自摩爾登地區的約瑟夫・愛默生與來自康科特的丹尼爾・布利斯（Daniel Bliss），這兩人都是懷特腓（Whitefield）的著名支持者。當穆迪牧師在西元 1734 年來到這裡的時候，就被邀請立即前往他們的布道講臺上。他們認為穆迪牧師會支持他們關於聖靈精神的布道方向。

　　來自康科特的威廉・愛默生（西元 1761 年從哈佛大學畢業）是這座老宅的建造者。當時，前來道賀的人就有霍桑[007]的父親。當英國軍隊在西元 1775 年 4 月 19 日來到這裡的時候，他就記錄了發生在橋梁附近的一場小規模戰鬥。後來，他的孫子將這部分的內容收錄在《康科特歷史故事》一書的附錄裡面。他與他來自佩伯勒爾地區的兄弟約瑟夫・愛默生，在獨立戰爭爆發前[008]就已經是積極的愛國主義者。他曾對很多信徒發表布道演說，勉勵他們要隨時準備好服從軍隊紀律，向他們保證一點，他們對侵略者的抵抗，完全符合宗教層面上的教義，會讓「漢諾威的教堂散發出無與倫比的光彩。」西元 1776 年 8 月，他離開康科特，成為了駐守在提康德羅加地區軍隊的隨軍牧師，並在幾個月後死於露營熱病。

　　他的妻子是皮貝・布利斯（他後來在信件裡曾將她暱稱為我的「皮貝鳥」），她是丹尼爾・布利斯的女兒，是他在康科特布道演說牧師中的前輩──作為女婿，他曾在自己岳父的墓碑上刻上了「有著火一般的熱情」的字眼。夏塔克（Shattuck）曾說，丹尼爾・布利斯牧師引入了一種全新的布道演說方式，這種方式「充滿著激烈感情、無畏、客觀與熱情」，這讓他與當時流行的不冷不熱的阿民念派教義產生了激烈的衝突。

　　雖然威廉・愛默生在 33 歲的時候去世了，但他是一個留下了自己人生

007　霍桑（Nathaniel Hawthorne，西元 1804 ～ 1864 年），是美國心理分析小說的開創者，也是美國文學史上首位寫作短篇小說的作家，被稱為美國 19 世紀最偉大的浪漫主義小說家，代表作為《紅字》。

008　據說，他們的熱情讓他們甚至違背了當時普遍存在的孝道，指責母親當時喝茶的行為。而在當時，喝茶是被民眾普遍接受的一種生活方式。

痕跡的人，他是一位狂熱的愛國主義者，也是那個時代愛國運動的主要領袖之一，同時還是一名經驗豐富的布道牧師。她的女兒瑪麗·愛默生就曾說：「當他經過古老教堂的時候，會這樣說：『在那裡，我首先聽到了流暢的布道演說。』」事實上，威廉·愛默生在布道演說過程中，以優雅的聲調朗誦聖歌而聞名，他似乎擁有著他父親那種對文學方面的追求與品味。當他在前往軍營的路上寫信給妻子的時候，在裡面附上了幾首詩，並且這樣說：「在我看來，我不敢肯定眾人說的就是正確的。我應該成為一名優秀的詩人。我認為一名優秀的打油詩詩人應該是值得讚揚的。如果這是唯一能夠滿足我的虛榮心與滿足孩子們的話，那麼妳也必須要努力的這樣想。」

　　威廉·愛默生有一個大兒子與女兒瑪麗·穆迪。在這兩個兄妹身上，他們對文學方面的追求顯然是從父親身上遺傳下來的。在他們的父親去世之後——他們的母親改嫁給了以斯拉·里普利（Ezra Ripley）牧師。於是，他們就與里普利家先前的孩子們一起在康科特的教區住宅裡生活。威廉·愛默生二世（William Emerson II）很小的時候就開始自力更生了。他上完了普通的課程，在西元 1789 年進入了哈佛學院就讀，並在這裡從事一些管理學校的工作。之後，他繼續在劍橋大學學習了幾個月的神學，最後獲准發表布道演說。在他 23 歲的時候，他被任命為哈佛地區的牧師，這裡距離康科特只有 12 英里。據說，他對於牧師這個職業並沒有什麼偏好，但他最後聽從了繼父里普利牧師的建議。因為繼父告訴他，他母親最大的心願就是希望他能夠成為一名牧師。至少，對他來說，隱居的鄉村生活不會為他的內心帶來多少安慰，因此他必須要向前看。他給一位朋友的信件裡寫道：「置身於這樣的環境，我顯然是受到了限制，讓我無法在此時此刻感受到內心的滿足。這種隱居生活讓我無法與形形色色的人打交道。但是，我認為，從整個宇宙來看，哈佛還是一個不錯的地方。」

　　事實上，他並沒有完全切斷與外界的聯絡，因為他受到了布羅姆菲爾

德 [009]、斯夸爾·金博爾（Squire Kimball）、格羅夫納（Grosvenor）女士以及其他人的熱心幫助，他與這些人培養了良好的關係。他似乎找到了與他一樣對音樂感興趣的人，因為他之前一直在心底裡譴責自己將太多時間花在唱歌與彈奏古提琴上。我認為，古提琴這種樂器並不適合單獨演奏。但是，也許他們在那個時候沒有經常談論相關書籍的問題 —— 很少有人與他談論從英國那邊引入的文學作品或是科學著作。加上他的薪水較低，因此他「沒有錢去購買一匹馬」—— 在那個時代，這就為他與其他牧師進行交流帶來了極大的物質障礙。最後，他決定改變自己在社交層面上一貫的做法。他認為，這樣做會讓自己有可能忘記身穿牧師服裝所帶來的舉止約束。在一篇日記裡，他提醒自己「在對待帽子方面要更加自由，但在行為上卻要更加謹慎」。其中一些內容可以從他寫給格羅夫納女士 —— 這位哈佛教區前任牧師的遺孀 —— 的信件裡流露出來。當時，他正在考慮接受邀請前往那裡。這封信也許能夠將這位年輕的牧師的心跡表露出來。

西元 1792 年 1 月 28 日，康科特

尊敬的女士：

　　人生真是多波折啊！在茫茫人世裡，有太多的不確定因素，有太多的變化。在哈佛讀書的時候，我感覺時光似箭一般的飛逝。在那裡，我每天都能感受到生活的豐富與美好。雖然，當時每天的大部分時間都用於嚴肅認真的學習，但是每天晚上的許多歡愉時光還是陪伴著我們。但是，當我離開了你們這些人帶給我的歡樂之後，我很快就發現，在離開哈佛的清

009　若是從英國的社會環境去看，布羅姆菲爾德（Bromfield）先生並不是哈佛地區的大地主。要是透過昆西（Quincy）女士的日記對他的評價，這似乎顯示在十九世紀初期階段，英國地產階級的一些特徵在新英格蘭地區依然是普遍存在的。「布羅姆菲爾德先生以他所處的環境，讓來自艾迪生的昆西女士想到了科弗利地區的羅傑（Roger）先生在《旁觀者》雜誌上的描述。在她看來，她有必要去拜訪一下這位受人尊敬的騎士 —— 特別是在週六的時候，當他穿上了紅色的牧師長袍，戴著假髮，頭頂上還戴一頂翹起的帽子，身旁還有他的黑人奴僕奧特羅（Othello）。他引著她沿著兩旁種植著榆樹的古老街道穿行，經過墓地，來到了村莊的盡頭。一路上，他獲得了許多行人表現出來的敬意與致意。在禮拜服務結束的時候，教堂裡面的人都坐在靠背長凳上，直到布羅姆菲爾德先生與他的客人沿著寬敞的走道經過。」（《伊莉莎·S·M·昆西女士回憶錄》，西元 1861 年在波士頓出版）

晨，我發現內心世界裡彷彿一下子籠罩著疑惑的陰雲，這些陰鬱的想法一直懸在我的腦海裡，無法抹去。從那之後，我感覺似乎無法控制自己的人生，總是被別人所謂的良言與建議所蒙蔽。在接下來的週六裡，我沿著之前沒人走過的道路穿越森林與翻越常年積雪的高山之後，終於回到了紐伯里。晚上，我在一個沒有柴火點燃的寒冷房間裡吃晚飯，夢想著自己能夠在一張舒適的床上睡覺！在一張舒適的床上睡覺！關於這方面，我真的不想多說什麼，因為這帶給我的只有痛苦的回憶。我感覺自己壓在床上的重量甚至比不上一粒胡桃。我想像著如果是一粒胡桃說不定都會將這張床壓倒。在第二天清晨醒來時，我感覺自己就要冷死了。我出發前往教堂，一路上看到了形形色色的乞丐，有年老的乞丐，有身體殘疾的乞丐。當我來到布道講臺的時候，我似乎看不到臺下的聽眾在做些什麼。在走廊裡，沒有人走上前與我交談。這種感覺就好像我站在了證人席上。當我站在那裡的時候，我感覺到自己似乎在不斷的抓住一張剛好能夠到我腋窩位置的軟墊。我就是藉著眼睛的餘光，看到了窗戶外面那面廢棄的牆壁旁邊站著許多人。當時，我想要努力表達自己的觀點，就像《聖經》裡的約拿[010]那樣，似乎站在相隔甚遠的地方宣揚著法律所帶來的威懾作用。週二與週三，我都是在寒冷中度過的。這是之前約好的日子（因為在里普利牧師的康科特教堂裡，這天要舉行一些宗教儀式）。看吧，猛烈的北風與漫天的大雪似乎在較勁，將我內心的喜悅全部澆滅，讓我在返回的路上遭遇了諸多的不便。不僅如此，在回程路上僱用的馬匹與馬車，將我身上的錢全都花光了。但是，親愛的女士，妳說過，當我回來的時候就要告知妳一聲。至於我是以怎樣的方式回來的，請不要多問。親愛的格羅夫納女士，目前的情況是這樣的：我將會回到哈佛，我不會在沉湎於定居在紐伯里這種虛無縹緲的希望了，無論那裡的環境多麼的舒適。那裡的民眾在觀點上存在著驚人的分歧，他們都是世故且圓滑的人。他們不希望我們在紐伯里點燃

010　約拿（Jonah，西元前 800 ～前 740 年），先知，迦特希弗人，亞米太的兒子。約拿先知曾接到上帝（即神）的命令，要他到尼尼微城傳警告，約拿先知抗命逃往他施（Tarshish）。後來尼尼微人陷在自大與惡之中，最後亡於巴比倫國。

美好的聖火。他們將聖火留在哈佛。是的，女士，他們會讓我擁有接觸這些聖火的機會嗎？我認為，每個月 30 捆木材就能讓我舒適的度過冬天。但是，我無法想像自己被掩埋的情景。當然，一個人無論在哈佛、紐伯里還是在其他地方，一天都是可以花很多時間去閱讀的。親愛的女士，簡而言之，我的心靈就像這些天的空氣，正在被飄忽不定的大風撕扯著。我也不知道自己應該怎麼思考，不知道應該思考些什麼。

最後，他還是決定留在哈佛。一開始，每年的固定薪水是 333 美元 —— 即使是在那個時代，這也不算是很多錢，再加上當時通貨膨脹的原因，這些錢的實際購買力大打折扣。我認為，他當時的住房不需要支付租金，他所獲得的「恩惠」也許是源於比較富有的教區牧師的資助 —— 其中包括斯夸爾・金博爾送來的一隻豬腿，布羅姆菲爾德送來的一大捆木材，還有「不是擔任牧師職位」的格羅夫納女士的資助 —— 再加上諸如主持婚禮所得到的一些報酬，這應該能夠占到他整體薪水的一半左右。在這樣艱苦的條件下，對於那些想要將四分之一錢用於購買書籍的人來說，這些薪水還是太少了。因此，他覺得絕對「不能結婚或是建造房屋」。儘管如此，我在他於西元 1796 年 6 月的一篇日記裡看到了這樣的內容：「我與露絲・哈斯金斯女士一起騎馬外出，與她談論了關於結婚的事宜。」在同年 10 月 25 日的一篇日記裡，他寫道：「我要娶善良可愛的露絲・哈斯金斯女士為妻子，她是波士頓哈里森大街的約翰・哈斯金斯（John Haskins）的第五個女兒。」然後，他將哈斯金斯女士帶到了他幾個月前購買的一個農場。

雖然我沒有發現他的妻子為他帶來任何直接的財富，但在此之後，他在日記裡就再也沒有提到抱怨貧窮、內心的憂慮、債務，或是維持自己拮据的生活而感覺壓力沉重的話了。他還在日記裡表示，「要在哈佛或是其他地方努力過上更好的生活。」他似乎能夠預見到自己日後的生活可以擺脫這樣的壓力。「我們過著貧窮的生活，忍受著寒冷，只能吃一點肉。但是，感謝上帝，我們有足夠的勇氣去面對這一切。」

這絕不是一種掉以輕心所表現出來的勇氣。他向來是小心謹慎且做事有條理的人，非常注重做事的順序，雖然貧窮，但在購買書籍方面卻是出手闊綽。他的內心始終有一種不可戰勝的樂觀精神，這種樂觀精神讓他覺得，真正的不幸肯定不會降落在自己頭上。多年之後，在他的人生行將走到盡頭之際，他依然用愉悅的筆調向里普利博士寫信，談論醫生對他病情一籌莫展的情況。他在信中說：「你一定要認為我會好轉的，因為我在回信時還像之前那樣表現出諸多模糊的思想。在我的人生裡，這種模糊多變的心態似乎貫穿其中。」

　　與此同時，他沒有袖手旁觀，靜候天意的安排。相反，他勇敢的承擔起了自己應該去承擔的一切。他賣掉了古提琴，接受住宿生，管理學校，並且親自打理農場上的事務。在經過許多挫折，甚至是在「鎮民大會上遭受辱罵」之後，他最後還是說服了教會，要求增加 250 美元的薪水。事實上，增加之後的薪水也僅僅與之前一開始的年薪的購買力相差無幾。在西元 1799 年春天，他終於出現在波士頓第一教堂委員會上。他受邀前往那裡發表布道演說，還要在歷史悠久的炮兵連的優秀軍官面前這樣的莊重場合，發表年度布道演說。一週之後，教堂委員會表示要他離開波士頓，同時寫信給哈佛那邊的教會，要求他們取消與他的合約。在信件裡，教會委員會聲稱，這是因為「那些有學識的人、聰明的人或是邪惡的人，對神聖的宗教發動了讓人驚恐的攻擊，特別在人口密集與沿海城市，因此他們希望能夠找到一些更加著名的神職人員到那些地方，透過他們的演說說服那些民眾，讓他們回歸到之前友善的行為當中」。哈佛教會透過鎮民大會組建的一個委員會進行回覆，表達這樣做即使不是史無前例的，也是全新的做法，並且認為他們應該因為租用教堂座位不斷上漲的租金，從而獲得一千三百美元的補償。威廉·愛默生二世在他的日記裡寫道：「在經過了一個夏天的談判之後，哈佛委員會最終獲得了 1,000 美元的補償，放我走了。」在這年 9 月 15 日，他發表了告別的布道演說，並在 22 日來到了老磚屋教堂履行自己的牧師職責。

對牧師的布道演說的評價標準，要看這對聽眾產生的影響。威廉·愛默生二世透過布道演說實現了這樣的改變。也許，相比於我們對他在炮兵連年度演說稿所獲得的感受，我們最好還是看看他的同齡人對他的評價。約瑟夫·史蒂文斯·巴克敏斯特（Joseph Stevens Buckminster）牧師在威廉·愛默生二世的追思布道演說中，這樣評價他：「他在進行布道演說時，給人一種傾聽天使聲音的感覺，他的演說風格是那麼的合理，樹立了一個非常好的榜樣，這讓他的繼任者克拉克（Clarke）感到非常頭痛。因為要想達到愛默生的標準，這實在是有點難。」從未缺席過炮兵連選舉布道演說或是週四演說的約翰·皮爾斯（John Pierce）牧師則說：「威廉·愛默生二世是一位傑出的布道演說家，他有著音樂般的聲音，他在演說中是那麼的健談，觀點是那麼的鮮明，一切都顯得那麼的順其自然。他在發表祈禱詞的時候，是那麼的流暢，但他的演說對於普通的信眾來說則有點高深。顯然，他事先為演說內容進行了一番思考，最後以較為清晰的方式呈獻給聽眾。他無法忍受當時流行的一些時尚，不能容忍那種散漫敷衍的寫作方式。有時，他會在演說中使用一些不常見的詞語，但他這樣做只是希望演說能夠變得更加經典一些而已。」

各方都稱讚他在布道演說時對聲音的掌控以及朗讀文章的技巧。在這項特殊的任務獲得成功之後，他被調到了第一教堂，想辦法面對宗教領域出現日漸鬆弛等問題。這個問題與前一個問題存在著關聯，也就是人們對真正的宗教崇拜方式，是否應該透過更加嚴謹遵循正統的方式，還是進一步放寬對正統禮拜方式的要求去實現的問題，存在著不一樣的觀點。關於應該支持這一方的觀點，還是應該以怎樣的方式去展現信條，這是很難完全調和的。皮爾斯牧師就曾用不客氣的口氣說愛默生在這方面存在著「自由主義」的傾向，而查爾斯·羅威爾（Charles Lowell）牧師則認為，愛默生在這方面的觀點與他的一些同胞一樣，並不是非常極端。西元 1806 年，當他還在波士頓擔任牧師的時候，他寫信給自己在華盛頓的同母異父兄弟薩繆爾·里普利。在信中，他明確表示自己不是堅持形式主義或是教條主義的人。

如果我沒有離開哈佛，前往波士頓的話，我的想法是前往華盛頓，我可以到那裡成立一間完全基於教會原則的教堂。在這所教堂裡，我們不會有任何關於信仰、聖約的成文規定，也不會有對任何宗教刊物徵求訂購的強制要求，絕對不會將一些硬性條件視為接受聖餐儀式的前提條件。我的想法就是成立一間全新的教堂，讓所有基督徒都能夠按照他們的方式去信仰上帝，信眾只需要在懺悔的時候才需要說出自己的心聲。

關於威廉·愛默生二世的個人形象，羅威爾博士曾這樣說：「他是一個英俊的人，身材魁梧，有著慈善的面容，臉頰的顏色有點淺。他的舉止優雅、從容，具有紳士品格。他是一個誠實之人，經常會用果敢與肯定的口氣來表達自己的觀點，從來不會以粗魯或是庸俗的方式說話。」

愛默生接受了邀請，回到了第一教堂。第一教堂一致同意「因為他做出的努力與貢獻，每週可以獲得十四美元的薪水，還能免費住在教區住宅，每月二十捆木柴的待遇。」後來，這樣的待遇不斷提高，截至西元1809 年，這個待遇最終固定在每週二十五美元，每月三十捆木柴。正如我之前所說的，這個教區住宅連接著一座花園，愛默生就在那裡種植馬鈴薯、甜玉米、豌豆等作物，正如他之前在哈佛教區工作時那樣。

要是按照現在的標準去進行衡量的話，愛默生在波士頓所領取的薪水是微薄的，不過這讓他能夠漸漸過上一種自由的生活，甚至能漸漸還清之前所欠下的一些債務。當然，他也沒有任何積蓄可以迎接未來的風雨。在這裡，他與許多人形成了良好的關係——「在外面吃飯」與「與人交談」成為了經常的事情，這些內容在他日記出現的頻率越來越高。有時，他也會抱怨這樣的應酬占據了他太多的時間與精力。但是，渴盼能夠與別人進行友好交流的念頭是那麼的強烈，而這座規模不大的城市恰好又提供了這樣的機會。早期移民所帶來的一些學者，此時基本上都已經去世了，但是這些人的後代對文學依然有著強烈的愛好與興趣，並且感覺需要將自身的觀點表達出來。當時，麻薩諸塞州歷史協會才剛剛成立沒多久，該協

會鼓勵「成立一份名為《美國阿波羅》的週報，讓各方面的學者能夠就他們對這個國家的自然、政治與宗教歷史等方面發表自己的觀點」。愛默生是該協會積極活躍的成員，與此同時，他還「經常與生理協會的成員進行交流」——並且在西元 1801 年 12 月 10 日在詹姆斯·傑克遜（James Jackson）的家裡，主持了第一屆的生理協會會議。

「4 月 9 日，在哲學協會發表演說之前，我打翻了兩個藥瓶。」他在西元 1803 年的日記裡寫道，「哲學協會獲得了驚人的發展。感謝上帝，我腦海裡的想法終於變成了現實，並且將會變得越來越好。」

不過，愛默生在文學方面主要的精力，還是集中投入到《月度選集》雜誌上，《波士頓雅典娜期刊》也應運而生。西元 1804 年，他負責《月度選集》的編輯工作。6 個月後，他召集了自己的 16 個朋友，創建了詩集俱樂部，約定每週見面一次，共同談論適合刊登在雜誌上的文稿（當然，他們會聚在一起吃一頓便飯）。約翰·西爾維斯特·約翰·加德納（John Sylvester John Gardiner），這位三一教堂的牧師，擔任首任會長，威廉·愛默生二世則擔任副會長。參加這個俱樂部的成員在情感上都是持自由主義精神的，但他們都是傑出的聯邦主義者。李（Lee）女士在關於巴克敏斯特的回憶錄裡，就曾講述過波士頓地區的女士無法受邀參加晚上的選集活動，因為那裡的情形，會破壞女士對那些平日裡最可親的紳士所持的形象。昆西（Quincy）會長曾說，這個協會維持了六年左右，始終保持著良好的聲譽，出版了 10 本八開本的書，這為那個時期的文學發展做出了重要的貢獻。事實也的確如此。因為這些書的作者包括相當一部分比例的學者，其中包括忙碌的律師、醫生、商人等等。我們可以在這些文章裡找到諸如帕森斯（Parsons）法官、丹尼爾·韋伯斯特（Daniel Webster）、雅各布·畢格羅（Jacob Bigelow）、約翰·柯林斯·沃倫（John Collins Warren）博士、詹姆斯·傑克遜博士、詹姆斯·柏金斯（James Perkins）、詩人斯多利（Story）法官、約翰·昆西·亞當斯[011] 等人的作品，我們還能發現來自不同信仰的

011　約翰·昆西·亞當斯（John Quincy Adams，西元 1767 ～ 1848 年），美國第六任總統（西元 1825 ～ 1829 年）。

學者與文學愛好者的文章，其中就包括擔任羅馬天主教教會主教的切弗魯斯（Cheverus）的文章。《月度選集》在宗教層面上的基調是非常自由的，但在政治與文學層面上則顯得相當保守。其中一位投稿者說：「這樣做是為了消除美國出版界存在的腐敗因子，剷除一切造成混亂的根源。」同時堅定的反對英國當時出現的全新詩歌學派。當時的司各特受到了他們熱烈的歡迎，在他的作品再版之前，往往會出現一些關於他作品的節選內容。但是，他們認為柯勒律治（Coleridge）與加德納博士的詩歌適合「愚蠢」這個綽號，並且用「充滿愚蠢的怨恨」來評價勞勃‧騷塞 [012]。

具有長久影響的是，在愛默生的指示下，該俱樂部對很多書籍進行了收集整理，逐漸發展成波士頓圖書館。在哈佛教區時期，他就已經創建了一個圖書館，而他作為當時的圖書管理員以非常認真的態度對待這份工作。當全新的教堂在昌西地區建立起來之後，他說服了教會在教堂法衣室裡成立一個神學圖書館。

隨著他的社交圈不斷擴大，加上他積極參與文學活動，他的名聲漸漸擴散開來。他所獲得的公眾榮譽很自然讓新英格蘭地區的一些貴族願意接近他，這些所謂的貴族除了他們所具有的財富或是政治地位之外，還有著悠久的尊貴歷史。在西元 1802 年的國慶日，他是當天的演說人之一。在西元 1803 年，他以牧師的身分在州參議院發表演說，並在歷史悠久的炮兵連布道演說會上進行主題演說。之後，他還監督哈佛學院的建造情況，成為許多重要場合的嘉賓。除了參加這些重要活動之外，他還經常與這些人到港口散心，或是一起前往參觀城堡，有時甚至前往羅威爾島玩一場套環遊戲。

他的妹妹瑪麗‧穆迪‧愛默生也遺傳了愛默生家族的傳統 —— 她在文學品味方面與哥哥存在著共鳴，也會為《月度選集》撰寫文章，還會時不時前往他在波士頓的家裡做客，因為她「想要聽聽男人們都是怎麼說

他是第二任總統約翰‧亞當斯（John Adams）及第一夫人阿比蓋爾‧亞當斯（Abigail Adams）的長子。

012　勞勃‧騷塞（Robert Southey，西元 1774 ～ 1843 年），英國作家，湖畔派詩人之一。「消極浪漫主義」詩人。

的。」不過，她在給愛默生的信件裡，曾不只一次警告他「對時尚或是名聲的屈服，這必然會對長久追求簡樸、理智與忠誠造成障礙」。她擔心「悶熱的空氣與城鎮的奢華生活，會讓天才之光變得黯淡」。她表示：「現在的世界對你來說實在太好了，因此這很難是真實的。」瑪麗說得沒錯，當時的愛默生的確生活在一個「富足且美好的世界裡」。愛默生在日記裡這樣寫道：「我感覺自己在這個世界上獲得了許多美好的東西，感覺非常幸福。我擁有很多不錯的朋友，還有很多值得讓人欣慰的事情。」

接著，愛默生的人生就出現了陰影。他的兩個孩子接連去世。（皮貝・里普利〔Phebe Ripley〕出生在哈佛，西元 1800 年死於波士頓；約翰・克拉克〔John Clarke〕在西元 1807 年去世）。直到西元 1811 年春天，他已經在第一教堂擔任了十二年的牧師，「他的身體日漸消瘦」，在徒勞的掙扎了幾個月之後，最後在四十二歲的時候英年早逝（西元 1811 年 5 月 12 日去世 [013]）。

在去世前，他在寫給妹妹瑪麗的一封信裡這樣說：

對於我的妻子與孩子來說，我在這個世界上的時間已經不多了。在我命不久矣的情況下，只有上帝才知道我還能撐多久。我擔心孩子們接受教育的問題。但在我即將離去的時候，我的內心並沒有堆滿憂愁。妳知道，我們的家族一直以來都沒有像普通人家那樣，為自身以及家庭生計進行過認真的思考。

對愛默生的遺孀來說，這的確是個沉重的負擔。因為她當時沒有其他的經濟來源，膝下的六個孩子全部都在十歲以下。除了上面提到的兩個已經夭折的孩子之外，還有在西元 1801 年出生的威廉，西元 1803 年 5 月 25 日出生的拉爾夫・沃爾多。關於沃爾多出生這件事，出現在他父親當年所寫的日記中。

普菲（Puffer）在選舉日布道演說中的表現受到了熱烈的歡迎。就在這

013　愛默生在炮兵連的朋友們身穿戎裝參加了他的葬禮，盛大的軍樂隊為愛默生送行。

天，當我與史壯（Strong）州長共進晚餐的時候，我的兒子拉爾夫·沃爾多出生了。母子平安。

之後，他們的三個兒子：愛德華·布利斯（Edward Bliss，西元 1805年出生），羅伯特·布爾克利（Robert Bulkeley，西元 1807年出生），查爾斯·昌西（Charles Chauncy，西元 1808年出生）還有一個女兒瑪莉·卡羅琳（Mary Caroline，西元 1811年出生，西元 1814年去世。）

在愛默生二世去世後，第一教堂履行了自身的職責：在接下來的半年裡，他們繼續向逝去的愛默生二世支付薪水，然後透過投票表決，決定在接下來的七年時間裡，每年向他們一家支付 500 美元，同時還讓他們在接下來的一年半時間裡繼續免費住在教區住宅裡，除非教區因為其他事情需要用到這棟住宅。事實上，愛默生的遺孀在這棟教區住宅裡居住了超過三年的時間。

在教會的資助以及偶爾來自那些「善意朋友」的幫助下，她還是勉強在波士頓維持著這個家，直到孩子們都長大成人能夠賺錢養活自己。她想在一個租金更廉價的地方住，但孩子們必須要接受良好的教育。「他們天生就要接受良好的教育。」他們的姑姑瑪麗這樣說。在孩子的母親看來，至少要有一、兩個孩子以後要成為牧師，因此他們必須要在拉丁學校讀書，之後再去哈佛學院讀書。最後，她透過艱苦的努力，終於實現了這些目標。她將寄宿生帶到自己家裡，每天早起晚睡，做許多繁重的工作。孩子們漸漸長大之後，他們也會幫助母親做一些工作。再加上瑪麗·愛默生有時也會給予一些幫忙，因此她們將社會上很多不良風氣都拒之門外。當這些困難都遠去的幾年之後，大兒子威廉在寫給母親的一封信裡這樣說：

當時，我們的家庭環境是，只要家裡任何一個人生病了，那麼家庭的經濟壓力就會陡增，讓我們陷入幾乎真正意義上的絕境。幸運的是，我們從來沒有陷入過這樣的困境。

正是在這個偉大的母親多年來不懈的努力下 —— 透過節儉的生活，

才讓她在不同層面上為孩子們的成長留下了深刻的印記。某天，里普利女士一家來到他們家，發現他們竟然沒有東西吃。愛默生夫人正在講述一些具有無比忍耐力的英雄故事，安慰孩子們飢餓的肚子。拉爾夫（當時的人都這樣叫他）與愛德華只有一件厚重大衣，他們外出的時候只能輪流穿，因此他們經常會被其他庸俗的同學恥笑：「今天又輪到誰穿那件大衣啊？」

孩子們都非常用功的學習，他們幾乎沒有機會去玩耍或是玩任何遊戲。當然，對他們那位傑出的母親而言，孩子們是需要娛樂的。如果孩子們有空閒的時間，那麼他們最好還是用在娛樂上面。她認為，孩子們應該閱讀一些積極向上的書籍，比如惠普利（Whelpley）的《歷史概略》或是傑布（Jebb）的布道演說，甚至是羅琳（Rollin）與羅伯森（Robertson）的作品。在那樣的外部環境下，她必須為孩子們的智趣增加養分。在愛默生二世生前，無論他多麼忙碌，都絕對不會忽視教育孩子的事情。一次，他到其他城市出差，他寫信給妻子說：

威廉（當時只有 5 歲）之前在我面前背書，他現在也可以在妳面前背書了。如果妳有休息時間認真聽他背書的話，妳可以在早餐前聽他背誦一句符合英語語法的句子。當然，要說還有誰要在場的話，我認為拉爾夫（當時只有 3 歲）應該在場。

愛默生希望約翰·克拉克（當時已經 7 歲了）能夠複述艾迪生（Addison）、莎士比亞 [014]、米爾頓 [015] 與波普 [016] 等人作品的一些段落。

他們的姑姑瑪麗·穆迪·愛默生延續了這樣的傳統。瑪麗是一位優秀的女性，她的侄子曾對她進行過一番評價 [017]。當然，侄子的評價顯然充滿了對她極為崇高的敬意。她將穆迪家族的熱情與衝動以及清教徒的活力融

014　莎士比亞（William Shakespeare，西元 1564 ～ 1616 年），華人社會常尊稱為莎翁，他是英國文學史上最傑出的戲劇家。

015　約翰·米爾頓（John Milton，西元 1608 ～ 1674 年），英國詩人、政論家，民主鬥士，英國文學史上偉大的六大詩人之一。代表作品有《失樂園》、《復樂園》，他曾擔任過克倫威爾（Cromwell）的私人祕書。

016　亞歷山大·波普（Alexander Pope，西元 1688 ～ 1744 年），18 世紀英國最偉大的詩人，代表作為翻譯《伊利亞德》與《奧德賽》。

017　出自《選集》第 373 頁，關於愛默生的寫作內容一般都是以河邊出版社的版本為準。

合起來，這讓她對現代思想有著敏銳的察覺能力。在愛默生後來的一些信件裡，當瑪麗姑姑與他就他的「更高的空靈思想」進行辯論的時候，或是姑姑不想見到他的時候，甚至是不願意去他所在的城鎮看他的時候，愛默生這樣寫道：

將我的愛意與榮耀賜給她。在我的家裡，她必須要占據一個神聖的位置。我沒有時間沉湎於詩歌或是哲學，因為我知道這些東西。但我的姑姑不是以天才的身分做到的。

瑪麗是一個非常古怪的「聖人」，她對信仰的狂熱要超過對作品本身的熱度，這讓她成為一個難以相處的人。她將自己的侄子當成偶像一樣崇拜，對他們的期望沒有設定邊界，只是在一定距離之外才展現出她對他們的愛意。但是，即使是她表現出來的些許愛意，也會在她看到侄子們表現出的軟弱之後變成極為嚴厲的斥責。專橫的性格讓她無法容忍不同的意見，即使她在心底暗地裡支持這樣的觀點。這讓她成為了非常難以相處的人，也讓她自己感到非常不自在。愛默生曾這樣評價她：「她每天都在踐踏著尋常人所珍視的人性。每天晚上，這樣的想法就像鬼魂那樣冒出來，折磨著她。」她曾這樣評價自己：「我喜歡成為社會上的一個麻煩。」但是，她看待問題的真誠與習慣性的觀點，對任何具有價值的事務的敏感看法，讓她對侄子們的人生產生了重要的影響。

「即使如此，雖然我們嘲笑她，違背她，或是憐憫她一時的衝動，我們都為她所具有的洞察力、判斷力、良知以及對詩意與理智的看法所折服。」

「我認為，新英格蘭地區內部的宗教歷史，可以透過這家族的歷史得到更加真實的呈現：瑪麗·穆迪·愛默生與她的侄子們的形象，主要是與查爾斯之間的形象得到呈現。對瑪麗來說，人生的重點就在於新英格蘭地區的全新思想與古老思想的衝突。在這片土地上，那些富有的繼承者按照古老的思想將古老的宗教移植到了這片土地上，她以奇怪的方式將充滿熱

情的忠誠與致命的洞察力、對哲學的熱愛以及對言語的不耐煩結合起來，從而變成一個宗教懷疑論者。她的雙手牢牢抓住過去那代人的信仰，認為這是物理世界與形而上世界的善意與希望的守護神。無論在面對什麼人，無論在什麼場合，特別是在面對那些讓她感到希望與驕傲的侄子身上，她以詩意的方式讚揚這種值得崇拜的喀爾文主義[018]。但她之前一直對此持一種懷疑與否定態度。我們也不知道，她對侄子們天生就適應或是促進全新思想的發展的行為，是感到驕傲還是感到遺憾。她讓我想起了司各特的《阿伯特》作品中那位熱情主義者瑪格麗特・格雷姆（Margaret Graeme），她將自己的熱情灌輸給年輕的洛倫（Roland），希望他對羅馬教會充滿熱情 —— 只是我們這個瑪格麗特在熱愛的時候，內心也充滿了疑惑。米爾頓與楊格（Young）所處的時代，就是最能代表她內心想法的時代。他們為米爾頓感到驕傲，但我認為他們所持的宗教始終沒有像『夜思』給人那麼忠誠的形象。瑪麗・穆迪・愛默生身上這些複雜的品格為她的希望帶來了全新的方向，讓她希望自己的侄子能夠接受神學教育，從小就學會摒棄那些前人堅守的狹隘與錯誤的觀念。在她看來，這就是普羅米修斯（Prometheus）帶給人類的福音。她厭惡那些貧窮、粗俗與沒有詩意的人，始終表現出自己對那些人的輕視與不滿之情。」

從愛默生這些孩子的童年時期開始，瑪麗姑姑懷抱著清教徒的良知。無論瑪麗姑姑在他們身邊，還是透過書信交流，他們都可以感知這點。當地人對瑪麗姑姑反感，她的言論讓她不得不要歸隱到鄉村時，她依然不斷要求自己超越清教的限制。關於這方面，她只能允許自己去讚美自己。顯然，瑪麗姑姑的人生中所經歷的種種衝突，在某種程度上傳遞到了她的侄子身上。她對侄子們的期望是超越世俗的成功，她會嘲笑侄子們身上表露出「任何對名聲無謂追求」以及「對社會憐憫心的過分敏感」，但是，正如她的哥哥威廉生前覺得自己不得不要告誡她一樣，她絕對不是一個「沒有

018　喀爾文主義，是 16 世紀法國宗教改革家、神學家約翰・喀爾文（Jean Calvin）畢生的許多主張和實踐及其教派其他人的主張和實踐的統稱。

家族榮譽感的人」。她認為，「我的名聲可以不為世人所知。但是，你的親人單純擁有好丈夫、好妻子、好鄰居與好朋友是不夠的，他們必須要被稱為拉比或是神父。」

她內心的希望是，自己這些親愛的侄子能夠成為具有智慧、學識、詩意與演說能力的人，能夠成為世人尊敬的人，成為波士頓地區受人歡迎的人。她希望他們能夠勇敢的承擔起追求這一高目標的責任。「他們天生就要成為與眾不同的人，這是毫無疑問的。但是，他們必須要做出足夠的犧牲，才能配得上在宗教的祭壇上演說的資格。」

與此同時，她對塵世與宗教世界追求完美所給出的建議，對侄子們的身心帶來了龐大的壓力。在她的兩個大侄子身上，這種壓力因為某種泰然自若的心態以及他們的父親所說的「多變」的性情得到緩解。（至少，對拉爾夫來說是這樣。）後來，當拉爾夫上大學的時候，就曾表示「這樣一種愚蠢的狀態」── 我們可以稱之為幽默狀態 ── 是一種他將自己與個人印象剝離出來的情感，讓他彷彿能夠站在旁觀者的角度去看待問題。也許，在拉爾夫這個例子裡，逃避人群過著隱居的生活，再加上青少年時期的艱苦生活，這可能會抑制他想要追求的東西。在他早年的一篇日記裡，他這樣寫道：「這是我在智力發展方面犯下的主要過錯。」無論怎樣，拉爾夫似乎是這樣認為的。對愛德華與查爾斯來說，他們並不需要自身這樣的專注力。「貧窮、生計與苦行的生活就像不可摧毀的鐵鍊。」（拉爾夫後來在一篇名為〈家庭生活〉的文章裡這樣寫道），再加上「我對當時的文學氛圍缺乏了解所帶來的恐懼感」造成了這樣的局面。弗尼斯博士[019]發現，這樣的成長經歷會讓他們之前就已經很嚴重的疾病變得越來越嚴重。在拉爾夫的情形，這樣的缺陷以另一種方式呈現出來。缺乏在「童年階段接受的教育，以及在操場、打架、嬉戲、商業或是政治層面上的教育」── 這讓他無法得到共濟會成立的機構的幫助 ── 顯然，這是拉爾

019　弗尼斯博士（William Henry Furness，西元 1802 ～ 1896 年），美國神學家、社會改革家、廢奴主義者。拉爾夫‧愛默生的校友及朋友。

夫為了避免與人接觸提出的一個誇張藉口，這讓他日後在與人正常互動方面需要克服諸多障礙。

不管怎樣，他們都需要依靠自己，原因是那個時代的樸素家庭生活。在他們的印象裡，父親始終是以友善與慈愛形象出現的，但是拉爾夫對父親的主要印象，則是「他是在社交場合上是一位紳士，但對孩子們的管教卻非常嚴厲。有兩、三次，他甚至逼迫我在一些碼頭或是浴場那裡游泳，這讓我的內心充滿了死亡的恐懼。我依然還記得自己在大海裡游泳時所感受到的恐懼。某天，當我聽到父親要求我接受一次全新的洗禮，我只能徒勞的在內心裡拚命掙扎。」

即使是他的母親，這位最為慈愛的母親，也讓她的孩子們曾經感受不到任何慈愛。當拉爾夫與父親在某個假日外出遊玩，直到太陽下山的時候才回家的時候，他們驚訝的發現，當他們回來的時候，母親經常用無比驚訝的聲音說：「我的孩子啊，我這一天都因為看不到你們而心如刀割！」拉爾夫後來寫道：「在母親給予我的關愛下，我上床睡覺了。」

下面這封信是拉爾夫在 10 歲的時候寫給他的瑪麗姑姑，信中的內容描述了他那個階段的生活情況：

西元 1813 年 4 月 16 日，波士頓

親愛的姑姑：

收到妳充滿善意的來信，我感到非常開心。現在，我跟妳講述一下我平常一天的生活情況吧，這應該就是妳在來信中所說的要我講講平時都做了什麼的意思吧。我將 4 月 9 日星期五這天的情況告訴妳。我平時都是很早起床的，時間大約是 5 點 55 分。接著，我幫哥哥威廉生火。之後，我整理好桌子，為祈禱做好準備。我在 6 點 15 分去叫醒母親。在妳離開我們家之前，我們也是這樣做的。我必須要向妳坦承一點，當哥哥比我懂得更多的時候，這通常會讓我內心的某個角落產生憤怒的情緒。有時，我認

為哥哥是以不正當的方式獲得了比我更多的知識。之後，我們吃早餐。早餐之後，我在 7 點 15 分到 8 點左右，要麼是玩一會，要麼是讀一會書。我認為自己還是喜歡玩耍多一些。8 點，我要去學校讀書，我希望自己能夠在學校裡學習到比昨天更多的知識。那天，我閱讀了一本名叫《維吉爾》的書，我們班的學生甚至與那些比我們早一年來到拉丁學校讀書的學生一起學習。上完課之後，我會前往韋伯（Webb）先生開設的私人學校學習。我在這所私人學校學習寫作與數學運算。一般情況下，我在這裡的學習時間是從上午 11 點到下午 1 點。之後，我回家吃午飯。在下午 2 點左右，我繼續在拉丁學校上課，除了接著學習上午所學的內容，我們還學習了語法。放學回家後，如果母親有什麼要求的話，我會幫她做一些跑腿的家務事。接著，我會收集一些木材，放到煮早餐的廚房裡。這之後，就是玩耍與吃晚飯的時間了。在吃完晚飯之後，我們唱一些聖歌或是看一些《聖經》的章節，我們輪流閱讀羅琳的詩歌，就像妳還沒有離開我們家之前那樣子。我們睡覺的時間是不固定的。我一般是在八點之後上床睡覺的。躺在床上的時候，我會在心底進行一番虔誠的祈禱，接著閉上眼睛沉入夢鄉。這就算結束了我一天的工作……之前，我寄了一封信給在波特蘭的妳，不過我認為妳可能沒有收到那封信，因為妳在給母親的信件裡沒有提到這件事。將我的愛意傳遞給哈斯金斯姑姑與里普利姑姑，還有羅伯特、查爾斯以及我所有的堂弟堂妹們。我希望妳一有機會就回信給我。請相信我，我始終是忠於您的侄子。

拉爾夫・沃爾多・愛默生

　　但是，我們絕對不能因此認為，愛默生一家雖然過得艱苦，他們就是過著暗無天日的生活。愛默生的母親所具有的那種恬靜的心態，是任何艱苦環境都無法侵襲的。「她的心智與她的品格，」弗羅辛漢姆博士[020] 曾

020　弗羅辛漢姆博士（Nathaniel Langdon Frothingham，西元 1793 ～ 1870 年），美國詩人、作家、一位論派牧師。

說：「可以說處於在一個高層次的狀態，她的品格讓整個家庭充滿著一種溫馨、優雅與安靜端莊的狀態。她說話的時候總是顯得那麼合理與友善，似乎她的話就是教育孩子們的最好的箴言。她始終面帶微笑，這對孩子們是一種獎賞。她那雙明亮的眼睛是任何黑暗歲月都無法將其光芒奪走的。這些都將會讓她的孩子們留下永久的印象。」瑪麗·愛默生這樣評價自己：「對於美好事物中的缺點，始終不能容忍。」她是這樣評價自己的兄嫂的：

當她成長的時候，我就知道她是不需要與任何人進行比較的。在接下來的幾年裡，我繼續觀察著她，思索著她的形象、言語、行動。可以說，她是最為睿智、最為健康與最為純潔的人……在一個全新的環境下（指她結婚之後），面對任何考驗品格的時候，她始終都能夠以充滿尊嚴、堅定與常識的方式去面對，這是我非常尊敬的。她理應獲得比她丈夫更大的影響力。在收留寄宿生的事情上，我所能說的就是，這對她並不算什麼考驗。

在嚴厲的瑪麗姑姑看來，哥哥家裡那些年輕侄子展現出了過分強烈的青春氣息。他們的歡笑與表現出來的輕浮，都是她所擔心的。「孩子們的表現甚至對他們的母親產生了足夠大的影響，這讓她經常成為愚蠢的代名詞。」他們的堂弟喬治·巴瑞爾·愛默生（George Barrell Emerson）後來在這裡成了家，這發生在他愛默生一家離開波士頓之前。喬治·愛默生這樣說 [021]：

在這些堂哥當中，我認識威廉的時間最久，對他也最了解。他是最喜歡讀書的人，他朗誦詩歌時的聲音是我聽過最悅耳的。他是一位讓人愉悅的談話者。拉爾夫·愛默生，我認識且敬佩他，現在世人都與我一樣非常尊敬他。愛德華·布利斯是最為謙虛和善的人，也是最為優雅的演說者，受到所有人的喜愛。查爾斯·昌西是一個聰明的人，做事合理，希望出人頭地，並且相信自己能夠做到。可以說，這是一個非常優秀的家庭。

021　出自《一個老教師的回憶》，西元 1878 年波士頓出版。

上面所提到的「家庭生活」段落，清晰的展現了他們對家庭圈子的回憶。我在下面再加入其中的一些段落：

　　在這個低矮的屋簷下，誰沒有看到這些朝氣蓬勃的男孩們在做家務事的時候精神奕奕呢？他們都忙著在客廳裡複習明天的功課，想方設法利用一些時間去多閱讀一些章節，或是閱讀一些他們父母不允許他們閱讀的書籍 —— 當他們在閱讀普魯塔克 [022] 與戈德史密斯（Goldsmith）等人的作品時，他們的內心是多麼的興奮啊！這樣的精神食糧彷彿讓他們每個人都感到高興，無論是在學校的操場散步，在穀倉或是木屋裡工作，他們身上總是帶著一些詩歌文章。有時，他們甚至會模仿演說者的口氣進行朗誦。他們在週六的教堂認真聆聽著年輕牧師的演說，學習他們的演說技巧，然後在家裡忠實的進行複述，直到他們感到身心疲憊。這讓他們的妹妹感到由衷的敬佩。當他們在讀完翻譯版本或是完成了某個主題書籍的閱讀之後，文學所帶來的虛榮感，會讓他們第一次感受到那種只有自己才能體會的快樂。這樣的感覺彷彿讓他們坐在房屋屋頂。他們明白要對麥克雷迪（Macready）、布斯（Booth）、肯布爾（Kemble）或是其他著名演說家的不同表達方式進行比較，並且以此為樂。當他們在上學或是工作之後重新碰面之後，他們那種為見到對方的喜悅情感是顯而易見的。在他們彼此為自己的事情努力的時候，他們會抓住所能利用的機會去儲備知識，培養自己的人生遠見，充分利用別人的想像與已有的成果。當他們聚在一起玩耍的時候，他們會情不自禁的將自己所收穫的心靈寶庫分享出來，這為他們帶來了難以言喻的滿足感。到底是什麼鐵環讓他們一家人始終這麼齊心協力呢？正是貧窮、生計與艱苦生活的鐵環，讓他們在人生早年避免像其他男孩那樣沉湎於感官刺激，指引著他們沿著安全正確的軌道去做事情，讓他們成為了追求真善美的人。唉，那些不懂得從書籍、大自然或是人類身上汲取養分的人，目光是多麼的短淺啊！他們有幸知道自己的優點，為自己

022　普魯塔克（Plutarchus，約西元 46 ～ 120 年），羅馬帝國時代的希臘作家、哲學家、歷史學家，以《希臘羅馬名人傳》一書聞名後世。

在成長時期獲得父母溫和的管教而感到高興，他們為那些盲目追求名貴服裝、交通工具或是前往戲院等做法的人感到悲哀，因為這種過早給予的自由與沉迷行為讓別人陷入了悲劇。如果他們像那些孩子那樣，從小就含著金湯匙出生的話，那麼他們肯定會為自己感到悲哀的！天使始終站在他們這一邊，讓他們用年輕人的汗水去編織人生的花環，讓他們明白，只有努力、艱苦、真理與共同的信念才能讓他們不斷前行。

在這本書的另一個段落裡，談到了孩子們閱讀柏拉圖（Plato）的內容，其中還講到孩子們在寒冷的冬天，用長袍蓋住了下巴，在散發出木頭氣味的房間裡閱讀文章。對孩子們來說，這顯然是他們人生的一種有趣經歷。當然，這不大可能是說愛德華的，因為他那時候還非常小。

可以說，拉爾夫的學習生涯始於他三歲左右。在那個時代，這麼小的年齡就開始學習，是很平常的，因為當時的教室類似於托兒所。西元 1806 年 3 月 9 日，拉爾夫的母親這樣寫道：「威廉與拉爾夫再次前往懷特維爾（Whitwell）女士的學校。」這所學校在牧師住所附近的夏日大街。5 月 17 日，拉爾夫的父親在日記寫道：「拉爾夫的閱讀能力不是很好。」弗尼斯博士還記得，拉爾夫那時候是在南西·迪克森（Nancy Dickson）女士的管教下。之後，拉爾夫去到了勞森·里昂（Lawson Lyon）開辦的學校。里昂是一位「嚴厲的老師，他的尺與牛皮鞭子有時會發揮很好的作用」，拉爾夫當時的同學薩繆爾·布拉德福德（Samuel Bradford）[023] 後來說。愛默生在將近七十年後這樣寫道：「當時，我們三個小學生一致同意，以後絕對不要變老，至少對彼此來說是這樣。」

西元 1813 年，愛默生進入了拉丁學校就讀。按照他後來的說法，當學校在重建的時候，他們經常要在不同的地方讀書，一開始是在密爾池塘附近（後來被填埋了，現在成為了乾草市場與連接著南北瑪律金大街的相鄰地方）。這個地方有很多海鳥在平地上尖叫。接著，他們就搬到了彭伯

023　出自《布拉德福德回憶錄》（私人印刷），西元 1880 年在費城出版。

頓山的一間小閣樓裡。沒過多久，班傑明‧阿普索普‧古爾德（Benjamin Apthorp Gould）就成為了校長。據愛默生的回憶，「他是一位非常優秀的校長，喜歡與優秀的學者來往，經常鼓勵學生們要追求自己的夢想。在西元 1814 年的一天，古爾德校長對全校師生說，英國即將派艦隊前往波士頓港口，因此男生要停課一天，前去諾德島幫忙建造防禦工事，每個有能力的男生都願意在第二天九點來到漢諾威大街的街角，那裡有一艘船正在等著他們，將他們送到那座小島上。可以說，整個學校的男生都去了。我也去了，但我必須要坦承一點，我記不清楚我與同學們的行為是否真的發揮什麼作用。古爾德在他擔任校長的第一年，就鼓勵學生們要在學校成立一所圖書館，這件事很快就開始進行了。我經常記得他身上的一種美德，就是他經常提醒我們要用心去閱讀荷馬（Homer）史詩。我認為，當時沒有幾個學生會將他的話聽進去，很多學生都是只會背誦，卻不知其中的意思。古爾德校長非常重視演說能力。週六早上，他要求學生練習演說能力。現任華盛頓地區法官的愛德華‧格里利‧羅林（Edward Greeley Loring），就是當時演說能力最好的學生。」

　　當我請求羅林法官回想當年的愛默生時，他友善的回答說：「我對當年的記憶，可能對你沒有什麼幫助。當時的愛默生是一個非常優秀的學生，因為他學習非常刻苦，但與其他學生相比，他顯得並不突出。他當時創作出來的詩歌就非常優雅，已經具備一定的水準。我認為，這肯定為他日後在大學的表現打下了基礎。在學校的時候，他似乎在表達方面有著一定的天賦，並在他之後的大學生涯裡將這樣的天賦發揮得淋漓盡致。無論在學校還是在後來的大學，他那種溫和與友善的待人方式，受到了所有人的尊敬。但是，他可能不太喜歡表現自己，因此他在學校的知名度也不是太高……他的體格不是很好，因此他不是運動場上的佼佼者。但是，我記得他並不是一個不願意玩耍或是追求單純樂趣的人……我對他最為清晰的印象，就是他似乎是一個沒有什麼缺點的人，這可能為他日後在品格與智慧方面的發展打下了扎實的基礎。」

弗尼斯博士說：「當時，我們都在波士頓的拉丁學校就讀。每天上午11 點到 12 點左右，我們都會前往由韋伯先生所開辦的私人學校，這所學校是專門教授語法學習的學校。在離開公立學校之後，韋伯還帶著幾個學生，這些學生主要是向他學習語法知識的[024]。拉爾夫與我經常坐在一起。我還記得，當時我看見他在一本習字帖上練字，看上去非常用功，似乎他要將自己想要說出來的話都用筆表達出來。但是，感謝上帝，他沒有浪費自己的天賦。一開始，他似乎沒有展現出任何方面的天賦，但他所擁有的卻是純粹的天才，是那種各項才華疊加起來之後呈現出來的簡樸狀態。在那時，他就已經開始為美國在西元 1812 年海戰的勝利創作詩歌了。他還會就一些歷史或是愛情話題寫一些詩歌 —— 我現在不記得他當時是不是想要創作一首名為〈福爾圖斯〉的史詩。我現在還隱約記得[025]，他曾經表達過這樣的想法。我認為，拉爾夫這樣做，是為了表達對我送給他一些圖畫的感激之情。拉爾夫對我提出的意見非常重視。在拉丁學校裡，他最喜歡的一篇朗誦課文是『希望的愉悅』、『華沙最後的勇士』等等。現在回想起來，他背誦這些文章的聲音就像電話聲音那樣，依然在我的耳畔迴蕩。」

在拉丁學校的最後一年裡，拉爾夫不只一次在公開日上展示自己的「原創詩歌」，其中一些詩歌還有他所預想的「主題」。拉爾夫的表現讓古爾德感到很高興，他將拉爾夫的這些詩歌拿到學校委員會[026]給大家看。弗尼斯博士說：「那個時代也許會被後來的人稱為追求辭賦的時代。當時，我們這些小男孩都會因為偶爾說出了一段不錯的話或是寫出了一篇不錯的演說稿，感到欣喜若狂。在我們眼中，當時的埃弗里特（Everett）、約翰（John）與愛德華（Edward）等同學，簡直就是我們心目中的偶像。我還記

024　愛默生記得，他在中午的這段時間裡，有時會曠課的。而曠課的懲罰結果就是不能喝水與吃東西。

025　按照弗尼斯博士的回憶，〈福爾圖斯〉這首詩歌的手稿現在還保存著，在比菲爾德地區的丹尼爾·諾耶斯（Daniel Noyes）牧師手中。

026　在這些文稿中（很多關於天文學的文章），我發現愛默生的文章的確在其中。一天晚上，當愛默生路過波士頓教堂，來到了一片空曠的地帶時，天上點點繁星讓他留下了深刻的印象，他決定在下一次的學校詩歌比賽討論與天文有關的話題。

得拉爾夫曾經告訴我，威廉與他的同學約翰·埃弗里特打架之後又重歸於好的事情。拉爾夫引用了埃弗里特說過的一段話——『關於步槍，小孩子是厭惡的，但男孩則喜歡讚美它。』，以及弗羅辛漢姆牧師在布道演說中的一段話。當時的弗羅辛漢姆牧師是第一教堂裡的年輕的牧師。弗羅辛漢姆提出了這樣的觀點，即人類『來到這個世界上，就受到了各種遺傳因素的限制，忍受著造物主對他們大腦的控制』。在我們看來，這些話的確是高深莫測的。我認為自己之所以還記得這件事，就是因為拉爾夫說這句話的口氣讓我留下了深刻的印象。」

在這個階段，拉爾夫還創作了幾首詩歌。也許，他最喜歡的一首詩歌是庫克（Cooke）翻譯的一首維吉爾（Virgil）的詩歌。整體來說，他喜歡的詩歌都是押韻的，同時詩歌的內容沒有明顯針對任何特定主體。在他的兄弟當中，拉爾夫創作押韻詩歌的能力，讓他感到自豪。當他們兄弟不在一起的時候，他們經常要求拉爾夫創作一些押韻詩歌。拉爾夫寫給身在安多弗菲力浦學院的愛德華時，他經常會在信中寫入一些短詩篇。比如：

某天，當我磨刀子的時候，我開始哼唱這首詩歌：

門農（Memnon）的豎琴，彈奏出美妙的音樂。
但是，我並不認為，磨刀子時發出的尖銳聲響，可以與彈奏豎琴發出的美妙聲音相媲美。
磨刀子發出的美妙聲音，就像一堆和諧的沙子，
在詩人那雙粗糙之手的砥礪下，
迅速沿著磨刀石上面劃過，
發出悅耳的聲響，讓吟遊詩人的內心感到滿足。

西元 1814 年，英國艦隊將沿海貿易的路線封鎖了，波士頓地區的物價不斷上漲——每桶麵粉的價格飆升到了 17 美元，大米與肉類的價格也以同樣比例出現了上漲——拉爾夫一家不得不搬到康科特，在里普利那

裡度過這一年。在局勢出現緩和的時候，拉爾夫在向當時上大學的哥哥威廉寫信時，這樣寫道：

西元 1815 年 2 月 24 日，康科特

親愛的哥哥：

　　從上次見到你到現在，情況真是出現了極大的變化，而這樣的變化是多麼讓人感到喜悅啊！就在不久前，戰爭的呼聲似乎在各地蔓延，但現在和平的鼓聲似乎乘坐著金翅膀飛在天空，戰爭的陰雲被驅散了，勝利的歌聲在迴蕩。

　　當戰爭沒有打響的消息傳到這個地方，每個人的臉上都露出了微笑，大家的內心都充滿了喜悅。在這個月的 22 日，法庭大樓尖塔上的燈火被點燃了，將整座建築都照亮了。當我過去看你的時候，你還沒有將《西塞羅演說詞》的書籍整理好。我希望你一有機會就將那些書籍寄給我。今天，我看完了一本名叫《精選詩集》的書。

　　親愛的威廉，讓我以一首韻律詩來結束吧！因為我認為，你已經很疲憊了。

　　除此之外，我們很快就能聽到祈禱的鐘聲了 —— 再見吧！

永遠忠誠於你的
拉爾夫

　　在康科特讀書期間，拉爾夫在寫作中表現出來的押韻能力漸漸顯露出來了。當他要離開的時候，別人要求他爬上一個木桶，然後要他朗讀自己原創的詩歌向所有同學道別。他就會像個孩子那樣，將自己所能記住的片段內容背誦出來：

我站起來，與你們道別，
我的同學們，我親愛的老師們，再見了。

拉爾夫每當想起自己的弟弟不願意待在學校的事情，就會感到非常有趣。

我的弟弟，年紀比較小，
他第一次來到學校，對學習環境仍感陌生。
他能在這裡接受正規教育，
將腦海裡所有愚蠢的思想都趕走。

　　這首詩歌的最後兩行，是拉爾夫最喜歡的。

　　在回到波士頓之後，他們在貝肯大街找到了一處住所，這裡靠近波士頓圖書館，這是一位即將要出發前往歐洲的房東租借給拉爾夫的母親。這棟房子前面的庭院較大，甚至可以養一頭羊，這頭羊是里普利從康科特那裡帶來的。愛默生還記得以前將羊趕到牧場裡吃草。當時的愛德華上了寄宿學校。拉爾夫在寫給愛德華的一封信裡這樣說：

　　母親說，你在寄宿學校的前幾週，可能會感覺到生活比較沉悶。我認為，你肯定希望我能夠以詩意的方式去看待這個問題。這樣的感覺，就像從地下室看到庭院，然後看到自己的未來。

在堆滿木板、塵土與垃圾的地方
右邊聳立著一座三柱門，
左邊似乎是一座州立監獄，
探出頭，可以看到無限的遠方
還有五個高高的煙囪露出它們的高傲的頭顱。
我認為，這就是穀倉墓地的大門，而那座監獄則是代表著科特大街的郡立監獄。

　　瑪麗姑姑給你的唯一建議，就是你要做一個勇敢的人。也就是說，你不要被想家的念頭所影響。我已經開始在撒勒斯（Sales）女士那裡學習

《鐵拉馬庫斯歷險記》[027] 了。在家裡，我則閱讀普利斯特里 [028] 所寫的《歷史的文稿》。母親認為你最好還是借《卡爾十二世》（Charles XII）這本書看看，或是閱讀其他歷史書籍，這會讓你在學習之餘得到極大的樂趣。但是，根據你之前的說法，即使是一些廢話，如果用詩歌的外衣包裝起來的話，也會顯得那麼美妙。我認為，我還是勉為其難，為你寫一首吧：

以前，兩個兄弟攀登一座高聳入雲的山峰，

他們分別是命運多舛的傑克與身體羸弱的吉爾，

從靈感的海洋裡攫取一小部分，

然後提著滿裝著靈感之水的木桶。

唉！在混沌的迷糊當中，

我已經忘記了接下來該怎麼寫了。

忠誠於你的
拉爾夫

西元 1817 年 10 月 1 日，拉爾夫寫道：

你知道，下個週五，我的大學生涯就要開始了。若承天意，我希望自己能夠懷著堅定的決心，努力去追求真正的知識，讓我在大學的同學中表現得更好一些，讓我日後能夠成為一個有用的人。貝絲（Betsey）姑姑對我選擇的大學感到很傷心。她說，我不應該去劍橋，而應該學習與宗教相關的知識 —— 你也知道她這樣想的原因。我認為，相比於我去安多弗學習宗教知識，還不如到劍橋那裡學習，這能讓我日後成為一名更加優秀的牧師 —— 也就是說，貝絲姑姑認為，我在布朗大學上學，肯定要比當時已經充斥著自由主義的劍橋地區的大學更好一些。

---

027 《鐵拉馬庫斯歷險記》，這是法國散文家芬乃倫（François Fénelon）所創作的一本書。

028 普利斯特里（Joseph Priestley，西元 1733 ～ 1804 年），英國自然哲學家、化學家、牧師、教育家和自由政治理論家。出版過 150 部以上的著作，對氣體特別是氧氣的早期研究做出過重要貢獻，但由於他堅持燃素說的理論，使其未成為化學革命的先驅者。

第二章
大學生涯、學校任職及人生前景

　　西元 1817 年 8 月，愛默生進入哈佛學院就讀。當時，家人原本想讓他遲一點上大學的，因為他們家的經濟狀況在那時候陷入了最低谷 —— 但是，愛默生從古爾德那裡得到了保證，說他可以成為「校長優待生」，還能獲得其他方面的「減免」。最後，愛默生對母親說：「自己以優異的成績通過了入學考試，並不需要像其他學生那樣，被學校告誡需要以後要加把勁。」

　　所謂的「校長優待生」是指負責召集犯下過錯的學生的信使，同時還向學生宣布學校管理條例的人。愛默生可以出入校長所在的那棟大樓裡 —— 這棟大樓現在被稱為沃德斯沃斯大樓。愛默生的房間（現在是會計員的辦公室）與校長辦公室是相鄰的。在艾略特（Eliot）校長的幫忙下，愛默生還獲得了一些打雜的任務，這讓他可以減少在學校就讀期間四分之三的費用。在學校的官方紀錄裡，對此沒有進一步的說明了。但在愛默生寫給仍在肯納邦克教書的威廉的信件裡，表示他得到了類似於獎學金之類的幫助。

西元 1819 年 2 月 14 日，劍橋

親愛的威廉：

　　你談到了母親目前所面臨的經濟困境。雖然家裡的經濟條件相當拮据，但是也沒有完全陷入讓人絕望的境地。現在，母親在很大程度上依賴於你給予的幫助……就在昨天，我從沃爾瑟姆那裡獲得了 20 美元，這是沒有將你的 3.5 美元計算在內的。之前，那些「匿名朋友」每個季度寄來

的十美元的行為，已經連續兩個季度都沒有出現了，這也證明了母親對布拉德福治安官的看法是正確的。在 1 月初的時候，執事就將一封含有 20 美元的信寄給了母親……至於劍橋這邊的情況，校長目前不在，一切都聽從教務主任的……難道你不想到華盛頓看看兩位校長參加的會議情況嗎？人們似乎認為，我們的校長不僅追求文學方面的成就，更追求世俗層面上的成就。與艾略特校長相比，門羅（Monroe）總統似乎只是比一個農夫更好一些。

2 月 15 日

今天早上，我得到了一個重要的消息，我被任命為服務生。我在借閱圖書館裡等待了一會，真希望自己能夠賺一些錢，雖然我可能不是很喜歡這樣的工作，當然，你能輕易的了解我這樣的想法……今天，我們開始了這個學期的學業。早上是語言課，中午是法學課，下午是代數課……我想要寫信給詹森（Johnson）……

4 月 1 日

你的來信讓很多人臉上都露出了笑容。當我在週六懷著謙卑的心回家，將自己的積蓄帶到銀行，想要兌現的時候，我認為自己似乎要比平時高出六英寸。母親與姑姑都擔心，你沒有足夠的錢來維持自己的生活，情況真是這樣嗎？我跟你說，我前幾個月一直都在擔任服務生，現在我也是。你不明白我為什麼在第一個季度就獲得這樣的任命：情況是這樣的，因為我當時並沒有提出這樣的申請，這完全是因為我當時的無知所導致的。之後，當我去申請的時候，校長也顯得非常大度 —— 他告訴我，我已經長大成人了，表示希望我應該在智力與身體層面上都不斷的成長。他對我說，當我下一期的帳單出來的時候，就直接將帳單遞給他。在我進入大學之前，我從未獲得了這樣的索頓斯托爾（Saltonstall）獎勵……我所寫的〈威廉一世〉評論文章獲得了兩顆星，要知道我們班上只有六個人獲得

了這樣的評價。我討厭數學⋯⋯至於鮑登最佳論文獎，我對自己今天是否應該爭取持懷疑態度。雖然我閱讀了博斯韋爾[029]的作品，但我還沒有讀完詹森博士[030]一半的作品。難道你不認為我應該在未來的一年裡寫關於蘇格拉底（Socrates）品格的文章嗎？

4 月 23 日

今天，我拿著帳單找到了校長，他遞給我一張 64 美元的銀行支票，說這是索頓斯托爾獎勵的一部分，並說我在六月分還能得到更多。政府剛剛制定了全新的法律，禁止任何學生前往戲院，初犯者要被處以 10 美元的罰金，若是重犯的話還會有更多的處罰。現在，我已經讀到了博斯韋爾第二卷的內容了，讀到了史賓賽（Spenser）第三卷的《仙子女王》。閱讀這些書讓我的內心感到無比愉悅（我用了一個女生常用的詞語）⋯⋯

按照埃爾德·潘恩（Elder Penn）給第一教堂的饋贈，「每年提供 10 美元的補助，給予貧窮的學生或是教堂執事認為適合的學生」的規定，愛默生也能從中受益。

在大一的最後一年，愛默生成為了柯克蘭（Kirkland）校長侄子薩繆爾·柯克蘭·羅斯羅普（Samuel Kirkland Lothrop）的私人教師，羅斯羅普比愛默生小兩歲，此時正在為上大學做準備。羅斯羅普後來跟我說，愛默生雖然不是一個非常嚴格的老師 —— 但在幫助他以認真嚴肅的態度面對大學生活，在更好的面對人生方面，給予了許多重要的指引。當愛默生教完了必要的課程之後，他會與羅斯羅普進行長時間的交談 —— 有時，他顯得相當嚴肅，有時則是相當幽默，但從來不會指責拉丁學校、波士頓社會，不會貶低上大學接受教育的好處。有時，愛默生還會向他介紹除了正統書籍之外的其他書籍，特別是詩歌方面的。在行為與秉性方面，愛默生

029　博斯韋爾（James Boswell，西元 1740 ～ 1795 年），英國著名的自傳作家。代表作：《詹森傳》等。
030　詹森博士（Samuel Johnson，西元 1709 ～ 1784 年），英國作家、文學評論家、散文家和詩人。代表作：《詹森字典》等。

與他十四歲的時候沒有什麼區別，依然是那麼友善、可親與克制，在獲得別人的讚揚或是同情的時候，總是不動聲色。當然，他願意將自己所創作的詩歌拿出來給別人看，至於別人的評價是好是差，這對他似乎沒有什麼關係。按照羅斯羅普的說法，愛默生似乎站在一個城樓上，然後透過一個小孔看待著世間的一切事物[031]。

在下一學年開始的時候，柯克蘭校長對年輕的羅斯羅普說，讓愛默生輔導他的課業這項工作，影響了愛默生的學業。因此，柯克蘭校長幫羅斯羅普請了另一個私人老師。

無論是在當時還是之後幾年的學習裡，愛默生都沒有像老師希望的那樣，全心投入到大學學業當中。古爾德對此發出了一些抱怨。愛默生這樣說：「當他的學生來到劍橋上學之後，古爾德老師沒有忘記他的學生。他過來我的宿舍看望我一、兩次，就我如何提高學業成績給予了一些建議。因為無論是當時還是現在，我在數學方面簡直是一個無比愚蠢的人[032]。」

無論是在當時還是接下來很長一段時間裡，哈佛學院就其教育方式而言，都還是停留在教育高中生的階段。當時到哈佛學院就讀的學生也幾乎都尚未成年。學校的目標也只是教給學生一些書本上的知識，而沒有注重學生思想層面上的提升，沒有去引導學生挖掘自身的潛能。當時哈佛學院的教育可以用「背誦」一詞去概括，因為學生的很多功課都是需要以背誦的方式去完成的。當然，也有一些老師的教育方式是例外的：現代語言教授喬治·蒂克諾[033] 與希臘學教授愛德華·艾瑞特[034]，他們將歐洲一些高等學府的教育方法引入到了這所學校，他們（特別是蒂克諾教授）著力將這些教育體系引入進來。愛默生非常喜歡上他們的課程，他每次上課的時

---

031 「如果你想的話，我依然可以透過舊木桶的小孔去觀察。無論我是否需要去觀察，我都需要睜大雙眼去看。」《給瑪麗·穆迪·愛默生的信件》，西元 1858 年 1 月 27 日出版。

032 這是愛默生於西元 1876 年在拉丁學校集會上的發言。《波士頓晚報》在當年 11 月 9 日刊登出來。

033 喬治·蒂克諾 (George Ticknor，西元 1791 ～ 1871 年)，美國學者、西班牙文學歷史研究者和專家。

034 愛德華·艾瑞特 (Edward Everett，西元 1794 ～ 1865 年)，美國政治家，波士頓人，曾任麻薩諸塞州州長、哈佛大學校長和美國國務卿。

候都會作許多筆記。他會在教授的指引下，閱讀某些方面的書籍。愛默生還對道德哲學教授列維・弗里斯比（Levi Frisbie）教授的教育方式非常感興趣。在愛德華・泰瑞爾・錢尼 [035] 教授的指導下，他對英文創作產生了興趣。他在大學最早的一本筆記本（從他大三開始，在錢尼教授到這裡任教之後）就寫滿了許多關於校園「主題」的文章草稿。愛默生兩次獲得了鮑登最佳論文獎，其中一次是因為一篇關於蘇格拉底品格的文章，另一次是關於倫理哲學現狀的文章。他還獲得了波伊斯頓演說獎，獎金是 30 美元。他將這 30 美元帶回家，希望替母親買一條圍巾或是其他的生活用品，但卻被母親用責備的口氣說，這些錢應該去償還麵包店的帳單。愛默生勉強通過了其他學科的考試（數學除外），雖然成績不是很好，但他最終的成績還是排在班上的中上水準。

顯然，校長柯克蘭與古爾德都看到了愛默生在文學方面的天賦以及他溫順的秉性，都希望他能夠將更多的精力投入到學業當中。愛默生本人似乎對自己也抱著這樣的期望。但是，我們不禁會認為，無論是在哪一種教育體系下，愛默生都不是那種完全死讀書的人，因為這根本不是他的天性。多年之後，愛默生說自己永遠不會按照別人的想法去做事，永遠不會試圖這樣去做。他的姑姑瑪麗・愛默生一直在注視著他的發展，在給他的一封信裡這樣寫道：「當校長看到你所寫的關於蘇格拉底的文章，他問道，為什麼你不能努力成為一個類似於洛克（Locke）、斯圖爾特（Stewart）或是裴利（Paley）那樣的學者呢？」事實上，愛默生表現出來的溫順態度，掩蓋了他已經日漸成熟的心智。在那個階段，這種成熟的心智在愛默生身上只是以自力更生與心滿意足的方式呈現出來，他需要繼續等待，直到他看清楚自己的未來。

在大學行將結束的時候，愛默生認為他在大學所接受的教育對他來說沒有什麼用處，無法從中獲取更多的知識養分。於是，他有時會利用上課

035　愛德華・泰瑞爾・錢尼（Edward Tyrrel Channing，西元 1790 ～ 1856 年），美國修辭學家、哈佛大學教授。

時間前往其他農場旅行，雖然他對此心存顧慮。在他後來的一篇日記裡，談到了「遺傳的本能讓我天生就沒有數學方面的天賦，因此我對需要分析能力的幾何學無能為力。但是，我晚上可以在閱讀喬叟[036]、蒙田[037]、普魯塔克與柏拉圖等人的作品中得到心靈的安慰。」、「作為學生，我為自己未能完成老師交代的課業而感到抱歉，雖然我已經很努力的強迫自己去學習了，但內心強大的本能讓我更想去閱讀奧特維[038]與馬辛格[039]等人的作品，或是更希望在上課時間前往奧本山那裡散步。這個可憐的男孩沒有感謝上帝給予的機會，選擇輕視數學老師的教導，躲在許多老師的背後，這必將讓他為原本純粹的樂趣做出長久的懺悔。」

　　愛默生以自己的方式非常勤奮的學習。他隱約感覺到，表達能力要比單純接受語言學或是科學層面上的培訓更加重要。除了他在大學時期獲得論文獎的文章之外，我還在他的筆記本裡找到了「可以用於詩歌創作的段落」，裡面包括很多引言，這些內容主要關於表達的方式，一些他在閱讀中覺得震撼人心的段落，同時還有瑪麗姑姑在回信中的一些段落，因為他非常欣賞瑪麗姑姑的寫作風格。在這些筆記本的最後位置，他這樣寫道：「我認為，這樣做對於提高我的寫作能力是至關重要的。這樣做並沒有影響到我去做其他事情，同時為我在人生的不同階段對不同的主題進行寫作，提供了極大的幫助。這沒有局限我後來進行文學創作的能量。當我這樣做的時候，我已經完成了一首將近 260 行的詩歌，並且完成了關於蘇格拉底品格的論文。這讓我避免陷入了許多空虛的時刻，豐富了我的語言知識，為日後的發揮打下了基礎。我當時這樣做，就是為了日後的追求打下基礎，同時保留下一些有用的資料。」

　　毋庸置疑，愛默生所追求的事業是成為牧師，可以站在教堂講臺上發

036　喬叟（Geoffrey Chaucer，西元 1343 ～ 1400 年），英國中世紀作家、詩人、哲學家和天文學家。代表作：《坎特伯雷故事集》等。

037　蒙田（Michel de Montaigne，西元 1533 ～ 1592 年），法國文藝復興後期、十六世紀人文主義思想家、作家、哲學家。代表作：《隨筆集》等。

038　奧特維（Thomas Otway，西元 1652 ～ 1685 年），英國戲劇家。

039　馬辛格（Philip Massinger，西元 1583 ～ 1640 年），英國戲劇家。

表布道演說。但是，愛默生的筆記本裡除了道德層面上的思考，還包括他在進行廣泛閱讀時所收錄的一些內容，其中就包括一些歷史著作、回憶錄以及一些較為著名的英國期刊內容。在那個時代，人們對詩歌有很多的批評，對於「華茲渥斯[040]與柯勒律治[041]所進行的實驗」持著一種懷疑的態度，人們都認為，他們這樣做不僅不會收穫榮譽與名聲，反而會招致世人的嘲笑。這不是因為他們缺乏詩歌創作的天才，而是因為他們缺乏一種自然的本性，喜歡將簡樸的精神表現得過分明顯，給人一種矯揉造作的感覺。與此同時，人們讚美巴羅（Barrow）詩人與班·強生（Ben Jonson）的詩歌是具有「懷舊與生命力的」。

　　愛默生的幾個同學都回憶了他當時的情況。在西元 1880 年 5 月 22 日出版的《波士頓文學世界》雜誌上，W·B·希爾（W. B. Hill）談論了一些較為有趣的細節。他對我說，這些都是愛默生當年的同學 —— 他的叔叔約翰·博因頓·希爾（John Boynton Hill）跟他說的：

　　西元 1817 年，當柯克蘭成為哈佛學院的校長時，愛默生這位『校長的優待生』還只是一個消瘦與體魄不佳的年輕人，他的年齡要比班上絕大多數同學都要小，他當時是相當敏感的，性格內向。雖然，他有一個哥哥（威廉）在高年級讀書，有時會跟他講解一下如何融入大學生活的方法。但即使如此，愛默生與同學們認識的過程還是相對緩慢的。那些喜歡搗蛋的學生在一開始歡迎新來同學的方式，讓他相當反感。他同樣對自己的宿舍距離校長辦公室比較近深感不滿。不過，他所在班級的其他較為勤奮的學生開始慢慢與他來往，這些學生發現他是一個具有非凡思想的人，並且閱讀非常廣泛。他們發現愛默生了解的知識並不局限於當時的教科書，而是延伸到文學領域。他們發現，愛默生已經研究過英國早期的戲劇家與詩人，當時正在專注的閱讀蒙田的作品，他幾乎對莎士比亞的作品

040　華茲渥斯（William Wordsworth，西元 1770 ～ 1850 年），英國浪漫主義詩人，曾當上桂冠詩人，代表作：詩作《抒情歌謠集》等。

041　山繆·泰勒·柯勒律治（Samuel Taylor Coleridge，西元 1772 ～ 1834 年），英國詩人、評論家，英國浪漫主義文學奠基人之一，代表作：《文學傳記》等。

瞭若指掌。在他上大二的時候，他開始成為一個規模較小的讀書俱樂部的重要人物。該俱樂部是愛德華·肯特[042]創建的，他後來當選為緬因州州長。當時，這個俱樂部的成員還包括薩勒姆地區的查爾斯·溫特沃斯·阿珀姆[043]，埃克塞特地區的 D·W·戈勒姆（D. W. Gorham）博士等人。這個俱樂部會購買一些英文評論期刊，其中就包括《北美評論》雜誌——當時，這本雜誌的經營狀況並不好。當時的大學圖書館都沒有購買這樣的雜誌。那些家境較為殷實的俱樂部會員購買了這些書，特別是在他們購買到司各特的小說之後，都會在俱樂部成員見面時大聲朗誦。在詩歌層面上，愛默生同樣展現出了自身的才華。他似乎在對於校園發生的一些事情創作諷刺文章方面，或是在喜慶場合下創作應景的頌歌方面，有著獨特的天賦。當時，他被推舉為在畢業紀念日創作詩歌的人，他所創作的詩歌也要比其他人的期望來得更好。他所在的班一共有 59 人，他在班上的最終成績排在了 29 名。在某次會議上，他被要求對約翰·諾克斯[044]、威廉·佩恩[045]與約翰·衛斯理[046]的品格進行分析。那時，他沒有入選美國優秀大學生榮譽組織，直到畢業多年後，他才進入這個組織。在大一結束的時候，愛默生不得不離開他在校長辦公室附近的宿舍，搬到了 5 號的霍利斯學生宿舍。大三的時候，愛默生搬到了 15 號霍利斯學生宿舍。因為根據當時學校的規定，高年級的學生可以住在條件較好的宿舍裡。因此，他與來自南卡羅來納州的約翰·G·K·古爾丹（John G. K. Gourdin）成為室友，古爾丹是一個有著紳士舉止的人，他為人性情溫和，學業成績一般。在他讀大四的時候，他住在 9 號霍利斯學生宿舍，此時他的弟弟愛德華才剛剛上大一。在愛默生讀大二的時候，他的同學在校園餐廳的大廳裡，與大一新

042　愛德華·肯特（Edward Kent，西元 1802 ～ 1877 年），美國政治家、緬因州州長。

043　查爾斯·溫特沃斯·阿珀姆（Charles Wentworth Upham，西元 1802 ～ 1875 年），美國政治家、美國眾議院議員。

044　約翰·諾克斯（John Knox，西元 1514 ～ 1572 年），蘇格蘭基督教喀爾文派牧師，蘇格蘭宗教改革領導人。

045　威廉·佩恩（William Penn，西元 1644 ～ 1718 年），英國房地產企業家、哲學家，賓夕法尼亞英屬殖民地的創始人。他推崇民主和宗教自由。在他的領導下，費城進行了規畫和建設。

046　約翰·衛斯理（John Wesley，西元 1703 ～ 1791 年），英國國教（聖公會）神職人員和基督教神學家，為衛理宗的創始者。他所建立的循道會跨及英格蘭、蘇格蘭、威爾斯和愛爾蘭四個地區，帶起了英國福音派的大復興。

生打了一架。後來，他們用模仿英雄史詩的方式將之稱為「反抗的伊利亞德」。其中一些大二學生因為這次打架而被退學，這一決定讓整個班級的學生都非常憤慨，他們決定集體退學。直到他們的班級與學校領導者達成一致意見之後，愛默生才從家裡回到了學校。這次風波讓愛默生這個班級的人們變得更加團結，彼此形成了一種歲月都無法冷卻的熾熱情感。當他們重新回到學校的時候，奧爾登（Alden），這位當時班上最喜歡搗蛋的傢伙，成立了一個祕密俱樂部——其實，這就是一個歡樂俱樂部，金斯伯里（Kingsbury）擔任這個俱樂部的「大主教」，奧爾登擔任「主教」，約翰·B·希爾（John B. Hill）則擔任「牧師」。這個俱樂部沒有任何正式的組織，完全是透過這樣自我任命的方式去自娛自樂。該俱樂部在大四結束的時候也就解散了。不過，這讓俱樂部成員變成了親密的朋友，愛默生就是其中的成員。雖然愛默生喜歡安靜，沒有參加許多有趣的社交活動，但他待人始終是那麼友好，喜歡聽別人講有趣的故事，也喜歡自己講一些有趣的故事，隨時準備著在晚上與其他同學分享。

愛默生的同學與老師都非常喜歡他。在他的老師當中，有一位是愛德華·艾瑞特，他當時剛剛從歐洲回來，擔任希臘語教授的職位。愛默生對他懷著極高的敬意，有時甚至為了替這位老師辯護，不惜得罪自己那些更為無趣的同學[047]。在那個時候，愛默生的心智就處於一種高度成熟與獨立的狀態，他所寫的信件內容以及談話的方式，都展現出了他某種獨特的創造力。當時，他渴望從事的工作就是教書工作。他的哥哥（威廉）當時已經在波士頓創辦了一所學校。畢業之後，愛默生一開始去了哥哥那所學校教書。我需要補充一點，愛默生此時才發現，教書的工作根本不符合自己的興趣愛好。在接下來半個世紀裡，西元 1821 年這屆的畢業學生，他們每年都在劍橋這個地方舉辦年度聚會。愛默生就住在劍橋附近，因此他始終是這項有趣活動的忠誠參與者。對他來說，他有必要去幫助那些在後來

047　當艾瑞特在波士頓進行布道演說的時候，愛默生就開始對他產生了崇敬之情。愛默生後來跟我說，他與他的弟弟愛德華經常會在週六前往教堂，然後在那裡等待著他們最喜歡的那位牧師發布道演說。

過得不是很好的同學，並為他們向那些過得更好的同學尋求幫助。

　　希爾先生非常友善的將他寫給愛默生的一封信的影印稿寄給我。這封信是這樣寫的：

　　因為校長要找他辦事，我前去他的宿舍找他，這開啟了我們延續一輩子的友情。來到他的宿舍之後，我首先看到書架上擺放著一整套莎士比亞的作品。後來，在愛默生的指導下，我了解了蒙田、史威夫特[048]、艾迪生[049]、斯特恩[050]等作家，這為我敞開了一個全新的世界。我將莫斯海姆[051]的《教堂歷史》與《厄斯金的布道演說》都放在一邊了。作為『校長優待生』，他的職責要求他必須要對學校的每個人都有所了解。當展覽日即將到來的時候，每個人都想知道，誰將有機會參加這樣的表演，以及他們在表演中所占據的重要位置。一般來說，這些公告都是在早上的祈禱結束之後公開的。當時，所有的學生都聚集在大學樓前面的走廊上，此時，愛默生緩緩的從校長辦公室裡走出來，手上拿著許多張寫著參加表演名單以及這些人所扮演的角色。這是一個讓人緊張的時刻。但是，愛默生卻顯得那麼的淡定從容，他面帶微笑的閱讀著那些讓學生們緊張的名字。他是一個性情愉悅的人，雖然他從來不會過分流露出來，或是炫耀這些，但他卻能夠深刻的感受到這樣有趣的場景。他那質樸的微笑受到了很多人的讚揚，似乎這對其他人來說就是一種很了不起的東西。我還記得，愛默生曾經積極參與過某件事。這可能是在西元 1820 年 7 月 4 日：當時絕大多數學生都回家了，少數學生還留在學校，愛默生與我們在一起 —— 也許，我們

048　史威夫特（Jonathan Swift，西元 1667～1745 年），英國－愛爾蘭作家。他作為一名諷刺文學大師，以《格列佛遊記》和《一只桶的故事》等作品聞名於世。根據歷史記載，他有多重身分。包括神職人員、政治小冊作者、諷刺作家、作家、詩人和激進分子。

049　艾迪生（Joseph Addison，西元 1672～1719 年），英國散文家、詩人、劇作家以及政治家。艾迪生的名字在文學史上常常與他的好朋友理查德·斯蒂爾（Richard Steele）一起被提起，兩人最重要的貢獻是創辦兩份著名的雜誌《閒談者》（*Tatler*）與《旁觀者》（*Spectator*）。

050　斯特恩（Laurence Sterne，西元 1713～1768 年），英國感傷主義小說家。斯特恩生於愛爾蘭，後就讀於劍橋大學。西元 1738 至西元 1759 年是約克郡的牧師。西元 1759 年發表了成名作《特·項狄的生平與見解》（或譯《項狄傳》）第 1、2 卷。西元 1761 年發表《項狄傳》第 3 至 6 卷，多位作家攻擊其為不道德的作品。西元 1767 年完成了第 9 卷。西元 1768 年發表《感傷旅行》。

051　莫斯海姆（Johann Lorenz von Mosheim，西元 1693～1775 年），德國宗教史學家。

根本不在乎遇到公共慶祝活動的人群或喧囂。校方允許我們使用大廳一段時間。當時，希臘語教授波普金斯（Popkins）博士就替我們帶來了一些烤麵包，然後滿臉笑容的離開了。在這個場合下，愛默生寫下了一首應景的歌曲，其曲調與《蘇格蘭有什麼》這首歌是一樣的。最後，我們這些人都在這個大廳裡唱這首歌。

愛默生的另一個同學約翰·羅威爾·加德納（John Lowell Gardner）在霍姆斯出版的關於愛默生研究的信件裡，這樣描述愛默生的一些品格特點：「當他跟你說話的時候，他始終保持著一致的理解以及富於尊嚴的品格。他的這一點從來都沒有發生過變化。愛默生並不是一個很健談的人，他說話從來不是為了吸引別人關注的目光。他說的話是具有分量的，並且顯然是經過深思熟慮的。他說出的話是讓人印象非常深刻的[052]。」

約西亞·昆西[053]也是愛默生的一位同學，他同樣談論過在大學時期的愛默生。在他看來，愛默生「在那個全新的時代裡，似乎沒有展現出作為領袖所具有的能力。他只是一個安靜、謙虛且具有能力的學生，至少按照當時學校領導人物的評判標準來看，他是這樣的人[054]。」

薩繆爾·布拉德福德是愛默生從小的朋友。當愛默生在西元 1821 年參加畢業典禮的時候，他也在現場。他對我說，愛默生希望在那個場合下朗誦他創作的一首詩歌，但卻被告知只能以對話文體的方式去表現，這讓他感到很不滿。在校方的催促下，他不得不迅速讀完這首詩歌。

我在愛默生的筆記本裡找到了這首詩歌的一些片段。他在這首詩歌的後面這樣寫道：

這個主題是可有可無的。我們過去所有的工作都暫停了，只是為了告訴我們，我們的大學生涯即將結束了。對我來說，我希望大學時光不要走

---

052 《拉爾夫·沃爾多·愛默生》，奧利弗·溫德爾·霍姆斯（Oliver Wendell Holmes）著，該書於西元 1885 年在波士頓出版。

053 約西亞·昆西（Josiah Quincy IV，西元 1802～1882 年），美國政治家，波士頓律師。其父親是約西亞·昆西三世（Josiah Quincy III），為美國眾議院議員、哈佛大學校長、波士頓市長。

054 約西亞·昆西所著的《過去的人物》，西元 1883 年在波士頓出版。

得那麼快。我根本無意急著去面對這個世界的各種困難與沉重的任務。相比於要面對的危險與波折來說，我所獲得的獨立只是微不足道的獎賞。

　　雖然，當愛默生回想起來，他在大學生涯所做的很多事情都並不讓他感到很滿意，但他依然有足夠的時間與機會去找到適合自己的工作。除了希爾在上面提到的那些俱樂部之外，愛默生還是一個文學團體的成員與祕書，我在他的文章裡就找到了有關於此的紀錄。文章的序文說：「公共教育的重要目標，就是讓學生成為一個過上積極生活的有用之人，而首要的藝術追求，就是學生必須要掌握寫作與演說能力。我們都同意成立這樣一個有助於提高寫作與即席演說的文學社團，我們將這個社團稱為 ──」這個社團的名字是空白的，但我們認為這個社團的名字應該是「文學俱樂部」。在參加這個俱樂部的階段裡，愛默生寫了一首名為〈改進〉的 260 行的詩歌。該俱樂部在接下來的兩年裡都會定期聚會，他們似乎對於實現俱樂部的目標始終充滿著熱情。其中一半的會員每週都會就分配給他們的題目進行探討，另一半的會員則會談論與演說相關的議題，然後根據之前的安排，去決定對議題持支持還是反對的態度。當天晚上聚會的寫手是演講者的評審，而絕大多數會員則是最終的決定人。他們所討論的話題非常寬泛：其中包括高山上是否存在化石？領土的擴張是否有利於共和制國家的長治久安？詩歌是否有助於提高道德？學生是否有必要過分專注於大學成績，還是應該將更多的時間用於學習自己感興趣的事情？以誇張方式呈現出來的戲劇表演是否有助於提升道德？關於最後這個問題，他們最後認為答案是否定的，肯特（Kent）與愛默生都是持否定的態度 [055]。除了每週定期的聚會之外，他們還不時朗讀各自創作的一些論文與詩歌。在文學交流之後，他們會一起吃頓便飯，每次的總費用不會超過 2 美元。

　　西元 1869 年，在他的同學兼俱樂部成員切尼（Cheney）的訃告裡，

055　在愛默生畢業階段的稿件裡，我發現了愛默生向一些報紙投稿的信件，其中一些是關於戲劇的。愛默生在信件裡表達了他反對當時戲劇舞臺上的表演方式，談到了馬辛格、奧特維、博蒙特（Beaumont）與弗萊切（Fletcher）等人編織的腐敗大網。愛默生甚至還談到了當時的戲劇表演毀掉了莎士比亞的作品。他希望在美國這片實驗的土地上，戲劇表演應該成為追求道德的一種工具。

愛默生公開承認記得產自沃爾蘭德的馬拉加葡萄酒（當時，這種酒在劍橋地區有售），並且表示這種酒要比他日後品嘗過的任何酒都要好。早些時候，他參加了一次大學同學聚會。他在日記裡這樣寫道：

　　大學同學聚在一起，大家馬上開始談天說地了，就像過去那樣子。我也恢復到了大學時候的樣子，我發現自己就像一個有趣的年老旁觀者，而不是一個深入其中的人。我喝了很多酒，希望能讓我的精神回歸到之前的大學時光。但是，我每喝一杯酒，就會嚴肅起來。憤怒的激動情緒與演說會讓我整個人興奮起來，但酒精卻始終無法讓我興奮起來。

　　相比於大學畢業那段陰鬱的歲月，大學美好的時光要顯得更加燦爛一些。當他離開大學校園，他面臨的是教書的工作，他在大學時期的每年冬天都已嘗試過這份工作。我認為，他當時是在他的舅舅薩繆爾・里普利在沃爾瑟姆的學校教書，他的許多表兄弟也在那裡工作。在剛上大一的時候，他向哥哥威廉寫了這樣一封信：

西元 1818 年 2 月 7 日，沃爾瑟姆

親愛的哥哥：

　　我一切安好無恙。我解開了口罩[056]，正在用力的擲雪球。自從我來到這裡，除了平時的教書工作之外，我還學會了滑雪，作押韻詩，有時會寫作與閱讀。我賺錢購買了一件全新的外套，我準備穿這件新外套前往戈爾（Gore）先生那裡吃晚飯，我這次是受到金（King）先生的邀請……我真的希望手頭上拿到的現金 —— 我羨慕你可以將五美元帶回給母親 —— 但里普利說我需要一件外套，於是就要我去找裁縫，雖然我還是希望穿之前的那件舊外套，拿著做這件新外套所需要花的錢給母親 —— 我的想法就是這樣簡單！在我從波士頓來到這裡之前，弗羅辛漢姆先生就向母親送去了包含著二十美元的信封，說這些錢是由一名「共同的朋友」寄給她的，

---

056 「戴上口罩」（這個詞語在當時的學生中流行），意味著用雪來擦某人的臉。

並且保證接下來每個季度都會為她在大學裡讀書的兒子送去十美元，但沒有說明持續的時間。你也知道，這些「共同朋友」的幫助正是我們所需要的。正是憑藉著別人仁慈的幫助，母親與我才免於在日後陷入嚴重的拮据狀態。在我看來，我在這個世界上最開心的時候，或者說我最大的願望，就是能夠購買一棟舒適溫馨的房子送給母親，作為我對母親多年來含辛茹苦撫養我所做出的種種犧牲與關懷的報答。當然，在說了這些話之後，我發現自己還沒有任何作為。相比於絕大多數家境貧窮的大學生，我的能力沒有多強，年齡也不是很大。但是，當我從大學畢業之後，我希望能夠得到上天的眷顧，一邊教書，一邊學習神學，希望有一天能夠成為一名牧師，擁有一棟房子。那麼，我就不會再有任何奢望了……

對愛默生來說，教書並不是一件有意思的工作。在大學期間，他就嘗試過教書的工作，「我在高山上的木屋裡」── 我不知道是在哪裡 ──他在日記裡發洩著他對這份工作的反感：

西元 1820 年 12 月 15 日，我終於從讓人煩惱的教書中得到了片刻的休息，在鄉村的田野上散步，任由我的思想飛翔。但是，當我回到那座充滿著熱蒸汽、骯髒的拼寫學校時，我的內心就時刻盼望著能夠遠離那裡，去呼吸外面自由清新的空氣。這真是一次讓人興奮的體驗，但這樣的感覺很快就消失了。

畢業之後，他的第二次試驗是在沒那麼讓他討厭的環境下進行的。他的哥哥威廉已經在母親波士頓居住的房子裡，成立了一間專門教育年輕女性的學校，而且學校已經連續成功的運行了兩年。拉爾夫加入哥哥的學校，擔任了兩年助手。之後，哥哥威廉要前往歐洲的哥廷根學習神學，因此在接下來的一年多裡，拉爾夫就負責管理整個學校。多年後，在面對著邀請他前去參加聚會的以前學生時，他發表了一篇有趣的演說。當時，威廉身在紐約，無法前來。愛默生在演說中說：

我的哥哥相當早熟，他在 13 歲的時候就上哈佛學院讀書了，在 17 歲

的時候大學畢業，之後他在肯納邦克地區的一所公立小學擔任了一年的校長。18 歲的時候，他認為自己已經是擁有一定經驗的教授，認為自己已經見識過了人生的事情，因此他準備將自身的智慧與成熟的思想分享給當地的其他年輕人。他的心智是非常有條理的，有著強健的體魄，性情相當溫和友善，更加喜歡用筆來寫文章。你們可能也還記得，他可以輕易的讓其他老師無法管理的學生一下子安靜下來。我必須承認，自己缺乏這樣一種美德。我現在已經 19 歲了，在成長過程中也沒有什麼姐妹。在我這種孤獨與有點避世的生活方式當中，我根本沒有機會去認識其他的女生。我現在依然能夠回憶起當時剛到學校裡教書的可怕情景。我在課堂上不敢說法語，一看到陌生人，臉頰就會紅起來，再加上我有時會將學生放在一個同等的位置上 —— 這有時會讓學生的想法變得過分強烈，而老師的意志則顯得是過分的軟弱……我認為，只有我還記得自己經常閱讀的『文章』所具有的價值，我希望能夠透過寫文章的方式來對它們的能力進行一個相對的比較……現在，當我回想起以前的時候，我只有兩個比較大的遺憾。第一個遺憾就是我的教育方式是片面與外在的。當時，我每天晚上都會在我的房間裡進行寫作，我那些關於道德的初始思想，還有那些關於天才的補償想法，這些都為我日後的人生增添了許多美感。我擔心的是，這些學校再也不會注重這方面的教育，而是依然像現在這樣子緊緊的盯著語言學、地理學、算術或是化學等學科的一些冰冷內容。我相信，每個學生都可以透過某種方式來釋放自身的能力，透過自身的優點去獲得成功，而不是透過彌補缺點的方式去獲得成功。如果我當時能夠對此進行一小時的深思，那麼我肯定會將這樣的思想灌輸給妳們，讓妳們在學校讀書時感到學習的樂趣，讓妳們能夠在學習的過程中，感受到最高級的樂趣。接著，我應該向妳們指出（正如我後來對一些朋友那樣子），我喜歡詩歌與能夠發揮想像力的作品。這些作品中的許多段落都會讓這些作品的作者永垂不朽。分享這樣一種樂趣，會讓教育變成一種富於自由主義精神與美感的藝術。讓我現在感到後悔的是，我當時沒有將知識傳授給妳們，沒有去教育妳們怎

麼更好的閱讀莎士比亞的一些作品或是其他詩人的作品。我可以說，在我日後的工作中，我在這方面獲得了一定程度的成功。

愛默生當時一名學生的回憶，則與愛默生認為自己是一名不成功的老師的想法有很大的出入。在這位女學生看來，愛默生當時的教育方法，讓所有學生的家長都感到非常滿意，更是受到了學校裡其他學生與老師的尊敬。同時，她還指出，愛默生當時將閱讀詩歌作品視為日常工作的一部分。

愛默生對蒙庫爾·康威[057]說，在他大學畢業的時候，他的理想是成為一名修辭學或是演說方面的教授。我在他日後的一篇日記裡找到了他發出這樣的疑問：「為什麼連這個國家最糟糕的一所大學都不會任命我為修辭學方面的教授呢？我認為自己有能力去教育學生如何成為演說家，雖然我本人不是演說家。」但在那個時候，愛默生其實並不應該有那樣的期望。當然，他那個時候對此是感到失望的，但我沒有發現愛默生後來對此還有什麼後續的努力，除非他無法在波士頓的拉丁學校擔任接待員。里普利博士認為，要是愛默生在大學時候更加用功的學習，那麼他應該有擔任教授的理由。

相比於過去，此時的愛默生的處境似乎更好一些。但對他來說，管理學校的工作可以說是他人生中最為陰鬱的一段時光，或者說，這是他人生中最不得志的一個階段。在離開大學一年之後，當他回過頭去看的時候，他感覺「已經變了一個人，人生的追求也發生了變化。我對自己最近獲得的榮譽感到開心。我經常在房間裡來回踱步進行思考，為自己創作出來的詩作能夠得到展覽而感到欣慰。我為自己擁有那樣遠大的目標而感到高興，有時則因為對未來的無知而做出了很多不應該的事情。但是，我現在是一名沒有前途的小學校長，並且是剛剛進入這個行業，未來看上去是那麼的黯淡。我每天都要做一些讓我感到痛苦的工作，總認為自己沒有做到

057　蒙庫爾·康威（Moncure D. Conway，西元 1832 ～ 1907 年），美國作家、廢奴主義者。代表作：《霍桑傳》、《湯瑪斯·潘恩傳》、《蘭道夫傳》等。

最好。那些優秀的人質疑我的能力，那些愚蠢的人也不喜歡我。誠然，我的內心依然充滿著對未來的希望，但是，這個希望似乎漸行漸遠了，希望的旌旗似乎變得越來越模糊了。但是，我發現自己已經被希望欺騙了一次、兩次與多次了，我還應該再次遭受希望的欺騙嗎？……希望所帶來的心靈暗示最後只會讓我的內心充滿失落，讓我鬱悶的沉思空中樓閣坍塌。與其他很多人相比，我的人生命運可能是值得他們羨慕的。但不管怎樣，我也只能責備自己，因為我目前沒有能力去實現自己的夢想。」

19 歲的愛默生以清醒的眼光看到，那個漸行漸遠的空中樓閣到底去了哪裡，我無法從他的日記中找到答案。也許，這些所謂的希望本身就是不明確的，正如他在日記裡所談到的那些質疑與不喜歡他的人，都是不確定的一樣。在愛默生的思考當中，他對這些事物的感覺並沒有一種固定的形狀，有時甚至很難用語言去表達，除非我們是以一種消極的方式去做，才有可能獲得一種滿足感。

愛默生本人也承認，他在當時獲得的物質財富已經足夠了。他正在做自己想要做的工作，而這正是他的父親與祖父之前一直在做的。唯一的區別，他是在一種不同於以往的環境下去做這份工作。與很多不懂變通或是薪水微薄的小學校長相比，他管理的學生都是來自具有教養的家庭的女孩，他的收入也還算是豐厚。他曾說，自己在波士頓擔任三年小學校長的總薪水在 2,000 到 3,000 美元左右，而他認為自己一年的生活費用在 200 美元左右。他有能力幫助自己的母親與哥哥弟弟。他希望威廉在歐洲學習的時候，不要過於節省，並且希望他在回家之前一定要前往羅馬看看。對他的姑姑瑪麗·愛默生來說，自己所處的環境似乎「太過安逸與充滿韻律」。瑪麗姑姑擔心，愛默生有可能會受到這些物質的誘惑，而在成為牧師道路的門檻上停下了腳步，最後只是單純追求文學方面的創作。或者用瑪麗姑姑說的這句模稜兩可的話來說，「永遠不要用七弦豎琴去替代

墨丘利的節杖[058]」。不過，在愛默生看來，當時的情況還是可以忍受的，而未來則充滿了許多困惑與不確定因素。對他的父親與祖父來說，擔任小學校長只是為接下來擔任受人尊敬的職位的墊腳石。他希望像祖輩那樣，能夠成為一名牧師，能夠將自己的思想傳播出去，而他也相信自己有能力去勝任這份工作。但在當時那個階段，牧師這個職業的基礎已經開始發生轉變──或者說，這樣的轉變在教堂的崇拜體制方面發生了轉變。在自由教派的教堂，民眾越來越傾向於認為，牧師的職責並不單純是為了民眾在禮拜的時候宣揚上帝的精神，更重要的是，如果有需要的話，牧師本人必須要去想辦法創造這樣的精神。這就需要牧師具有某種特殊的天賦。這是一個屬於那些具有演說能力的年輕牧師的時代。巴克敏斯特與艾瑞特（Everett）都是新一代牧師的楷模，愛默生也滿懷自信的認為，自己應該沿著相同的方向前進。但在他認為即將要實現自己年輕時期的夢想時，內心卻充滿了憂慮。愛默生在日記裡寫道：

　　我無法準確的預估我在這份工作或是人生中獲得成功的機率。要是以過去去評判未來的話，我認為自己成功的機率是很低的。但在我的情況下，我認為事情不是這樣的。我從未希望在目前這份工作中獲得成功。我認真的教育我的學生，我憑藉自己誠實的努力贏得薪水，但是老師在教育學生方面要更有本事，我所肩負的責任與我的本性不是完全相符的。因此到目前為止，我上了希望的當，我不得不要背著沉重的物體，雙眼盯著遠方的山丘，艱難的跋涉。我知道，只有在到達遠處的山丘時，我才能將身上的重擔卸下來。在未來的很長一段時間裡，我都有可能會繼續寫作，繼續上希望的當，我最後的人生應該也會在我與我所釋放的人生中間徘徊。我唯一相信的一點是，我的職業應該能讓我的心智、舉止以及內在與外在的品格都得到提升──或者說，讓我能夠獲得一個重新的起點。因為，我希望成為一名具有演說能力的牧師，我希望透過自己的熱情與美德，壓

058　墨丘利（拉丁語：Mercurius），在羅馬神話中他是天神朱比特（Juppiter）與女神邁亞（Maia）所生的兒子，擔任諸神的使者和傳譯。他的形象一般是頭戴一頂插有雙翅的帽子，腳穿飛行鞋，手握魔杖，行走如飛。

制民眾心中那些錯誤的判斷，消除他們內心反叛的激動，滌蕩那些有著腐化習慣的人。我們埋怨過去，誇大未來的美好，其實，我們在很多時候都並沒有看上去那麼聰明。我的內心有著一根堅定不移的轉軸，讓我脆弱的思想沿著這根轉軸轉動吧。

至於他在這方面的能力釋放程度，他將這歸結為自身的缺點 ── 他的「冷漠」態度 ── 而「冷漠」這個主題也是他經常談到的。

一種有趣且深奧的神祕讓我們的存在置身於黑暗世界，人們應該將這樣一份先驗的感受作為他們所掌控的一種思想，因為這樣一種思想是感受到無限樂趣的鑰匙，但很多人都不願意去使用。在年輕的時候，他們經常能夠感受到那種無法言喻的情感，有時，想像力會讓他們沉浸在這種情感的世界裡。他們急著要開始這段通向偉大的旅程，去感受到懾人心魄的景象，去追求他們看到的遠方與那些無限未來。但是，當青春歲月過去之後，他們漸漸變成了一個缺乏感恩之心與思想的懶惰之人，他們的雙眼似乎再也看不到美妙的人生前景了。或者說，他們再也不去追求自己的人生目標了，再也不去想著追求那個少年時期的夢想了。

一旦虛榮心得到滿足後，就足以讓我投入到工作，但這是多大的一種無奈啊！我的虛榮心很早就在一次肺結核病中死去了。我擔心的是，我內心的繆斯女神也會隨之逝去。我童年時期的各種夢想正在變得渺遠，被一些平庸的思想與觀念所替代。我似乎看不清自己的能力真正適合做什麼，我不知道自己應該付出怎樣的努力，付出多大的代價，才能重新恢復我早年的人生期望了。

事實上，當我們走近一點看，原先的那個目標早已經失去了往日的光澤。他所夢想的那種偉大與成功，原來根本無法吸引他。童年時期夢想著在布道講臺上成為優秀的牧師，希望能夠用流暢的演說能力與深刻的思想去感動別人的念頭，似乎已經超過了他的追求範圍，因為他的內心沒有了去實現目標的願望。在他的思想當中，再也不會去追求所謂的個人優越

感，從而在教堂布道中表現出一種權威的力量。他希望以另一種方式去展現這樣的權威，即透過否定所有的權威與所有教會規定的神聖儀式。他的這種觀念雖然在當時還沒有獲得足夠多人的認可，但這足以讓他不再懷著以往的念頭，去從事這份自己夢寐以求的工作了。

愛默生在日記裡用沮喪的口吻所寫的內容，讓他那位在緬因州荒野地區生活的姑姑瑪麗·愛默生感到擔憂，雖然愛默生所表達的想法並沒有讓她感到多麼的不悅，因為她最擔心的是，愛默生追求的是庸俗的成功。

瑪麗姑姑在信件中寫道：

你的繆斯女神變得渺小與模糊了嗎？我覺得，繆斯女神最好應該完全離開你，這會讓你為更好的接近她在天國的住所做好準備。詩歌能讓人的心靈感到愉悅，哲學能讓人明白世界的道理，鳶尾花則展現出永存的美感──但是，你的這些天賦，就代表著個人的旗幟！你的繆斯女神之所以看上去模糊，只是因為時尚的氣息尚且沒有使其膨脹起來。你的內心沒有感受到激盪，這是因為你的心靈仍然受到環境的影響。你讓自己成為日常生活的一部分──甚至連你節約的生活方式，都必然會影響到你的私人與社交活動，而不會對公眾產生多大的影響。相比於你目前所處的這種尚可容忍的停滯狀態，我擔心的是未來某個階段──當你將繆斯女神視為一種讚美的成就。到那個時候，你的守護天使就會顫抖起來！為了避免成為受到矇騙的人，你應該希望自己的行為可以歸結為某種不同尋常的仁慈行為，你可以從善意的欺騙中走出來，感受真實的事物。

瑪麗姑姑在信件裡建議愛默生暫時選擇一種隱居避世的生活方式，談到鄉村生活所帶來的積極影響。

對此，愛默生在回信裡寫道：

西元 1822 年 6 月 10 日，波士頓

親愛的姑姑：

　　威廉與我準備遠足旅行，在這個假期（兩週時間），我們最遠來到了諾斯伯勒。在這裡，我們發現了一間非常不錯的農舍，農舍主人非常熱情的招待了我們一週。我們以非常快樂的方式度過了這段時間，我們深刻的感受著這些樂趣。要是在維爾圖努斯（Vertumnus）看來，我們這種感受快樂的方式也許是墮落的。我不知道在這裡學習是否就特別好，但我認為在劍橋地區學習要比在森林裡讀書更好一些。我想我明白妳在來信中所提到的那種沉醉感，但是，這樣的傾向於心智或是身體做出的任何反應都是持直接反對態度的，這是一種柔軟且具有動物性質的奢侈，這是能讓我們雙眼感受到美感的總和結果。這種彷彿讓人置身於天堂的氣息會讓我們的感官膨脹起來，讓我們彷彿聽到樹叢裡的小鳥那曼妙的歌唱。當我們對這樣的情景熟悉之後，那麼我們一開始感受到的那種懾人心魄的感受就會迅速消失。但在這次旅行後，我在認為適合的場合用筆將想法寫出來，正如班・強[059]生所說的，「將腦海裡那些喋喋不休的想法全部表達出來」。我們在一個池塘附近逗留了一段時間，這個池塘的名字似乎是小昌西。我們經常乘船穿越這個池塘，然後用繩索將船繫在對岸的一棵樹上，我們會走進荒無人跡的樹叢裡，彷彿進入了史前世界的安靜森林。我們會在草地上散步，閱讀數小時培根（Bacon）的文章或是米爾頓的詩歌作品。我認為，在秋天，這個我認為一年中最好的季節裡，來到這樣一片廣闊的天地，用妳的話來說，就是整個人的心智都回歸到了原始的狀態。如果沒有書的情況下讓我在這裡生活一年，我是無法容忍的。但妳千萬不要認為我會想著回家的事情。當我們的視線不斷受到政府出資援建的私有房屋的阻礙時，我就會原路返回，我不願意去欣賞這些人造的建築，正如古希臘人不願意面對復仇神所建造的神廟一樣。

059　班・強生（Ben Jonson，約西元 1572 ～ 1637 年），英格蘭文藝復興劇作家、詩人和演員。他的作品以諷刺劇見長，代表作：《福爾蓬奈》、《煉金士》等。

一路前行的時候，我也在不斷的寫日記。當時，我沒有閱讀自己所寫的日記，但我認為日記裡寫的很多笑話，也許會讓妳莞爾一笑。這些笑話都是以通俗的方式寫成的。我必須要感謝妳的來信以及妳在信中所展現出來的文學修養，但妳在信中已經將自己的想法表達出來了，而且妳還在來信中順便附帶了兩頁白紙。我要跟妳說，我一路上的感想是這兩頁白紙所無法承裝的。一個像妳這樣的博學的女士竟然忘記了詹森的詩歌，其實就是對羅馬諷刺詩人尤維納利斯[060]的第十首諷刺作品的模仿，這實在讓我有點驚訝。這些諷刺作品與波普的很多諷刺詩歌有著相同的思路，只是因用了現代的創作方式對古代的詩歌進行創造性的調整，使之變得更符合現代人的審美感覺。也許，這個事實會降低妳個人對這些詩人的崇拜心理，但要是我們撇開這一切去看的話，就會發現，這些作品是值得閱讀的，並且代表著一種值得讚美的嘗試，因為這讓後世的詩人有機會修正之前詩人作品中的一些缺陷，並能給予公正的評價。這樣，普通讀者就能免於閱讀許多深奧晦澀作品所帶來的痛苦感覺。當然，喜歡閱讀經典作品的讀者肯定能從修正版本之後的譯本中得到雙重的精神樂趣：首先，他們能從中感受到一種更高層次的情感激發；其次，他們能夠充分領略之前詩人在創作時所展現出來的技巧與智慧。兩千年前的梅塞納斯（Maecenas）的作品，就被布林布魯克（Bolingbroke）與多塞特（Dorset）等人重新翻譯，呈現在讀者面前。我對閱讀妳所提到的印度神話集充滿了好奇心。當某人閱讀這些關於東方神祕國度的書籍時，肯定會為此人表現出來的懶散或是無知而感到不滿。因為，這些感到不滿的人似乎認為，歐洲大陸上創造的所有知識及智慧，都是隱藏在婆羅門著作或是瑣羅亞斯德教[061]作品中的兩、三倍之多。當我躺在床上，想像著自己成為所羅門（Solomon）封印裡面那些黑暗陰鬱的角色時，我只能將之稱為這就是學者的『黃金國』來進行自我安

060　尤維納利斯（拉丁語：Decimus Iunius Iuvenalis，英語：Juvenal），生活於 1～2 世紀的古羅馬詩人，作品常諷刺羅馬社會的腐化和人類的愚蠢。

061　瑣羅亞斯德教（Zoroaster），是流行於古代波斯（今伊朗）及中亞等地的宗教，中國史稱祆教、火祆教、拜火教。

慰。在每個人的視野範圍之外，都存在著一片無比美好的仙境。自然哲學家渴望得到他們的智慧之石，道德哲學家則追求他們理想中的烏托邦，機械師則始終為研發永動機而絞盡腦汁，詩人則追求著所有超脫塵世的事物。因此，文學創作者很自然會去追尋那些超越了具體事實或是可能性的超然故事來打動讀者。

我對妳所提到的印度皈依者不是很了解，也無法理解我在基督教堂登記簿上看到的內容。我為一神論者有能力在平原上建造出一座教堂的同時，而三位一體論者建造出了 1,000 座教堂的事實感到高興。在我們的視線中，出現了兩顆冉冉上升的星星。我們希望，這兩顆星星都能從宗教與智慧領域散發出善意的星光。我說的這兩顆『星星』，指的是阿珀姆與（喬治）班克羅夫特[062]。其中，班克羅夫特在 7 月分就要從歐洲回來了，很有可能接替格林伍德（Greenwood）的位置。他是一位不知疲倦、不屈不撓的學者，也是一名卓有成就的演說家……沃倫（Warren）博士曾對愛德華說，他最好乘船前往歐洲，因此，愛德華現在可能已經前往德國了，他肯定也為自己生的這場病而有機會前往歐洲接受教育而感到高興。至少，我們之前已經就這樣的計畫進行過一番閒聊。

我懇求妳繼續寫信給我，我也覺得妳根本沒有不寫信給我的任何藉口。如果妳現在無法寫信我，我就會質疑妳之前在來信中提到那些關於山丘與山谷所具有美德的事情。最近，我閱讀了許多關於歷史的著作 —— 我為莫斯海姆的作品是那麼枯燥無味感到震驚。義大利這個國家有著複雜的歷史。我認為，這個國家的歷史要比其他任何國家的歷史都要更加複雜與豐富。義大利這個國家在過往的歷史中似乎從來就沒有停止過折磨，從來就沒有實現過著真正的和平。這個國家每個人的能量都似乎被喚醒了，不斷的攪動著整個社會，政治局勢的變化是那麼迅速，那麼動盪，讓人根本無法對任何一個執政黨產生深刻的印象。而義大利的編年史

062　班克羅夫特（George Bancroft，西元 1800 ～ 1891 年），美國歷史學家、政治家。曾任美國海軍部長。

也因此變得非常無趣，因為出現了很多頻繁的更替，這讓人感到非常無趣……

永遠忠誠於您的侄子
沃爾多

瑪麗姑姑的回信

西元 1822 年，星期五，山谷

親愛的沃爾多：

　　可以這樣說，你在日記裡寫了很多滑稽的內容。雖然維吉爾[063]與西塞羅[064]當年所經過的地方讓很多人依然充滿了熱情，但上帝的孩子卻懷著疲倦無聊的心態去跟隨著他們的足跡。你應該以不同的方式去做。在追求絕對意義的隱居狀態下，除了埃格里安（Egerian）的方式，還有其他可以追求的方式。

　　之後，你就會發現，這個國家並沒有什麼強制性的神聖之地！即使米爾頓也是如此，他的心智與精神都依然留在他生前所在的地方。當他召喚這些精神力量的時候，這些力量就會進入到黑暗的孤寂狀態當中。對於那些沒有什麼天賦的人來說，孤獨的狀態，就是一種遠離前人走過的雖安全但平庸的道路（在此，我沒有任何冒犯的意思）。而對於學者或是天才來說，那條迷宮般的道路是通向成功的唯一道路，雖然這個過程中可能讓人感到陰鬱，但我們在穿越這條道路時所獲得的鷹的翅膀，會讓我們飛向比太陽與星星更高的地方。拜倫[065]與華茲渥斯都擁有超於常人的天賦，但他們依然急迫的擦亮他們的筆。難道上天不希望你也同樣這樣做嗎？當你決

063　維吉爾（Virgil，西元前 70 ～前 19 年），古羅馬偉大的詩人，代表作：《埃涅阿斯紀》等。

064　西塞羅（Marcus Tullius Cicero，西元前 106 ～前 43 年），古羅馬著名政治家、演說家、雄辯家、法學家和哲學家。

065　拜倫（George Gordon Byron，西元 1788 ～ 1824 年），英國 19 世紀初期偉大的浪漫主義詩人，代表作：《恰爾德．哈洛爾德遊記》、《唐璜》等。

定不與其他人的靈魂一道的時候，這絕不意味著你的夢想就是寸草不生或是毫無結果的，你依然能夠過著充實的生活，依然能夠去閱讀與寫作，在尊重別人觀點的時候，同時堅守自己的理想與想法。

西元 1823 年春天，瑪麗姑姑的願望得到了部分的實現。愛默生的母親搬到了坎特伯雷，這是羅克斯伯里鎮的一個鄉村。按照當時的計算，這裡距離波士頓中心有 4 英里路，但若是按照現在的城市規畫去看，這個地方則還在波士頓的市區範圍內，並且還包括了今天的富蘭克林公園。他們在坎特伯雷大街 —— 當時這條大街還被稱為黑暗大街，諷刺的是，這條大街有時也被稱為光明大街，因為大街的光線都被附近的樹叢所遮擋了。現在，這條大街被稱為胡桃大街。無論是在當時還是現在，這個地方都可以說是一個擁有岩石、山丘與樹叢的美麗地方，居住人口相當少。後來，有人跟我說，這棟房子最近被公園專員給拆除了，現在的威廉大街上只剩下一個突出的部分（除非這已經完全為公園設施讓路了）。

西元 1824 年 4 月，愛默生就是在這個「松樹的陰影下」的地方（後來，這些松樹都被砍掉了）寫下了「再見，自豪的世界」這些字眼，他寫這些話的口吻表達出了一種冷漠的態度，似乎要遠離波士頓那些文學小團體。後來，羅斯羅普跟我說，霍桑當時人不在波士頓，而是在薩勒姆。但是，我們卻無法證實愛默生當時真有這樣的想法。下面這些話是愛默生在同一時期的日記裡寫的，裡面顯然包含著他對一些詩歌的看法，並在日記後面寫上了「可疑」的字眼。

相比於貧窮、疾病或是死亡，人生還有很多更難以忍受的東西。你是否擁有超乎常人的那種純潔心靈與低等心智所具有的禁欲主義精神呢？當你聽到驕傲做出傲慢的嘲弄，聽到嘲笑發出喧鬧的笑聲時，你依然能夠歸然不動嗎？你能始終面對安靜的神色，面對那些毀謗你名聲的竊竊私語嗎？你能夠憑藉著無法征服的美德去壓制肉欲的誘惑嗎？你能始終讓自己說出善意與謹慎的話語嗎？你能夠抵制懶散在不知不覺帶來的侵襲嗎？你

能強迫你的心智與身體去做職責需要你去做的事情嗎？對任何一個嚴肅對待人生的人來說，這些都是他們必須要面對的真切且沉重的問題。

我相信，所有那些「被冒犯」的名人都正如愛默生所暗示的那樣，都不是那麼真實的。相比於同齡人對他的指責，他更擔心的是受到良心的指責。無論在哪種情形下，他都會讓自己的想像沉浸於一種詩性的視野當中[066]。倘若他是一名「雅各賓派」，也就是說，一個民主黨人，那麼即使在西元 1821 年年底，他肯定會在波士頓地區遇到許多這樣的問題。但是，與父親一樣，他是一名堅定的聯邦主義者，無論在當時還是在日後，他都絕不強求加入波士頓的任何團體[067]。

愛默生喜歡與愛德華一起欣賞這些松樹與岩石。愛德華於西元 1824年大學畢業，在羅克斯伯里教書，查爾斯在這一年剛上大學。每當他們有時間，都會出去遊玩。其他的一些時候也會想辦法與他們的同學進行定期的書信交流。愛默生寫給他的同學威辛頓（Withington）的一些信件，已經在《世紀》一書（西元 1883 年 7 月出版）出版了。約翰 · B · 希爾 （John B. Hill）珍藏著許多愛默生寫給他的信件。他非常友好的允許我節選這段內容：

致約翰 · B · 希爾

　　巴爾的摩

　　加里森森林學院

　　　　　　　　　　　　　　　　西元 1822 年 3 月 12 日，波士頓

親愛的同學：

　　我正在一所小學教書（我真希望自己能做點別的事情），幫助我的哥

066　愛默生從他的《精選詩集》裡刪除了一些詩歌。可以參看霍姆斯所著的《愛默生傳記》一書中，愛默生寫給克拉克（J. F. Clarke）博士的信件內容。

067　一位對那個時代有所了解的女士告訴我，當時的波士頓團體並沒有排外性，但是她認為一名雅各賓派人坐在客廳裡，肯定會被視為一頭乳牛的」。

哥管教這座城市的許多不聽話的女孩。事實上，那些不得不要做這份「有趣」工作的人，肯定有權利去浪費他們的天賦。要是他們將內心的想法表達出來的話，肯定會表達對這項工作的不滿之情。要是我從自身快樂的情感去看，我更願意認為，自從畢業以來，我已經懷著憤怒的情緒，用壞了一百支筆，不斷的表達我對那些不得不要從事教書之人的哀嘆之情！那些從事教書的人真是可憐、痛苦且心靈飢渴的人！我的內心簡直是在為你滴血！我寧願成為一名划槳的船夫，去地底挖煤，或是去伐木，寧願去種植大麻捲菸，也不願意去播下教育的種子……難道你還不是要乖乖坐下來，像你可憐的哥哥那樣去工作嗎？我可以寫下自己的情感，可以教授地理、統計學、拉丁語或是任何其他課程，數學除外。因為，我真的希望在文學領域有所成就，我也想急切的與受人尊敬、具有智慧與榮譽的人進行交流。你所在地區的那些南方人是怎樣的人呢？你知道我們對一位獲得成就的南方人的看法。我們認為這些南方人在智慧上就像黑熊一樣無知，像豪豬那樣容易發怒，有時又像民謠歌手那樣有禮貌。總之，南方人給我們的印象就是約翰·倫道夫 [068] 那樣的品格與形象……也許，你已經閱讀過《歐洲》這本在美國國內深受歡迎的書。這本書的作者是亞歷山大·義華業 [069] 教授，他的哥哥目前就在海牙生活。你肯定會懷疑一封沒有我署名來信的真實性……

　　我想透過我的筆，讓你一窺我們這座城市的政治情況。這座城市的居民可以分為三個重要的階層：第一個階層是擁有財富與資源的貴族階層。第二個階層是廣大的機械工人與商人組成的階層，在這個階層中，絕大多數民眾都心滿意足的接受第一個階層的統治，從來沒有想過要分享第一階層的權力。最後一個階層就是最底層的日工或是各種不體面的工作者，包括小學校長。在門羅當選為總統之前，這個看似不錯的組合都沒有出現什麼內鬥或是分裂，彼此之間有的只是聯邦主義與民主主義之間的區別。但

068　約翰·倫道夫（John Randolph，西元 1773 ～ 1833 年），美國政治家、種植園園主，美國國會議員。
069　亞歷山大·義華業（Alexander Hill Everett，西元 1792 ～ 1847 年），美國外交家、政治家、學者。

是，隨著大選結束，這一切的分歧也漸漸消失了。這座城市突然變得安
靜、祥和與繁榮起來，這一切表面的現象讓人感到可怕。可能是為了讓生
活變得更加有趣，一些人就引入了一些全新的對立面，製造出某種不協調
的氣氛。一些煽動演說家顯得野心勃勃，我認為他們是希望成為黨派分裂
者，專門製造一些事端，而不想成為安分守己的公民。因此，在接下來
的一年裡，「專制」、「地方長官」等名詞就開始在這座城市裡蔓延開來，
民眾都在竊竊私語。在當時的情況下，民眾理所當然的認為，那些被選舉
到議會擔任立法議員的人應該是最能代表民意的人，但是現在，這些人卻
被視為陰謀剝奪民眾政治權利的人，認為這些人擁有完全的權力。之後，
那一群竊竊私語的人就聯合成了一個有組織的政黨，將他們稱之為「代表
中間階層利益」的政黨，透過在城鎮會議上進行兩、三次富於激昂情緒的
演說，激發民眾對當權者的反感情緒。為了照顧鄰居的關切，他們召開了
一次城鎮會議，他們在會議上有足夠多的人數可以確保占據多數，接著，
他們按照投票派發土地調查清冊。這個土地調查清冊是土地評審員對每個
公民的財產與稅收情況進行衡量的標準。在這個人人都在想著賺錢的城鎮
裡，你可以輕易的想到一點，每個人都會隱藏自己的財富，因此這樣的舉
措顯然是不符合常識的措施。在這次城鎮會議上，還有一個更重要的程
序，那就是投票選舉行政委員，要求選舉出來的行政委員敦促立法議員在
市議會裡休假，回來建造一棟木造建築。長久以來，這樣做都是違背法律
的。你也知道，每個前去參加城鎮會議的人都肯定有一些涉及個人利益
的，因此，這些人提出的要求雖然輕易的獲得了投票的支持，但在被大眾
獲悉之後，卻引發了眾怒。於是，有人糾結該地區一些受人尊敬人士的訴
求提交到了立法機構。最後，這個提案遭到了立法機構的拒絕。在管理層
的施壓下，其他黨派都想辦法說服機械工人以及第二階層的大部分人，說
建造木屋是最符合他們的利益，並且否定他們的利益遭受到任何壓迫等等
之類的話。他們成功的在第二次請願時獲得了 2,600 人的簽名，然後提交
給議會，這個問題將會在下一次議會召開的時候進行討論。他們還籌備了

新一屆的參議院選舉，但沒有獲得成功。最後，他們也為市長選舉帶來了不良的影響（順便說一下，你有沒有真正見過一位有生命的市長呢？）。哈里森‧格雷‧奧蒂斯[070] 被提名為市長候選人，這個你也知道，他是非常不錯的公民：他是民眾提名出來的市長候選人，因此大家都認為他應該會贏得市長選舉。但是，中間階層利益的群體則堅持要求提名約西亞‧昆西。在選舉日那天，雙方都沒有就此達成妥協，因此這兩位候選人都宣布退出。這些黨派正是透過這樣巧妙的搗亂方式，推舉出了第三個市長候選人，並且默認此人就是我們現在這座城市的市長 —— 約翰‧菲利普斯[071]。後來，大家稍微想一下，都發現波士頓地區還有很多人比他更加勝任市長這個職位。這就是我們的黨派歷史。在這些沉著冷靜的國民當中，我們很難出現類似於中世紀義大利的圭爾夫派與吉伯林派之間的爭鬥，雖然目前的這些黨派在管理方面很糟糕，組織方面也沒有什麼秩序可言，並沒有為提高民眾福祉做出任何努力……

希爾先生，我認為我們最好還是在出版行業裡做出改善。華盛頓‧歐文[072] 剛剛出版了一本名為《布雷斯布里奇山莊》的書……《北美評論》雜誌做得也越來越好，影響力越來越廣，雖然我們依然有可能被一些弱智的詩歌所淹沒，但我們在不斷的改進……在這裡，我需要證實一下我們所擁有的自由主義精神。城鎮居民竟然透過投票讓喬治‧B‧愛默生[073] 將 2,500 美元用於為古典學校購買哲學方面的書。他剛剛收到了部分的書籍，這些書籍都是這個國家中最好的。班克羅夫特預計在 7 月分從歐洲回來，將會接替格林伍德在新南教堂的位置……請記住一點，我已經將名字從拉爾夫改成了沃爾多，因此千萬不要再說以前那個名字了。對於我們這裡的很多

070　哈里森‧格雷‧奧蒂斯 (Harrison Gray Otis，西元 1765 ～ 1848 年)，美國商人、律師、政治家。奧蒂斯家族成員。

071　約翰‧菲利普斯 (John Phillips，西元 1770 ～ 1823 年)，美國政治家，波士頓首任市長。

072　華盛頓‧歐文 (Washington Irving，西元 1783 ～ 1859 年)，美國著名作家、短篇小說家、律師、政府官員，是對西班牙及英國的外交官。在文學上最為著名，為人所知的作品包括《李伯大夢》、《沉睡穀傳奇》等。他常被譽為美國文學之父」。

073　喬治‧B‧愛默生 (George Barrell Emerson，西元 1797 ～ 1881 年)，美國教育家、女性教育運動的推動者。

牧師來說，這是一個結婚的好日子。要不是因為郵資的問題，我肯定會將埃弗里特結婚時的一塊蛋糕寄給你。

　　西元 1822 年 7 月 3 日……從我寫信的日期上，你可以看到我們距離國慶日已經很近了。在你所在的地方，民眾會熱鬧的慶祝這個節日嗎？我希望民眾不要過分在意這個節日。但我發現自己最近經常發牢騷 ── 部分原因是，我所閱讀的書籍讓我知道，人性的偉大存在著許多不穩定的因素，我認為政府是不可能在絕對完美的狀態下運行的。除了報紙或是職位的名稱上，任何人都不會顯得這麼疏遠，任何聲音都不會顯得那麼陌生。事實上，我們在日常生活中，唯一能夠感受到政府的存在，就是在這種節日的時候，政府會舉辦一般性的集會來慶祝這些節日來顯示自身的存在。在這個喜慶的時候，每個人都能感受到由衷的快樂。我認為，我們美國人從獨立戰爭以來，就一直走向強大、榮譽，這個過程甚至讓我們感到有些厭倦了。一些人（至少是城市人）已經厭倦經常聽到阿里斯提德（Aristides）是正義化身之外的話了，但他們在面對諸如丹尼爾·韋伯斯特[074]、蘇利文（Sullivan）與普萊斯考特（Prescott）等候選人的時候，表現出來的猶豫不決的確是讓人感到遺憾的。這些選民只能在面對一大群讓他們心生疑惑的候選人中，努力去選一個他們感覺不是很糟糕的人。美國人民進行的這場用來檢驗民眾自治的實驗沒有獲得成功，這難道不讓人感到震驚嗎？太多的自由與太多的知識反而讓他們處於瘋狂的狀態，這實在是匪夷所思……我們一直認為，這樣一種衰敗肯定與文學或是藝術有關 ── 就像古時候的希臘與羅馬。一個世紀後，如果當代的演說家依然還活著，那麼他們就會繼續吹噓自由，繼續吹捧著過去的榮譽與繆斯女神……我們這些民眾肯定會站出來否定「盜版」行為的出現。這是我們對前輩表現出來的一種尊敬之情，然後，我們就會在「間諜」這個話題上出現分歧。很多人都寧願去看歐文那本書，我個人對此這樣的觀點是持藐視態度的……我們那些追求經濟發展的民眾，對於《布雷斯布里奇山莊》這本書根本不感

074　丹尼爾·韋伯斯特（Daniel Webster，西元 1782 ～ 1852 年），美國政治家，曾兩次擔任美國國務卿。

興趣，從這本書的價格就能看得出來。我沒有看過這本書，也沒有見過任何人讀過這本書。當我讀到這本書的部分節選，我感到非常失望。歐文在書中放棄了之前那種「描摹式」的寫作方式，轉而使用荷蘭移民所喜歡的那種淒慘的筆調。在我看來，這是非常單調無趣的……

西元 1822 年 11 月 12 日，波士頓

透過競選活動的攻勢，正義的事業最終獲得成功，我們要將這個勝利的消息傳給你們那些準備看戲的南部人。我們都為北部人民或是韋伯斯特獲得的勝利感到自豪。我想，自己在前面一封信裡談到了中間利益的興起：這個政黨只是與老牌民主黨人聯合起來，換上一個新的黨派名稱，因為這能更好的控制黨團會議，更好的支持中間利益所提名的候選人。我認為，韋伯斯特已經獲得了超過三分之二的選票……因此，我們這位蘇格蘭後裔的「巫師」不只贏得了一張選票，而是贏得了許多選票。那位早先宣稱自己是「山頂上的貝佛瑞（Peveril）」的人已經停止了競選活動。至於那些「有產階級」，我認為他們的能量並沒有消耗殆盡，而是顯得有點匆忙而已。那些透過與選民談話來贏得選票的候選人，他們的成功是具有價值的。我認為，每個上過大學的人都會認識達爾嘉諾爵士（Lord Dalgarno）。我建議你閱讀一本不錯的書，如果你之前沒有讀過這本書，那麼我認為你可以很快讀完這本書──這就是斯圖爾特所著的《最後的學術演說》，這是他唯一現存的八開本的著作。閱讀這本書，能讓你免於在茫茫書海中兜兜轉轉，避免浪費許多寶貴的時間。我經常希望這個世界上存在另一個階層的人──這個階層就是永恆的教授──這些教授閱讀過所有前人所寫的書，然後在每個世紀開始之前，將之前冗雜的書籍全部毀掉。現在，斯圖爾特這本書就能很好的解決這個問題，雖然這本書談到的主要問題是關於哲學方面的。如果我們在當代任命這樣的永恆教授，我們很快就會發現，在文學世界裡，其實只存在著類似於《唐吉訶德》[075] 這樣的著作。

075　西班牙大師塞凡提斯（Miguel de Cervantes）的巨著，是文藝復興時期的現實主義巨作。主角唐吉訶德一方面脫

西元 1823 年 1 月 3 日

　　對於那些向我詢問關於學習方面的人，我唯一的回答與歉意就是，我現在在一所小學裡教書。在這段時間裡，我沒有學習法律、醫學或是神學，也沒有創作詩歌或是散文……我很高興消除任何與班克羅夫特有關的傳聞。我聽說他在新南教堂裡進行了幾次安息日的布道演說，我對他所擁有的流暢演說能力感到非常高興。這就是我所了解的。當然，他還需要對演說內容進行一番修改與潤色，但我們都知道他未來必將會成為一名偉大的牧師。每一個了解他的人都會認同這個說法的。他在哥廷根學習的時候，就已經全方位的提高了自己的水準。他已經成為一名優秀的古希臘學者，知道了他應該知道的一切。至於神學，雖然他從未專門研究過神學，但是他的布道演說甚至在國外都獲得了認可。就目前而言，我們的神學領域還是處於一片黑暗狀態，或者說，我們那些前輩看待這個問題的目光正在變得模糊。但可以肯定的一點是，具備知識與天才的人將會不斷的選擇站在講臺上，發表布道演說，基督教所散發出來的光芒在某種程度上似乎被這些天才的牧師們所遮蓋了。年輕的牧師認為，他們能夠拯救與淨化基督教的信條。而在那些老一輩人看來，基督教所有的精華內容都已經被後輩們全部拋棄了，因此他們對後輩的做法持懷疑的態度。在當代，典型的基督教徒，甚至是牧師，他們都會滿足於成為西塞羅時期的那些古羅馬人，或是滿足於成為安敦尼王朝時期的那種牧師。對異教徒所持的溫和標準產生的滿足感，意味著誰都不急於希望獲得上帝最後的啟示。因為道德的法則已經寫得非常清晰了。對於那些渴望追求靈魂永恆的人來說，哲學始終是他們追求的美好夢想……對於長老會教派或是喀爾文教派，至少是在南方而言，這讓基督教成為一個更加真實與有形的系統，展現出了某種全新的特性，很多之前對此一無所知的人都開始明白這個道理。我認為，這就是我們對所謂正統的看法。我在劍橋地區學習神學的時候，我會告訴

離現實，愛幻想，企圖仿效遊俠騎士的生活；另一方面又心地善良，立志剷除人間邪惡。是一個可笑、可嘆、可悲又可敬的人物，是幽默文學中一個不朽的典型。

你們，我知道比路德[076]或是喀爾文，或是當代自由主義教派更好的體系。我對於之前習慣聽到的布道演說感到疲倦與反感。我知道，在我所在的地區，牧師都並不單純是文學界或是哲學界的人……我聆聽過艾瑞特教授的演說，他前不久在這座城市談論關於古文物的演說。我對這位偶像在布道講臺上無與倫比的表現震驚了，雖然他所談論的很多內容都是從一些普通書籍中獲得的。我們認為他的演說具有鮮明的個人特色，他從來不在演說中過分彰顯自己的觀點，從不會犯下一個錯誤……有人跟我說，巴恩維爾（Barnwell）即將完成，或是已經完成了他的學習。如果你知道關於他、可憐的摩特（Motte）或是羅伯特·古爾丁（Robert Gourdin）等人的情況，記得寫信告訴我。你在這地方還能與其他人進行通信，或者我可以將這個地區的同學的一些生活情況向你補充說明。我熱切的希望——雖然我是一個不擅長社交的人——但是，大家畢業之後重聚的那種兄弟般情誼，是絕對不會隨著我們年齡的增長而變得冷淡的。

西元 1823 年 2 月 27 日

走出內心的世界，感受北部地方美好的生活氣息吧。在這片產生各種觀念的土地上，所有事物都會迅速流逝。勇氣與自信與這個世界是相符的，不懼怕暴風雨帶走人類的任何情感或是珍貴的東西。在這個世界上，抱怨是古而有之的，因此很多人忽視了其所具有的價值。在所有缺乏運氣的人當中，那些謙卑、醜陋或是貧窮的人，往往會因為抱怨而放聲大哭，然後繼續這樣的循環，直到他們最後相信抱怨所具有的價值。對我來說，我始終是那個說話最大聲的人，始終認為自己應該說出一些符合常識與深刻的話……我非常喜歡「先驅者」這個詞語。我希望他們能夠找到回到加里森的道路。最新一期的《北美評論》雜誌裡有很多富於幽默的文學內容，其中我的偶像寫了 6 篇文章……

西元 1823 年 6 月 19 日，麻薩諸塞州羅克斯伯里坎特伯雷的光明大街

076　馬丁·路德（Martin Luther，西元 1483 ～ 1546 年），16 世紀歐洲宗教改革宣導者，基督教新教路德宗創始人。

我希望你能特別留意這封書信的日期，我會跟你介紹一下我目前在鄉下的生活狀況。在這裡，我唯一突然想說的話就是，欣賞一個渺小的世界。在這裡生活，彷彿一下子回到了往昔。我在鎮上教書。工作之餘，我會像那些被寵壞的馬匹一樣迅速逃離之前的生活軌道，去感受野草野花所帶來的樂趣，讓清風吹拂我的臉龐，感受自然的美好。我想要像一名詩人那樣，重新與自然建立起連結。但是，每當我這樣做的時候，神性卻似乎始終都在躲避我。我必須要坦承一點，我無法像我的祖輩那樣，在岩石或是森林中可以像在舒適的家中那樣悠然自得。我想說的是，我的內心有著這樣一種想要親近自然的衝動。我的姑姑（我認為你之前已經聽說過她了，她與其他女性並不合群）大多數時候就生活在鄉村，她是一位狂熱的自然崇拜者。她認為，沒有比與高山為伴更好的居所了 —— 那些粗俗或是過分節儉的市民來到這裡，玷汙了這裡的果園 —— 她擔心，自己的侄子可能會對這個問題有著好高騖遠或是過分虔誠的觀念，認為正如上帝與心智殿堂是需要被供奉的一樣，認為只有在這樣的地方，人類那個狂熱的靈魂才能在時機尚未成熟的時候與其他世界的人進行交流。因此，當我帶上書前往森林，我發現自然並沒有呈現出足夠的詩意，也沒有為我帶來足夠的視野。即使是對那些想像力最為豐富的人來說，他們也無法在這樣的地方構想出諸如薩堤爾（Satyr，希臘神話中的森林之神）或是德律阿得斯（Dryas，希臘神話中的樹神）。任何古希臘人或是古羅馬人，甚至是任何英文的神話，都無法用不符合我雙眼所能觀察到的事物來欺騙我。簡而言之，我發現，我只是將自己整個人的個性全部嫁接到這裡了，然後對自己的收穫感到非常失望。自從我不再沉湎於建構空中樓閣，我在某些方面做得顯然要比之前更好一些。每當月圓之時，我的思緒總是會被帶動起來，我的大腦裡翻滾著許多明亮的思想碎片，這讓我夢想著自己的心智與身體能夠在這片土地上更加自由的呼吸。自然的一大好處，就是無論你對它多麼熟悉了，當你觀察它的時候，總會覺得感官還沒有變得遲鈍 —— 顯然，這會讓人們在安靜的沉思當中對人類以及人類創造出來的藝術產生一

種優越感。同時，人也會在自身與自然的比較當中，覺得自己彷彿縮小到了微不足道的尺寸……無論在寫作還是在其他事情上，我都追隨著自己隨性的思想。在這個假期裡，我的筆似乎根本不受我的思想控制，寫出了很多我無法控制的文字。當我事後讀這些文字的時候，發現這是違背了我的本意。因為，如果我在隨意寫作中始終無法找到靈感，那麼我就會像那頭沒有被擠奶的母羊一樣惴惴不安 —— 請原諒我用這麼原始的形象進行說明 —— 到最後，我要麼承受大腦施加給我的那份沉重的負擔，要麼就這樣死去……班克羅夫特與科格威爾（Cogswell）已經發表了招股書，他們已經在北安普敦購買了一棟房子，並且準備在 10 月分招收 15 名學生，每年的學費與住宿費為 300 美元。我對此感到憂傷，因為優秀的校長就像歐洲越橘那樣多，但是優秀的牧師卻是少之又少，班克羅夫特也許是其中最為優秀的人之一。我要告訴你現在的居住地。你知道，戴德姆收費公路是通向波士頓主要大街的唯一通道，當你在主要大街走上兩英里路之後，會看到一條小路，在其第一個路口向左轉就能看到那條收費公路。你沿著前面提到的那條小路走，接著在下一個路口向右轉，那麼你就可以看到我住的地方，就在斯特德曼·威廉斯（Stedman Williams）家的隔壁了，威廉斯在這裡住了 30 年，我們都是他的租客。到時候，你可以向他要我的詳細住址。

　　截至西元 1825 年 2 月，他們在坎特伯雷已經生活了一年半的時間。此時，愛默生的母親準備搬到波士頓，他則準備前往劍橋地區。母親將會在 4 月分的時候與他相聚。當時，查爾斯仍然在劍橋地區上大學。沃爾多則上了一所神學院。布爾克利是一位性情溫和、具有強烈責任感的人，年齡在愛德華與查爾斯之間。此時，布爾克利已經沒有與他們在一起了。布爾克利的心智始終局限在童年階段，他現在即使在家也變得躁動不安。因此，大家都認為，最好還是有人專門認真的看管他。

第三章
為牧師而準備，前往南方的旅行，返回家鄉

在離開坎特伯雷之前，愛默生在下面這篇日記裡，對自己的未來做出了一番思考：

> 西元 1824 年 4 月 24 日，星期六
>
> 我即將開始我的專業學習了。再過一個月，我就成為法定意義上的成年人了。經過深思熟慮之後，我決定將我的時間、才華與希望都投入到教堂事務中去。人是一種能夠回望過去與展望未來的動物。當我回望過去的時候，內心始終會有一種後悔的感覺，因為無論在當時還是現在，當我做出重要的人生抉擇時，我都沒有經過認真仔細的思考。我不能掩飾自己的能力仍然配不上我的理想這個事實。當我透過自身理解去評論其他人在智慧品格的能力時，我發現標準用錯了。無論是過去還是現在，我都擁有極其豐富的想像力，這能讓我從詩樣的美感中獲得強烈的快感。相對來說，我的理智推理能力相對較弱，無法像巴特勒 [077] 那樣寫出《類比》或是休謨 [078] 那樣寫出《論文》等作品。當我了解到自己這些不足之後，我選擇神學作為職業也就不足為奇了。因為，在關乎神學議題上的最高理智與推理，其實更多的是道德想像力的果實，而絕不是理智機器本身推理的結果。洛克、克拉克、大衛·休謨等人，就是最好的例子。錢寧（William Ellery Channing）博士發表的《杜德勒演說》，就最能表達我的意思……（因為，他認為自己根本不適合從事法律或是醫學方面的工作）。但在神

---

077 巴特勒（Joseph Butler，西元 1692 ～ 1752 年），英國聖公會主教、神學家、護教家以及哲學家。
078 休謨（David Hume，西元 1711 ～ 1776 年），蘇格蘭的不可知論哲學家、經濟學家和歷史學家，他被視為是蘇格蘭啟蒙運動以及西方哲學歷史中最重要的人物之一。

學領域，我希望自己能夠獲得一定程度的成功。我從祖輩那裡繼承了一些
關於舉止與演說方面的能力，從父親或是他那些愛國的祖輩裡繼承了對
演說的熱情之愛。我始終相信著西塞羅所說的「我相信自己能夠做到的道
理」。當我們狂熱的愛著某樣東西時，就會努力的進行模仿。但是，即使
是那些最具有天賦的天才，擁有像六翼天使那樣的演說能力，如果他沒有
讓那些追隨者與其志同道合，他也會失敗的。

　　愛默生開始感覺到，他所熱切追求的流暢的演說能力，是絕不可能在
他穿上牧師長袍之後就能獲得的 —— 這只能是他整個人全部信念所產生
的自然結果。他努力研究自己所關心的一些教義，不僅僅是為了確保教義
裡面沒有他可能要否定的內容，更重要的是確保這些教義內容能夠真切的
反映他內心真實的信條。

　　無論在任何時候，思索性的難題始終難不倒愛默生。當愛默生遇到這
些難題時，總是會先安靜的將這些問題擱在一邊，繼續收集他認為有用的
事實，從來不覺得自己有必要在正反兩面做出平衡，然後得出最後的結
果。但在此時，當他準備去教導別人的時候，他覺得自己有必要向別人闡
述堅持自身信仰的理由。

　　他曾對希爾說，在坎特伯雷居住期間，他曾向該地區一、兩名神職人
員請教過一些問題。這些神職人員是「不單純關心文學或是哲學領域」的
人。愛默生特別請教了錢寧博士，希望在他的指引下，能夠更好的擺正自
己的位置。錢寧博士非常友善的接待了他，向他列舉了需要閱讀的一些書
籍名單，並不時與他進行友善的交流。但是，錢寧博士不願意向愛默生指
出他應該學習的方向。愛默生後來說，他似乎無法站在別人的觀點去看問
題，或是無法像在私人談話中自由的表達自己的想法。當然，無論是錢寧
博士還是愛默生，他們在這方面都沒有特殊的天賦，而他們其實也從來沒
有真正走到一起。除了錢寧出版的《杜德勒演說》，愛默生還非常欣賞他
的布道演說。但是，愛默生這樣評價錢寧：「人們很難對他的表現進行評

價，因為他在演說時的眼神與聲音是無法用文字來描述出來的，他的演說顯得那麼的完美，幾乎沒有任何遺漏。」

與此同時，愛默生還向姑姑瑪麗·愛默生寫信，想從這位具有預見能力的姑姑那裡得到一些幫助：

西元 1823 年 10 月 16 日，羅克斯伯里

親愛的姑姑：

這段時間，我累積了一大堆令我好奇的問題，想要問妳……我感覺自己經常在眾多的疑問中漫步，而我的理智思維卻始終無法提供任何解答。我覺得自己讀的那些書過時而沉悶，其中關於一些問題的回答無法讓我得到滿足。在我看來，那些真心誠意用筆去記錄內心想法，並始終忠實的熱愛著上帝的人，他們的想法要比過去許多世紀的文人所寫的著作，都更有用。現在，我想知道，要是讓這些神祕事件影響我們對整體的分析，這會讓我們有什麼收穫呢？這些讓人費解的謎團會帶來什麼不同尋常的影響呢？難道我們這個無比偉大與充滿光榮的宇宙，只是像一名手法熟練的江湖郎中那樣，透過隱瞞一些病人根本不知道的事實，從而欺騙病人嗎？通常來說，我的所有問題都始於對問題的探究之上，我擔心這是影響我們研究哲學的最大障礙。因此，請妳告訴我，當妳在積極的進行冥想時，是否在形上學的「軍械庫」裡找到了許多武器 —— 妳是否找到了邪惡的根源？到底是什麼讓這個世界有那麼多貧窮的奴隸，有那麼多天生就被套上枷鎖的人，有那麼多一輩子過著貧苦勞累生活的人，有那麼多一輩子都不知道何為美德，不知道如何踐行美德的人，有那麼多臨死之時仍在咒罵上帝與同胞的人呢？難道他們只能在永恆的黑暗中死去，只是因為他這一生的命運注定是在死亡的陰影中度過嗎？目前，絕大多數活著的人，以及歷史上每個時代的絕大多數人，他們都是世俗與不純潔的。或者說，他們從來沒有想過要嚴格要求自己按照人類美德的法則去做事。因此，當這些人在做事情的時候，我們不可能期望他們在精神層面做出任何的貢獻。既然

是這樣，那麼仁慈的上帝為什麼還要讓數以百萬計的人繼續降臨到這個世界，繼續讓他們沿著相同的錯誤道路前進，最後遭受同一種不可逆轉的命運呢？但是，如果你搖擺不定，決定走向溫和的一邊，那麼你就需要承擔著將許多美好事物傳播出去的艱鉅責任。正如人類自由這個千年難解的結一樣，屬於我們的亞歷山大（Alexanders）大帝依然需要切斷這個戈耳狄俄斯之結。接下來就是蘇格蘭的歌利亞（Goliath）與大衛·休謨。但是，那位能夠將他腦海裡各種形上學謎團解開的年輕人，到底在哪裡呢？誰能夠站在他面前，證明宇宙以及宇宙的創造者的存在呢？如果他將非猶太人混淆在一起，那麼他就要比自己的祖輩在哲學方面有著更加深厚的思想。一大批理智主義者沿著漫長的道路沉悶的走著，他們嘗試過決鬥帶來的可怕心理陰影，但他們最後還是用強大的思想聲音劃破暗夜的長空。但是，每一個初來乍到的人都會在自己的文章裡列舉《休謨的反對理由》，顯然，他們對已經獲得的勝利並不感到滿意。雖然每個人都習慣性的將自身的情感，視為成功駁斥這位說謊者的謊言，但是，當我們在這些問題上處於歸然不動的立場時，那麼我們就能確信自己得到了正確的答案。每個人的想法都是有所差異的，你可能會為替那位兒子著想的德·斯塔爾[079]的仁慈感到高興。你可能不願意將自然給予你的一些啟發說出來。要知道即使是一個能夠解決我某個困惑的暗示，都會讓我自己的命運感到滿意。

　　每個週六早上，錢寧博士都會在聯邦大街的教堂發表莊重的布道演說。我在上週六就聆聽了他的布道演說，我覺得他的演說口才要勝過艾瑞特。這個演說主題是關於天意之光與自然之間的對比，表達自然本身所具有的不足。對於宇宙的任何事物來說，天意給予人類的啟發，在很大程度上代表著某種秩序。

始終尊敬與愛您的侄子
拉爾夫·沃爾多·愛默生

079　德·斯塔爾（Germaine de Staël，西元 1766～1817 年），全名安娜·露易絲·熱爾梅娜·德·斯塔爾－霍爾斯坦（Anne Louise Germaine de Staël-Holstein），以斯塔爾夫人而著名。法國小說家、隨筆作家。代表作：《關於盧梭作品和性格的書信》、《關於激情對於個人與國家幸福的影響》、《關於受尊重的文學與社會制度的關係》等。

愛默生下面這封信沒有寫明時間，但應該是在同一時期所寫的：

我擔心，自己無法看清楚宗教體系的真相，擔心自己只是尊敬那些牧師所做出的流暢演說，擔心自己只是尊敬過去那些為了捍衛宗教自由而做出犧牲的殉道者。我承認，這讓我的想像處於一種史詩（甚至超越史詩）的壯美層次，但在那些對此有所了解的人看來，這是可以理解的。這個世界上那些不斷發生變化的王國可能會隨著時間的流逝，被世人所遺忘，他們之前治理國家的方式在數千年後的今天早已經被廢除了。但是，人類對永恆的看法卻是反覆無常的，上帝的啟示會破壞自然之神定下的法則。我認為，這絕對不是毫無相關的，反而覺得如果我們漠視這樣的關聯，才是不虔誠的做法。雖然，裴利所提倡的神性與喀爾文提倡的神性是兩碼事，但這兩者都是莊嚴的存在。其中一個是我們建構秩序與正義的朋友，另一個則是我們的敵人。從這個層面上理解，我們就能對這些可見的事物進行仲裁，對未知的事物進行預見。當我看到每個時代正義與善良的人都同意一個單一的信條──這一信條教育我們要感受上帝無限完美的父親般的品格，同時讓人類明白需要對自身負責的時候，我就情不自禁的認為，這些信條所帶來的正義與一成不變的結果應該分享給每個人。我情不自禁的反對所謂的雙重神性，我認為這是粗野的，是一些德國學派衍生出來的哥德式產物。我認為，當我說每個時代所具有的大方慷慨會被人們視為自然神論的時候，很多人肯定會認為被這樣一團思想火炬給蒙蔽了雙眼，感受不到太陽的存在。

愛默生沒有下任何結論，但是他的思想線索可以從他日記裡這篇在沃特福所寫的部分內容略見端倪：

他談論了聖靈：仁慈的上帝，這是多麼宏大的一個話題！每個人在伊甸園的時候就擁有了這樣的聖靈，後來卻在茫茫宇宙的偉大衝突中失去了聖靈──我們遺失了聖靈，這讓我們感到窒息。後來，我們認為上帝之子會以人類的形象出現。從那之後──人們就認為祈禱、痛苦或是自焚

都能帶來某種回報。這難道與信仰或是方法沒有什麼相似之處嗎？就拿你自己，或是潮流的趨勢來說吧……在上帝面前，你的目標會變得更加遠大嗎？你會給予自己更多尊重，而給予這個世界更少尊重嗎？如果你是這樣想的話，那麼你不該來到劍橋這個地方。事實上，這裡的人們喜歡用耶穌這個名字來稱呼上帝之子。但是在一些莊重的宗教機構裡，這也僅僅變成一種裝飾性的東西，就像一座雄偉宮殿前面的拱門，而在裡面的基督教堂裡，依然維護著對耶穌的尊敬。這只是一個裝飾性的聖體安置所，人們也許會依然認為能找到關於耶穌的一些遺跡 —— 要是沒有諸如阿爾普頓（Appleton）、查爾摩斯（Chalmers）、斯圖爾特以及錢寧等人透過傳播信仰以及自身高尚的奉獻精神，那麼信徒肯定會感受到其中粗俗的部分，而這些部分現在早已經被世人所遺忘，掩埋在無人問津的歷史浪潮之中了。人類美德的本性、局限、危險性與起源，「這些問題都可以在劍橋地區的教會得到輕易的解答」 —— 上帝，請原諒您的子民的輕浮多變吧 —— 這些問題的答案依然是我們不可知的，但卻可在理智無法解答之後，由信仰去加以替代，雖然這本身是無法去描述的……接著，難道你們不會去找安多佛的斯圖爾特嗎？你可能喜歡他，雖然他所說的話可能是違背良知的，但這能讓那些心智軟弱之人得到安慰，儘管不能為他們帶來任何好處。為什麼你不在錢寧的指導下去進行學習呢，因為他從未受到劍橋地區教會的汙染。如果他想去劍橋地區的教堂進行布道演說，他也沒有足夠的能力去獨自面對，雖然他在某些議題上與教會的看法是相悖的。信眾們已經厭倦了牧師單純憑藉演說口才去欺騙他們，他們的靈魂渴求始終無法得到滿足。我希望自己能夠成為這個國家與這個時代的一座燈塔。但是，我感覺自己正在慢慢遠離了原先的寫作目標。也就是說，在經過多年的輕浮與驕傲等情緒的影響下（愛默生在這裡補充道：「這讓我沒有資格從宗教的高度去進行評論」）。在我看來，這一切都是因為宗教氛圍的影響，但更為重要的影響是人類本性的罪惡。難道多年來的贖罪能消弭我過去二十多年的罪過嗎？因此，我們最好還是告訴孩子們，他們是多麼好的人！自我欺騙與

幼稚的時代已經過去了，你必須要在人類身上找到讓天才們都感到棘手的問題的答案。

下面這段話顯然是愛默生在一封信的部分內容：

我要說的是 —— 一種超驗主義的觀點。我們不知道為什麼上帝不以三位一體的形式呈現出來。但既然這樣的存在方式是我們的大腦所無法去想像的，那麼上帝就不會以任何我們所能描述或是所能理解的形式存在。在人類的心智當中，知識的存在基礎是無限智慧的存在，正因如此，二加二才只能等於四，而不能等於任何其他數字。一旦這個基礎被動搖的話，那麼我們的信念大廈就會坍塌，我們的科學就會變得虛無。因此，上帝的存在可能是三位一體，也可以說是一體三位。

在給當時正在哥廷根學習神學的哥哥威廉的信中，愛默生寫道：

西元 1824 年 12 月 12 日

為什麼你不談論關於我學習的問題 —— 了解一下我現在學習的情況以及學得怎樣呢？要是能夠從字典或是批評聲中獲得任何有用的教益，我都會非常感激的。在一天的時間裡，我們到底能夠學到多少知識呢？難道一天花費 13、14 個小時甚至 15 個小時去閱讀浪漫小說，就能讓我們變得清醒與認真嗎？

當威廉在來信中建議他前去哥廷根，愛默生回覆說：

如果你認為這是可行且具有絕對必要性的話，那麼我會聽從你的建議，前往哥廷根 —— 你在這個問題上可以輕易的做出決定 —— 準確的說，我這樣做，需要犧牲一些時間，冒一定的風險。學習德語也是如此……假設德語與希伯來語都是值得學習的，雖然我很討厭學習這些語言，但如果有必要的話，我依然會認真學習的。難道我更好的選擇，是戴上帽子，然後乘船前往易北河嗎？

但在稍微思考之後，他認為這是不可行的：

你之前跟我提到的這次旅行，我覺得無法成行。要是能成行的話，我會覺得自己彷彿進入了一個仙境。除非我能夠借助清晨的翅膀，可以透過內心的願望，而不是金錢來作為路費，可以用想像來代替衣服，那麼我肯定會過去的。我肯定會為自己見到的全新景象而感到高興的，但就目前來說，這不會為我帶來什麼好處。

　　在另一封給哥哥威廉的信中，愛默生這樣寫道：

西元 1825 年 1 月 18 日，羅克斯伯里

　　我關閉了學校，在家裡認真的學習，這讓我幾乎斷絕了經濟收入。事實上，我們認為，我們應該在冬天的時候舉行聖燭節。這樣的話，我們也許有藉口獲得一半的木柴與乾草，當然這是以我在春季與夏季能夠賺到錢為前提的……我這個遠大的希望正在受到主街那些老建築不斷升值的威脅。這裡建起了很多大飯店，建造的成本應該是卡福大街土地局支付的，每個月的 13 日要繳納 200 美元的租金。這應該是一筆不錯的收入。除此之外，如果我在結束目前這份工作之後前往劍橋，那麼一些學識淵博與受人尊敬的人應該會同意我進入他們所謂的「中產階級」圈子裡面的。

　　以下內容出自愛默生的一篇日記：

西元 1825 年 2 月 8 日

　　昨晚，我是在坎特伯雷度過的。明天，我就要回到我的大學校園了。從我西元 1821 年畢業之後，這裡多少還是有些變化的。畢業後的這幾年，我還是學到了更多的知識，了解了更多的事實，擁有了比以前更好的表達能力。我也知道自己存在的不足之處，我知道自己的無知依然像無底洞那樣深不可測。有兩、三次，我也嘗試過這樣追問自己。我在智力層面上的主要缺陷─就是喜歡隨意的瀏覽書籍，喜歡不求甚解─一直到現在，這依然是我主要的問題所在。我的這個毛病應該是無法解決的。我寫下了 200 至

300 頁的內容，這些內容對我來說應該是有所幫助的。我已經賺到了兩、三千美金左右的錢，已經償還了債務，給了鄰居一些幫助。因此，我必須要感謝上帝，至少我還能相當充裕的活著。

愛默生在神學院的一個房間裡住下來了（這是神學院一樓東北角的第14 號房間）：在一個相當潮溼的地方，這不是一間好的房子，但住在這裡比較便宜。一個月後，他發現自己因為健康不佳，特別是他出現了眼疾的問題，所以他不得不暫停自己的學習，離開了劍橋。他在自傳裡這樣說道：

因為健康不佳，雙眼看東西的時候很費力，因此我前往了牛頓地區我叔叔拉德（Ladd）的農場休養，希望透過艱苦的體力勞動來增強我的身體狀況。當時，那個農場有好幾名勞工，我在與他們合作做事的時候沒有任何問題。其中一名勞工是一位衛理公會教派的信徒，雖然他沒有接受過什麼教育，舉止粗俗，卻有一些相當深沉的思想。他曾對我說，人類應該始終進行祈禱，而所有的祈禱最終都會得到應驗的。我花了很多時間沉思他這些話，並且據此寫下來我的第一篇布道演說。這篇布道演說的主要內容分為：(1) 人類應該始終進行祈禱。(2) 人類所有的祈禱都會應驗的。(3) 我們必須要小心我們所提出的問題。在西元 1826 年 10 月 15 日，我來到了沃爾瑟姆，在舅舅薩繆爾‧里普利的布道講臺上發表了這篇布道演說。

整個夏天，愛默生的健康狀況不斷得到改善，足以讓他教一、兩個當時跟著他的學生。九月分的時候，他在切爾姆斯福德地區的一所公立學校擔任了幾個月的校長。西元 1826 年 1 月，當他再次「感受到閱讀與寫作的樂趣」之後，就離開了切爾姆斯福德，回到了羅克斯伯里，重新負責他弟弟愛德華的學校—當時，愛德華因為長期健康不佳，不得不放棄了法學研究的學習，乘坐輪船前往地中海休養。與此同時，愛默生的母親也搬到了劍橋地區，並在「梅倫公寓」那裡住下了。我認為，所謂的「梅倫公寓」應該就在賈維斯田野附近的北大街。這一年的四月分，愛默生與母親住在一起了。

給瑪麗‧愛默生姑姑的信件

西元 1826 年 4 月 26 日，劍橋

親愛的姑姑：

伊壁鳩魯[080]曾對自己的同胞說：「對每個人來說，我們都可以構成一幅景象豐富的圖畫。」他說得沒錯，因為人生的最大使命與樂趣，就是在茫茫人海中，無論他們是活著的人，還是歷史上已故的人當中，找尋一個最能讓自己產生共鳴的人。那些活著的與逝去的人是無窮盡的，他們似乎都在等待著我們，但我們卻很難逐一認識他們……雖然因為距離等原因，我們必然無法認識無窮盡的人，但是相同的距離卻能讓我們將他們按照組別分開，然後探尋這些人的大致前進方向以及他們在這個過程中所走的彎路。我們可以知道，這些人之中哪些人是嚮導，知道他們以哪裡為出發點。我們可以知道他們在什麼樣的狀態下獲得進步，在什麼時候只能忍受人性所帶來的種種悲劇……讓我們走近一些，利用一切的優勢去觀察他們的行為，了解他們當時內心的想法以及所處的狀況，從而更好的滿足我們的好奇心。乍看起來，他們似乎是聚居在一起，抵抗著野狼與獅子，對抗著饑荒與風暴。最後，他們組成了政府，希望以這樣的方式更好的保護個人的安全，獲得更多的便利條件。但是，到底是誰指引了當時的那位領袖，又是誰教導了那位教導別人的人呢？我認真觀察了許多表面上擺出牧師形象的人，他們似乎都在高山上等待，或是睡在洞穴裡，似乎從上帝那裡獲得了無形的智慧，從而指引他們去探尋之前從未有人踏足的國度。但是，這卻讓我感到非常悲傷！但他們不斷前進的時候，各個民族所遵循的神不再是神了，事實掩蓋了許多預言，不斷前進的旅程揭露了他們的嚮導犯下的錯誤。至善上帝的僕人身上並沒有展現出善意，而那些感受過無限智慧上帝的人，似乎也根本沒有任何智慧。但是，他們依然在繼續前進，

080　伊壁鳩魯（Epicurus，西元前 341 ～前 270 年），古希臘哲學家、伊壁鳩魯學派的創始人。伊壁鳩魯成功的發展了阿瑞斯提普斯（Aristippus）的享樂主義，並將之與德謨克利特（Democritus）的原子論結合起來。他的學說的主要宗旨就是要達到不受干擾的寧靜狀態。

依然在莊重的前進著，他們組成了部落，最後形成了國家，將過去所獲得的經驗當成是預知未來的知識。他們懷著一顆勇敢無畏的心不斷的探尋荒野，雖然這個過程中經歷了很多挫折與延誤，甚至是很多倒退的過程，但是他們對希望與知識的渴望照亮了未來。最後，在一群默默無聞的人群中，出現了一個默默無聞的人，他拿出了一本充滿希望與指引性的書。但是，那些富人與偉大之人卻始終堅守著過去的傳統，那些聰明的人不相信這位老師，因為他們之前就被其他人誤導過。但是，他的十字架所留下的旗幟已經豎起來了。對某些人來說，這看上去依然是一團迷霧，對一些人來說則是熊熊燃燒的火焰。在這段永遠持續的旅程中，我們必須要選擇自己的標準與嚮導。難道我們就不能憑藉自己的智慧與權威去創造出另一種受人尊敬的傳統嗎？還是，我們只能飢腸轆轆的沿著可恥與無知的道路不斷前進？我們不知道自己從何處來，也不知道自己該向何處去。也許，你已經厭倦了我在上文所提到的種種隱喻，但是我寫這些只是為了得到暗示，而不是為了取悅自己。我無法向你表達，當我滿心期望的回信裡說的都是一些空話時的失望之情。現在，我的眼睛狀況相對來說好多了，雙腳還是飽受著風溼病的困擾。愛德華寫信跟我說，他現在的身體狀況正在漸漸恢復。

永遠忠誠於妳的侄子
拉爾夫·沃爾多·愛默生

為什麼對查爾斯如此焦急呢？我們只能認為，查爾斯當時在班上的成績排第一，喜歡寫文章，為人善良。但是，善良是一個抽象詞，我們無法始終保持幽默的心態，儘管我們有時也會顯得比較瘋狂。查爾斯會成為一個演說流利的人，成為一個文章寫得不錯的人，但他卻無法與愛默生所具有的能量以及高尚的品德相比 —— 至少，在我看來，情況是這樣。

沒過多久，他們就離開了之前的地方，「搬到了赫奇（Hedge）博士在老廣場那邊的房子」。現在，那個廣場被稱為溫思羅普廣場，他在那裡開

了一間學校。整個夏天，他都在負責學校的工作。之後，他決定不再做這行了。

　　愛默生的學生對他作為校長期間的主要印象，就是他身上所流露出來的道德影響力：他的善意、鼓勵性的舉止、對任何粗野舉止的反感，對教師之外的其他事情的興趣。當韋伯斯特在邦克山發表布道演說的時候，他甚至讓學生們放了一天的假期。第二天，當他發現沒有一個學生利用假期去聆聽韋伯斯特的布道演說時，他感到非常失望。理查德・亨利・達納二世[081] 是愛默生當時的一名學生。之後，當達納創作的《帆船航海記》一書出版時，愛默生寫信給他的哥哥威廉說：「難道你沒有讀過年輕的達納創作的那本書嗎？他的那本書可以媲美《魯賓遜漂流記》了。他曾是我的一名學生，但他從未在我這裡學到這些知識，這實在是我的遺憾。」

　　在學校教書的無聊日子過去了，但愛默生沒有立即回歸到布道講臺上。當時，他依然飽受風溼病的困擾，還出現了肺病的多種症狀。他的專業研究受到了諸多的阻斷，因此他在這段時間裡也不可能全心投入到學習中去。在劍橋地區的 10 到 12 個月裡，他獲邀參加他希望加入的演說團體，不需要做任何固定的工作。儘管他感覺自己當時的身體狀況無法勝任，但他仍然希望與他們將來一道進入教會工作。

西元 1826 年 8 月 1 日，劍橋

親愛的姑姑：

　　無論是我的沉默與健談，都無法讓我從自己所寫的信件裡提取精華的內容。有人說，較弱的一方總是會找尋中間路線，就像那些精神貧瘠的人始終會想辦法透過增加物質財富來填補他們內心的空虛。那些喜歡沉迷於自己擁有龐大財富的人，其實就是靈魂最為貧瘠的人。我已經準備將自己不多的積蓄用於準備布道演說了。今年秋天，我應該能夠得到教會的認

081　理查德・亨利・達納二世（Richard Henry Dana Jr.，西元 1815 ～ 1882 年），美國作家、律師、政治家。代表作：《帆船航海記》，後於 1946 年拍成同名電影。

可，雖然不是專職的牧師，但我也可以定期發表布道演說。我發現自己沒有任何反對這樣做的理由。這是一種奇怪的人生，而面對這種人生唯一恰當的心態，就是用平靜的心態去看待。很多人會按照自己的七情六欲去表達自己的想法，他們會大笑，會哭泣，或是改變自己的宗教信仰。我非常欽佩這些人。我認為，每個人的人生都會有一些他本人認為不是那麼重要的時段，而他在這些段落裡卻覺得自己是很重要的。一些小事上存在的一些巧合，有時會激發我們的想像，讓我們內心最深處沉睡的良知醒來。我們的心智會因此而處於高度警覺的狀態，這讓我們懷疑上帝是否在召喚著他要表現得更加尊重一些 —— 事實上，與其說是好奇，不如說是出於一種敬畏。也許，如果一些不為人知的祕密無法被允諾，那麼道德方面的史詩就無法在歷史上出現了。警鐘就會敲響，讓我們與不可修補的過去形成鴻溝。這些都不是我們在這個世界上執行一些惱人的宗教條例的正當理由。我認為，個人的信念應該建構在諸多的證據之上……在我們這個時代，人性有時會做出愚蠢的表現，就好比古希臘的神父在同一天擁抱兩位奧林匹克運動會的勝利者一樣。明天，艾瑞特將會就這個話題發表布道演說，而韋伯斯特也將會在明天……在經歷了重重波折之後，我終於可以擔任牧師了，成為上帝的一位溫順的使者。難道妳會說，這樣一個職位會讓我接觸到祕密的神諭，或是掌握一些真理，或是一些對其他事實或是社會民眾的行為的預言嗎？難道妳不會去想著喚醒那些心智麻木之人的思想嗎？無論上天是否賜予我這樣的能力，我對這些的情感或是表達方式都是冷漠的，我的理解以及我說出來的話語都是緩慢的，不帶任何的個人情感。也許，每當我們更好的控制內心的興奮感，才能更好的讓聽眾感受到這樣的能量與行為。我在瓦萊收到的信件應該要比我之前的任何文章都更能回答我的疑問。因此，我希望妳能夠答應侄子的這個請求。

永遠忠誠於您的
拉爾夫・沃爾多・愛默生

之後，愛默生表示，如果教會的權威人士真的審查他的專業能力，那麼他們肯定會拒絕讓他站在布道講臺上發表演說的。

但在愛默生這個例子裡，我們也要明白一點，愛默生為牧師這個職業做必要的準備也是有益無害的。西元 1826 年 10 月 10 日，密德薩克斯宗教聯合會批准愛默生在教會裡發表布道演說。五天後，愛默生在沃爾瑟姆發表了他人生的第一場布道演說。

愛默生知道，如果他想要比目前所理解的更成功的話，那麼他就需要為每一次布道演說做好充分的準備。但在之前的歲月裡，愛默生從未想過自己會有機會利用到這些累積的知識。在這段時間裡，他幾乎沒有進行過任何鍛鍊，雙眼視力也不好，他的健康也越來越糟糕。

以下是愛默生的日記：

西元 1826 年 9 月

健康，活力與幸福，這些都漸漸離我而去！當奧菲斯[082]唱歌的時候，可憐的薛西弗斯（Sisyphus）至少能讓推動的石頭停頓了一下。而我必須要一直將這塊石頭朝著更高的山頂推去。

當愛默生處於這些悲傷的思緒時，一想到自己的弟弟愛德華恢復了健康，從歐洲回來，就讓他感到開心。

但是，你們聽吧，我可以聽到東邊吹來的風聲，那就像我即將到來的奧菲斯所彈奏的豎琴。他駕駛著帆船，沿著洶湧的大海前進。柔緩的感受這些風吧，願秋日的陽光溫暖的照在他身上！要是他給予我一些幫助，那麼這可能與我想要追求的目標是相吻合的。但是，他的聲音傳送得多快，他的心靈是多麼高尚，他的雙手是多麼的強壯，他的身上融合了許多人的優點。要是我的健康狀況良好，這肯定會為我帶來極大的愉悅感。在我們有機會轉向太陽，好知道我們的方位之前，要是我們不再對自己所追求的

082　奧菲斯（Orpheus）的父親是太陽神兼音樂之神阿波羅，母親是司管文藝的繆斯女神卡利俄珀。這樣的身世使他生來便具有非凡的藝術才能。

目標有所期望，或是以悲觀的心態面對一事無成，那實在令人悲傷。

　　他幾乎沒有機會享受與親愛的弟弟在一起的時間。因為隨著天氣漸漸變冷，他的朋友，特別是他的舅舅薩繆爾‧里普利都堅持他必須要前往南方過冬。於是，在 11 月 25 日，愛默生搭乘克萊馬蒂斯號輪船前往了南卡羅來納州的查爾斯頓。幾週之後，愛德華在經過了「12 天無聊的航程」後，終於從歐洲回來了。因此，愛默生沒有見到弟弟。隨著天氣變得越來越冷，愛默生只能繼續朝著南方前進。

　　給在紐約的威廉‧愛默生的一封信：

　　　　　　　　　　　　西元 1826 年 1 月 6 日，南卡羅來納州查爾斯頓

親愛的威廉：

　　天氣實在太冷了，雖然我往南方走，但我的健康情況依然沒有太大的好轉。事實上，我對此感到非常恐懼。也許在下個星期二或是星期三，我就會乘坐威廉號單桅帆船前往聖奧古斯丁。目前，我的身體沒有大問題，但我非常想家。我的內心只有憤懣之情，感覺胸中堆積著許多沉重的壓力。每當天氣寒冷或是潮溼的時候，這種情況就會特別明顯。要是我此時發表布道演說或是做任何需要肺部出力的工作，胸口都會隱隱作痛。最讓我感到糟糕的是，我的夢想遲遲無法實現。無論是誰，要是碰到這樣的情況，都肯定會內心痛苦的。當然，這也讓我變得更加依賴別人。我在沃爾瑟姆的好朋友給了我一些錢，沒有跟我說什麼時候要還……有時，我在藍皮書上隨便的寫些字，試著克服身體與心理層面的痛苦，好讓我能像往常那樣認真的去做一些事情……

　　　　　　　　　　　　西元 1827 年 1 月 29 日，佛羅里達州聖奧古斯丁

親愛的威廉：

　　再過一個星期，威廉號單桅帆船就會到達這裡，對我們來說，這就好比西班牙的大型帆船前往馬尼拉的情形。每一班前往聖奧古斯丁的船隻，

都會帶來一些居民、食物、新聞與信件。這是兩艘單桅帆船中的一艘，負責將所有的貨物都送到港口。這艘船的定期到達與離開，可以說是唯一能夠影響這個地區的事情了。如果側風讓斯韋奇號船無法前進，那麼我們所看到的新聞就會過時，而且運送過來的肉桶也會空空如也，那些消瘦的牛就會在這裡的肉品市場裡成為搶手貨。我認為自己來到這裡之後，身體狀況要比之前好了許多。這裡古代的防禦工事、荒廢的沙洲散發出來的味道聞起來是多麼的甜美。我已經決定放棄對自己嚴苛的批評了，不讓所謂的北風之神繼續困擾我。這是一個奇怪的地方，居住著 1,100 至 1,200 人，這些人包括一些殘疾人士、公職人員、西班牙人，甚至是梅諾卡島人。人們在這裡有什麼事情做嗎？什麼事都沒有！據說，在清晨的時候，一個人是在公共廣場上工作的，而我們所有家人都會出去見他。這裡生長著什麼植物呢？柳丁。這裡的柳丁可以說是世界上味道最好的柳丁，唯一打理這些柳丁樹的人，只是每個果園裡一、兩個黑奴，他們負責五、六百棵樹。美國人都在辦公桌上度日，西班牙人喜歡打桌球，如果他們不去打桌球的話，就會讓黑奴到沼澤地找尋牡蠣，或是到海灘上捉魚。在其他的時候，他們只是在拉小提琴、戴面具，然後跳舞。在一場化裝舞會上，一位天主教牧師扮演著一位喝醉酒的稅收官員，引得眾人哈哈大笑。我經常在海灘上散步，用一根棍子將埋在沙子裡的綠色柳丁挖出來。有時，我會駕駛一艘小船出海看看，有時我會坐在一張椅子上。在這段時間，我比較少讀書，也很少寫東西，只是思索著我可能永遠都沒有機會發表的布道演說。也許，這個世界還需要很多牧師發表許多布道演說，但是，我不能繼續按照這個世界的趨勢去寫這樣的演說。如果我在這個過程中無法找到釋放自己才華的空間，那麼我擔心自己將會毫無作為。

西元 1827 年 1 月 27 日

親愛的查爾斯：

在這個遠離文明世界的地方，想家的念頭在我的內心變得越發強烈。像我這樣嚴肅的人有時會對一些事情產生好奇心，而且這樣的好奇心甚至

會變得非常強烈。我想要知道那些乳臭未乾的人是如何學習哲學與美德的。每個在聖奧古斯丁生活的人，都肯定會在身上留下聖奧古斯丁的味道——每當海浪退去之後，突出的岩石上就會出現很多黑雁：這些黑雁站在岩石上一動不動，顯得非常難受。但是，牠們能夠預見到遠處傳來的海浪洶湧聲。請你想像一下，當潮水上漲之後，這些黑雁在水中沐浴的情景吧。這個地方只有兩個可供休閒的去處，一個是桌球館，一個是海灘。但是，一些人不願意去桌球館弄髒自己的衣服，就只能選擇前往海灘。因此，我每天都會去一趟海灘，思念我在遠方的弟弟。因此，你會發現，即使是我們之中最貧窮的人，也依然擁有自己的理想。一些灰色的小昆蟲就像幫助我們通向仙子女王的馬車夫，我們這些人在海灘上散步似乎就能預見未來發生的很多事情，能夠預言許多高尚的本性。讓我們為自己所處的階層做出一定的要求吧。這些重擔不應該讓我們來承擔。我們只不過是別人手中彈奏的風琴，別人可以隨時停止演奏的。

愛默生在聖奧古斯丁度過了冬天，在較為溫暖的氣候環境裡得到了休養。這個古老的地方人相當少，到處都似乎隱藏著一段浪漫的過往。愛默生在日記裡寫道：

這裡的人都非常害怕印第安人。以前建造的古老房屋的牆壁非常堅固，每個房子的大門都有一條細縫，民眾可以透過細縫發射滑膛槍的子彈。他們高興的發現，在每個插著美國國旗的地方，印第安人都會懼怕白人。但是，時至今日，一些印第安人依然在沒有距離白人住宅區很遠的地方生活。「但是，你有什麼好害怕的，難道你不知道傑克森（Jackson）將軍已經征服了所有印第安人嗎？」「這個我知道，但是，傑克森將軍現在不在這裡啊！」「但是，他的兒子在這裡啊！」如你所知，印第安人將加茲登（Gadsden）上校稱為傑克森將軍的兒子。「是的，是的，那些印第安人就是這樣想的。」我在城市大門處看到了兩個形狀類似木乃伊的鐵製框架，框架上的頭部還有許多鐵製套環。之前，這就是西班牙統治者在絞架臺上絞死犯人的地方。框架上有一個很小的鐵圈，該鐵圈上放著一些麵包

與水。他們將犯人掛在絞架臺上，然後將絞架臺固定在樹木上，活活的將
犯人餓死。後來，民眾在這些地方進行挖掘，發現了許多屍骨。別人跟我
說，這裡曾有一位天主教神父因為欠別人錢，而被關在聖馬克，我對這個
消息一點都不感到震驚。就在昨天，我就去了天主教堂參觀，裡面有很多
粗糙的東西，看到一位牧師正在那裡做彌撒，因為他的債主顯得比較寬
容，允許他回來這裡做一回彌撒儀式。過去兩週，我都在參加聖經公會舉
行的會議。該機構的出納員是該地區的典禮官。不知為什麼，他做出了一
些不當的安排，要求聖經公會舉行一次特別會議，討論關於奴隸買賣的事
情，地點分別在一座政府建築與鄰近的庭院裡。因此，我們可以聽到某處
的人發出哈哈大笑，而另一邊的人則說：「先生們，快點走，快點走！」
我們幾乎在不需要改變立場的情況下，就將聖經的「教義」傳到了非洲，
或是對「沒有了母親的四位黑奴孩子」進行出價買賣，而這些孩子顯然是
從非洲那邊被綁架過來的。這個地方的神職人員還是普通民眾，身上都
表現出來了某種活潑的精神。有一位名叫傑瑞（Jerry）的衛理公會教派牧
師，兩週前就曾在這裡發表布道演說。在布道演說中，他將整個下午的時
間都用於批評聖經公會那位會長的不是。這位牧師當時的表現，顯然超過
了他作為牧師應該有的職權，他用極為平實的語言對公會會長的動機進行
了分析，表示會長不擇手段的保有職位。可以說，我還是第一次見到這樣
的場面。

　　在聖奧古斯丁，愛默生在筆記本裡寫了許多散文，主要是描述這個地
方的風土人情，闡述自己離開家作為異鄉人的心情。當然，愛默生還對
自己日後的職業進行了一番浪漫的思考，表示「屬於自己的時刻終將會到
來。當神學的一些真相遭到質疑，如果所有具有天才的牧師都能站出來的
話，那麼整個社會就會實現進步。最終，那些擁護十字架的人將會反抗之
前那些繁縟的程序，拋棄歷史遺留下來的沉重負擔，將許多讓他們無法感
受真理的偏見與錯誤觀念都拋棄掉，最終讓信徒們都知道人類的歷史中各
種事實的真相。」

在這裡，愛默生認識了一個法國人。這位法國人是一個精通世故的人，公開表示自己不相信宗教，這讓來自新英格蘭地區年輕的愛默生留下了深刻的印象。因為，愛默生從小所接受的教育就是不要相信外國人的話，再加上很少有人會對他的思想產生這麼嚴重的衝擊，因此他在記憶深處長時期都是「一種具有英雄品格與良好脾性的人」。這位法國人叫阿基爾·繆拉（Achille Murat），他是拿坡里波拿巴國王的兒子，但他卻居住在這裡，與一位美國女人結了婚。他在塔拉哈西有一座種植園。愛默生似乎在某次旅程中與他一道，在沿途的松樹下面睡了三個晚上。雖然，我們對這位法國人說了些什麼一無所知，但他們最後還是一起乘船前往了查爾斯頓。此時，愛默生繼續向北前行，前往更溫暖的地方。他在寫給哥哥威廉的信中說道：

西元 1827 年 4 月 7 日，查爾斯頓

親愛的哥哥：

在經歷了從聖奧古斯丁出發、九天單調沉悶的旅程之後，我在昨天來到了查爾斯頓。平時的話，這段航程只需要一、兩天的時間。我們在船上遭遇了風浪，最後幾乎是餓著肚子來到這裡的，但是你親愛的弟弟卻始終用平靜的心態看待這一切，並且內心還感到些許喜悅。因為我善意的天才已經讓我與阿基爾·繆拉成為了船友。繆拉是塔拉哈西的一名種植園主人，他剛好也需要前往拜會在博登鎮的叔叔。繆拉是一位哲學家與學者，他精通世故。他對很多事情都抱持一種懷疑的態度，但他的態度卻非常真誠，狂熱的追求著真理。能夠遇到這樣的夥伴是件幸事。在此期間，我們時不時進行交流。當我見到你的時候，我還會跟你說很多關於他的事情……至於我的健康狀況，我感覺自己獲得了許多勇氣。我感覺自己是否能夠成功，很大程度上取決於我所具有的勇氣 —— 我必須要具有比別人更多的勇氣，因此我對這個話題比較敏感。我現在的體重是 152 磅（在冬天這段時間重了 10 磅）。為了增加這麼多體重，我這段時間讀書較少。

正如萬巴（Wamba）所說的，我花了很多時間去研究如何增加體重，因此沒有太多時間去看書。當我懷著這樣的目的去旅行的時候，我幾乎沒有寫出一篇布道演說。你在來信裡提到希望我能在紐約定居，我想說我絕對不會到紐約定居的。我是一個頑固的美國人，也是一個愛你的弟弟。

拉爾夫·沃爾多·愛默生

給瑪麗·愛默生姑姑的信

西元 1827 年 4 月 10 日，查爾斯頓

我覺得這次旅行讓我變得更加睿智了。可以肯定的是，一個人並不需要從煙囪的角落裡找尋智慧。重新回歸自己，用一種莊重的冷漠態度去歡迎別人的到來，這是一種非常不錯的感覺。這有點像我要控制許多木偶，需要不時用雙手去進行控制。儘管如此，我不會否認一點，即某些人的確會引起我的興趣，讓我願意走出禁欲主義所帶來的安全圈子，走出自我設限的界限，與這些人進行交流。現在，我知道自己這位友善的姑姑有著無與倫比的想像力，肯定會認為我是在談論女人的。嗚呼哀哉，事情不是這樣的！我內心裡所有的騎士精神，即使再加上繆斯女神的幫助，我都是一路懷著冷漠自私的心態從緬因州前往佛羅里達州的，唯恐自己命中注定是要成為一名僧侶。不，我談論的是一位男性。再過段時間，我會跟妳詳細講述我在佛羅里達州東部所遇到的一些好運氣。我所談論的這個人是一位有著高貴血統與卓越成就的人，同時，他也是一位追求真理的謙卑之人。

西元 1827 年 5 月 15 日，亞歷山卓

親愛的姑姑：

我就像被監禁那樣一直待在這裡，等到氣溫回升，好讓我早日回家。因為我現在的身體還相當虛弱，要是被寒冷的東北風吹一下的話，肯定會帶來嚴重的後果。如果我跟妳說自己目前一切都還很順利，那我就是在欺

騙妳與自己。因為相比於去年 11 月離開家的時候，我不知道自己目前的情況是否變得更好一些。還有，每個週六早上，我都會在華盛頓的教堂發表布道演說，期間並沒有感受到身體的任何疼痛或是不適。我依然遭受到很多人的責難與非議，也許，這樣的責難與非議會伴隨到我去世的那一天。我從來沒有失去自己的勇氣，或者說我從來沒有失去自己的理智思維……最近，我才明白，我們是有很多能力去進行改變的，只是缺乏時間以及去改變的時機。如果我讀了《拉美莫爾的新娘》[083]這本書，那麼 1,000 種關於這本書存在缺陷的想法就會從我的腦海裡萌生出來，我肯定會注意到這樣的情況。也許，我應該成為一名小說家。當我有機會讀到一些具有天才創造性的詩歌時 —— 這些詩歌可能是在報紙上的一個角落裡 —— 都會激發起我靈魂深處的共鳴之情。如果我有閒暇時間參加那些沒有名聲之人的聚會，那麼我應該有機會成為一名詩人。在我的白日夢裡，我經常希望自己能夠成為一名畫家。除了一些斷斷續續的思緒之外，我在白日夢裡經常渴望能夠去研究每一門科學，了解每一種文學的體裁。而我腦海裡這些白日夢的念頭也經常在我的想像世界裡不斷的進行挑逗。也許，我最後會以被世人遺棄的單身漢的身分而死去，也許我應該拋棄所有的情人。但是，這些所謂白日夢之所以引起我的注意，是因為這可能以間接的方式告訴我，這似乎是人性中最讓人感到愉悅的本性了。按照哲學術語來說，如果一個人有太多的「追求」，這些追求的想法肯定不會是毫無意義的，而應該會指向某個真正需要追求的目標，需要我耗費大量時間去努力，直到我最後感到深沉的滿足……躺在病床上，莎士比亞的名字會激起我內心一種活力感，或者說是一種長壽的感覺。我認為，這樣的感覺是獨立於身體機能衰退之外的……我知道，一些人喜歡研究人類對娛樂活動的興趣的生理基礎，還有很多人從藝術、行為的角度去進行分析，想要說明為什麼香膏會為人的精神帶來撫慰作用，為什麼黑暗中的河流就沒有任何精神可言。我親愛的姑姑，妳能夠向妳這位對此一無所知且無比愛妳的侄子，透露其中的一些祕密與原因嗎？

083　《拉美莫爾的新娘》（*The Bride of Lammermoor*），蘇格蘭歷史學家、小說家華特·司各特（Walter Scott）的小說。

在拉德先生的盛情款待下，我在他家待了一段時間，想著在本週前往費城。在經過費城與紐約延誤了一段時間後，最後回到了家。此時，威廉已經在紐約的一些教堂裡，就德國文學發表了一些演說，這為他帶來了一些聲響。

永遠忠誠於您的
拉爾夫・沃爾多・愛默生

西元 1827 年 6 月

　　雖然我一直努力希望保持內心的平靜狀態，我知道自己一直屬於追尋者的那部分人，認為人體會分解的理念，會對那些綁架他人信仰的人產生神奇的功效。但是，這膚淺的詭辯法是如何在那麼多國家蔓延開來的 —— 骯髒的蜘蛛網隨著歲月的流逝，慢慢的編織成了一張大網，一直可以追溯到亞他那修（Athanasius）與喀爾文所處的那個黑暗時代 —— 但是，這些所謂的大網在真理陽光的照射下，肯定會消失殆盡！對於這樣的結果，任何人都不會比亞他那修或是喀爾文更加高興的了。在我內心最為冷漠的時候，當我將所有細微的證據都擺在檯面上，按照人類歷史的角度去看待基督教的時候 —— 正如孔子或是所羅門那樣 —— 我認為我自己是永恆的。可以肯定的是，這樣的平衡正在顫動，但始終會朝著正確的方向平衡的。不然的話，一切看上去都會顯得那麼愚蠢。陽光會顯得愚蠢，人與世界之間的連結也會變成不可言喻的荒謬。我這樣說，純粹是出於自己的理智。我相信自己的永恆性，因為我讀到與聽到這樣的信條就是基督教的本質。可以肯定的是，這會為人帶來一種安全感，但我認為自己能在不需要這種安全感的前提下繼續好好的生活。

　　愛默生在 6 月的時候回到家，與他的母親一起住在康科特的牧師住宅（之前，她在里普利的邀請下，已搬到這裡住了，因為她在劍橋那裡的房子已經倒了）。沒過多久，愛默生就在神學院表現出了自己的能力。之

前，他已經在聖奧古斯丁、查爾斯頓、華盛頓、費城、紐約等地方發表過布道演說，但從沒有在一神論教的教堂裡發表過演說。

在回家的路上，他收到了弟弟愛德華寄來的信件，知道自己現在可以在波士頓的第一教堂裡成為臨時牧師，因為之前的牧師弗羅辛漢姆有事離開了一段時間。當他來到波士頓第一教堂之後，在這裡進行了長達數週的布道演說，之後到北安普敦與新伯福進行布道演說。但是，愛默生發現自己的健康狀況讓他無法全心投入到這份工作當中。

在寫給哥哥威廉的信

西元 1827 年 6 月 24 日，波士頓

我是用泥作的，不是用鋼鐵作的。我經常思考是否要放棄目前所追求的這份職業，因為我的身體健康狀況的確不是很好。現在，我已經連續兩個週六晚上都在昌西地區主持宗教儀式了。今天，我就準備告訴他們，我決定以健康不佳為由，下週不去主持這樣的活動了。我對這樣做感到非常遺憾 —— 因為要是我不工作的話，我吃什麼呢？我應該嘗試去當作家嗎？我應該去嘗試成為散文家或是詩歌作者嗎？唉，但是我沒有這兩方面的天賦啊！雖然我目前的氣色跟在紐約時沒有什麼差別，但我認為自己的肺部肯定出現了一些問題，每當我在進行布道演說、大聲演說的時候，肺部位置都會隱隱作痛。目前，我在神學院（劍橋地區）有一間可以住下的房子，我也準備在這裡住一段時間。

給瑪麗·愛默生姑姑的信件

西元 1827 年 8 月 17 日，康科特

親愛的姑姑：

我透過羅伯特（Robert）將休謨的文章送到了波士頓，但是他們忽視了我的要求，並沒有送過去，當妳收到我寄去的文章之後，我會將這些文

章借給他們看三個月，然後在有機會的時候送回來。我可以很輕易的拿到貝利（Baillie）的劇本。妳想要看什麼樣的劇本呢？只有當我用懶散的思維去進行思考，想著要找尋某些能夠吸引人眼球的字眼時，我才會讓自己的大腦飽受思考的折磨，直到最後找到某些全新的思想或是換湯不換藥的思想。可以肯定的是，我不會將妳拉到與我一樣的層次，因為這樣做必然會顯示我的無知與不禮貌的行為，但是我想要知道妳為什麼想要閱讀貝利女士的作品呢？學校的老師樂於看到孩子們在石板上計算數學題，如果他們能夠透過字謎或是體育運動的方式去進行學習的話，那麼老師更是覺得開心。我們這個州的州長也認為，有必要提高孩子們的智力水準，讓他們掌握更好的語言能力，而這可以透過算術或是寫作來實現。不管怎樣，一個人懷著卑微的想法，認為自己雖然有著貧瘠的思想，但有時依然會有一些最好的思想，可以創作出一些承受住歷史考驗的文章或是詩歌。這樣做所得到的好處其實與劊子手是沒有什麼區別的，因為劊子手能夠熟練的殺人，即使有時被殺的人是一個受人尊敬的人。我不會跟妳談論其中一些讓人感到墮落的細節，但是他們可不單純看到炫耀的事實，從而證明我們是怎樣的人⋯⋯

　　每個週六上午或是下午，我都會發表布道演說。當我在這半天的時間來到教堂發表布道演說的時候，我感覺布道講臺上的形象都是由泥土作成的，而不是用可調節的金屬板作成的。有時，我會對自己說，如果人們能夠避免使用他們平日裡使用的語言或是舉止的話，說出一些他們心靈中最美好的話語或是做出最善意的行為，那麼每個人都將會變得非常有趣。每個人都是一種全新的創造，都可以做出一些最好的行為，都擁有某種類型的智力模式或是形式，他們都有某種屬於自身的品格或是一般性的結果，他們都具有宇宙中任何其他人所沒有的某種行為。如果這些人能夠展現這樣的品格，那麼這肯定是充滿魅力的。對於每一個具有求知精神的人來說，這肯定是一場有趣的學習。但是，當一個智力水準不高的人展現出某種行為的時候，他就會想辦法去隱藏自己這樣的行為。他會為自己的行為感到羞恥或是對此感到害怕。因為，他與其他人所有的交流都是對普通思

想的一種不熟練的竊取行為，他當然會對此感到無聊與反感……提出問題，這是人生存在的重要意義。要想回答這些提出的問題，則是另一個存在的意義所在。那些占據中間的人則像對我通風報信的人，似乎能夠知道這兩邊都具有的一些答案。我沒有像老鷹一樣銳利的雙眼，無法透過觀察學習到所有知識。我好奇的想要知道，《聖經》裡對那些因為騎士精神而犧牲的人所做出的評價。但我認為，若是因為時間的久遠以及語言方面上的困惑，那麼這可能會成為一項讓我們需要找尋正確句子或是詞語的工作。當然，某些部分充滿光明與莊重的真理，必然會存在於每個人的每一刻。這樣的想法足夠讓每個人都產生一種安全的想法，雖然這並不足以去教育別人……

永遠尊敬您的侄子
拉爾夫·沃爾多·愛默生

給哥哥威廉的信

西元 1827 年 8 月 31 日，劍橋

在接下來的幾週裡，我要前往北安普敦，代替霍爾（Hall）先生發表布道演說。霍爾先生負責的教堂規模很小，我的身體應該可以支撐我整天發表布道演說，不會存在任何的身體不便……我始終希望自己的布道演說打動信徒，認為自己如果在這方面獲得了成功，那麼我就獲得了徹底的成功。我所提到的為信徒帶來強烈的印象，說的是一種持久的印象……我目前的身體狀況不是太好，但是現在去考慮冬天寒冷的天氣還為時過早。

西元 1827 年 12 月 14 日

我現在住在神學院裡，這裡的生活讓我感到非常滿意。作為牧師，我在這裡可以過上休閒、懶散卻又豐富的生活。我的健康狀況依然與過去一樣，沒有出現什麼好轉。

西元 1828 年 2 月 28 日

　　我目前正在寫布道的演說稿。我感覺自己每天都過得謹小慎微，有一種如履薄冰的感覺。我每天都在想辦法如何慢慢提升我的身體能量。這將是一場漫長的爭鬥，是一場關乎我的生命與死亡之間的爭鬥，而這場爭鬥最後的結果完全是不確定的，也不是我一個人所能夠控制的。因此，當我可以走路的時候，我絕對不寫作，特別是當我可以放聲大笑的時候，我絕對會放下手中的筆。但是，我在這邊沒有什麼朋友，因此有時為了排解無聊，我必須要讀書。你是否讀過盧梭所寫的《愛彌兒》一書中那些帶有侮辱性質的章節，是否了解其中關於疾病所帶來的各種束縛呢？查爾斯偶爾會過來看我，他現在依然在找尋自己所能夠感受到的愉悅、好處或是榮譽，似乎從來沒有為這樣的行為付出代價。與愛德華一樣，他現在依然身強體壯，四肢健全。他閱讀了柏拉圖與阿里斯托芬（Aristophanes）的古希臘作品，有時也會像會長所說的那樣熱衷於寫作。雖然愛德華身患了一些他無法言喻的痛苦疾病，但他的氣色看上去還是不錯的。我認為他跟我一樣，都很有機會從這樣的疾病中康復過來。

西元 1828 年 4 月 3 日

　　我剛剛從萊辛頓回來，發表了一天的布道演說。在布里格斯（Briggs）牧師回來前，我都會替代他的位置。也許，愛德華跟你說了，我對於沒辦法參加波士頓地區[084]新建教堂的儀式而感到略微失望。每當有人跟我提起這些事情，我就會感到尷尬。因為我認為自己的健康狀況，在很大程度取決於自己過上一種自由自在與任性的生活，並在只有身體允許的情況下才進行布道演說。只有在這個時候，參加這些活動才有助於我的身體健康以及體格的提升。

084　愛默生受邀前往那裡與其他幾名牧師候選人進行競爭，但最終沒有入選。

　　為什麼你要如此努力的工作呢？難道你忘記了愛默生家族的每個人都因為過度工作而損害了身體健康嗎？難道這樣不會讓你最後患上麻風病，不得志而死去嗎？在這麼長的時間裡，為什麼我所寫的文章要比一篇布道演說更短呢？事實上，我的身體開始漸漸恢復，很多人都說我不像是之前的那種雕塑模樣，而更像是一個活生生的人了。我無法說服自己那位體弱多病的弟弟愛德華也採用跟我一樣的治療方法。我就像一條狡猾的蛇那樣遠離書桌，然後直接在神學院的房間裡住下來了。我特別喜歡與那些喜歡大笑的人在一起，在與他們度過了快樂輕鬆的一、兩個小時之後，我會感覺彼此間的談話都變得更加輕鬆自在，我也會直抒胸臆，不需要在意別人對我的任何看法，這樣的一種狀態是我所喜歡與想要追求的。只要在我的臀部所能夠承受的範圍之內，我都會想辦法去進行更多的鍛鍊，雖然這個過程有時會出現一些間斷，但我的運動量整體來說不是很大。前不久，我剛剛拒絕了前往布萊頓教會作為牧師候選人的邀請。這是我第三次拒絕了其他教會對我發出的申請。

　　愛默生的日記：

　　透過對別人的觀察，我發現自己身上某種特殊的性情，即十分喜歡漫步的方式。在 7 月陰天的中午，我會有意識的合上書，穿上一件老舊的衣服，帶上一頂舊帽子，然後慢悠悠的來到種植著歐洲越橘的樹叢裡，沿著一條牛羊穿行的小道前進，這肯定會讓其他人無法發現我的蹤影。這樣做為我帶來了難以言喻的滿足感。當我獲得了這種滿足感之後，在接下來的幾個小時裡，我都會在樹叢的其他地方採摘漿果，樺樹則在更遠處的地方。採摘漿果的行為並不是我十分喜歡的。我還記得在以前的冬天，我們經常會這樣做。但我原本以為這些漿果會在春天的時候生長出來。我不認識與我有著相同的幽默性情，或是認為這是值得尊敬的一個生物。但是，

我所結交的一些朋友，他們有的在城市居住，有的則在荒野生活，有的則在海邊生活，他們都將會明白與憂鬱的哲人賈克斯（Jaques）一起散步時是什麼樣的喜悅感覺（賈克斯是莎士比亞喜劇《皆大歡喜》中的哲人）。事實上，相比於過著懶散的生活，我並不是十分迷戀自由。但是，我在懶散的生活中發現唯一的不足，就是我感到不快樂。當我的精氣神比較充足的時候，當我的大腦充盈著各種思想的時候，我想要成為自己的主人。如果我的經濟情況比現在更加寬裕的話，那麼我肯定能夠過上比現在更好的生活。也就是說，我可以從事更多的休閒活動，也可以更加專心的去做自己想做的事情。如果我相當有錢的話，我肯定會經常騎馬行走的。我肯定會騎著馬到處走，在揮灑身體能量與汗水的過程中，增強我的胃口。關於財富，我認為這能帶給人的一種好處，就是可以讓人在舉止與言語上變得更加獨立。我羨慕那些在這方面獲得成功的人，因為很多人一輩子都無法做到這點。

　　愛默生的弟弟愛德華曾說，愛默生無法繼續像之前那樣工作，因此只能放棄牧師這個職位，回去繼續當老師。但是，這肯定是他不願意去面對的結果。他已經決定留在劍橋了，靜靜的休養生息，等待著自己的時機，希望美好的日子即將到來。

　　正是在愛默生第二次住在神學院的時候，赫奇博士在這裡見到了他。在赫奇博士友善的允許下，我在下面將他對愛默生的印象引述下來：

　　我是在西元 1828 年認識愛默生的。他當時就住在劍橋神學院。雖然，他當時不是神學院的一名成員，也沒有積極參加神學院的各種活動，卻被視為牧師候選人，正在為成為牧師而努力。我記得當時自己根本沒想到愛默生日後會獲得那麼偉大的成就。相比於他年輕的弟弟愛德華·布利斯·愛默生來說，愛默生的才華似乎要遜色一些，但是愛德華的天賦因為身體疾病的緣故，是永遠都無法得到實現的了。愛默生一個更為年輕的弟弟查爾斯·昌西同樣贏得了當時同齡人的欣賞，而當時的愛默生則沒有顯

露出自身的才華。他的前進過程是緩慢的，但二十五歲的他也有明顯的優點，那就是他擁有敏捷的思維，在遣詞造句方面相當謹慎，這都是成為一名受人歡迎的牧師的必備條件。愛默生似乎從來都不開玩笑，他的一些保守舉止似乎不允許別人在演說中做出任何輕浮或是不當的行為。他每天都會寫日記，記錄著每天他所聽到或是看到任何有意義的事情。我還記得某天晚上，他前來找我，想要了解一件關於諾頓（Norton）教授在神學院裡發表布道演說時發生的一件軼事。當他最後完整的記錄了這件事之後，他安心去睡覺。我希望激發他對德國文學的興趣，但他笑著說，他對這個話題一無所知，他也認為自己根本沒有必要去了解德國文學。之後，他之所以認真學習德語，主要是因為他想要去認識歌德（Goethe），而這樣的想法也是在卡萊爾[085]的提點之後產生的。愛默生在行動方面比較緩慢，這點與他在演說時的語速很相像。在與人交談的時候，他從來不會匆忙的打斷任何人的說話，無論對方提出的觀點是多麼的具有偏見。我認為，幾乎從來沒有人見過跑步狀態下的愛默生。在那個階段，愛默生已經表現出了足夠獨立的思想。「不要因循守舊，」愛默生曾說，「一切要以自己的判斷為準。」、「不要過分在意自己的行為所帶來的影響，而要始終按照最簡單的動機去做事。」

　　愛默生在神學院待了一年，身體狀況慢慢恢復了。因為沒過多久，他在每個週六就能發表布道演說了。在很多教會，都急需像愛默生這樣的年輕牧師。

　　在愛德華身上，家族的遺傳疾病開始慢慢顯露出來了，並且成為了一種長期持續的痛苦，最終導致愛德華出現精神紊亂的情況。每當面對前路上各種障礙，讓他始終無法實現抱負的時候，他內心熾熱的思想總是會感到無比焦慮。他不斷的更換工作 —— 學習法律，擔任過私人教師、讀者與機要代理人 —— 直到在這一年，他的身體完全垮掉了，不得不放棄一

085　卡萊爾（Thomas Carlyle，西元 1795 ～ 1881 年），英國評論家、諷刺作家、歷史學家。他的作品在維多利亞時代甚具影響力。代表作：《法國革命》、《論英雄、英雄崇拜和歷史上的英雄》、《過去與現在》等。

切，回到康科特休養。此時，他的精神突然出現失常的狀況。愛默生在給哥哥威廉的信中這樣寫道：

西元 1828 年 6 月 2 日，康科特

對愛德華的病情我們都感到非常恐懼。我不得不從新康科特馬上回來。愛德華現在出現昏厥與精神失常的狀況。在過去兩週裡，他的精神似乎都處於一種混亂的狀態。

6 月 30 日，神學院

我們天生就患有一些遺傳疾病。我剛剛收到康科特那邊寄來的一封信，說愛德華再次生病了，這次的病情要比之前更加嚴重。目前，愛德華處於一種狂暴的精神錯亂狀態，因此他的行為要被強制約束。母親已經跟醫院的人說過了，這樣做是不得已的辦法。

7 月 3 日

昨天，我們將愛德華帶到了查爾斯頓。他的精神錯亂症狀已經表現得淋漓盡致了，詳細描述他的行為又有什麼必要呢？我親愛的弟弟愛德華，這位曾受人尊敬的有識之士，這位有著流利演說口才與勤奮努力的年輕人——現在竟然成了瘋子。韋曼（Wyman）博士對接納愛德華表示強烈的反對，說愛德華的病情是非常特殊的，應該在私人的看管下進行治療。他批准了愛德華與其他病人完全隔離起來進行治療的特殊待遇。面對這樣的情形，我真的不知道自己的內心是否還應該殘存著希望。但是，上帝冥冥中對這一切自有安排。我始終都相信，愛德華最後肯定會完全恢復健康的，但我擔心他日後會完全受制於自己的腸胃疾病。

正如愛默生所期望的那樣，愛德華很快就恢復了理智狀態，但他的健康狀況卻是一落千丈，他根本沒有能力繼續進行學習或是從事之前的工作。他不得不要放棄自己內心所渴望的事業，前往西印度群島休養。幾年之後，他死在那裡。

愛德華的死對愛默生是一個沉重的打擊。愛德華是與他最親近的人，他們的興趣愛好是互補的，彼此都是對方最嚴厲的批評者與最熱烈的崇拜者。有時，愛默生也會在內心裡思考，難道同樣的命運也在等待著自己嗎？

愛默生在日記裡寫道：

當我思考著自己家族遺傳到愛德華身上的疾病時，我發現這樣的疾病將很多人遠大的理想都一起埋葬了 ── 無論出於任何其他的理由，我從來都沒有對自己也會患上這樣的疾病感到恐懼。我在智力層面上存在著許多愚蠢糊塗的思想，我認為這是上天對我的一種考驗。我的弟弟生前始終是以超自然的方式釋放著自己的能量。但是，我的行為則是遲鈍與懶散的。有時，我的演說是輕率與缺乏禮貌的，有時則是讓人感到尷尬或是粗俗的。我的行為（如果我可以這樣說的話）有時是比較消極的。愛德華始終擁有面對一切的能量，但我沒有這樣的能量。我會放聲大笑，也會害羞臉紅。當我的意願或是利益受到侵害的時候，我也會變得脾氣暴躁。在我看來，雖然我有這麼多的不完美，但是我認為這些都是我抵禦疾病的一種防禦手段。我的弟弟，我為你感到傷悲。我懇求上帝能夠拯救他，讓他恢復正常吧！

愛默生還在康科特、新罕布夏州（新康科特）等地方進行布道演說。在西元 1827 年 12 月，他第一次遇見了埃倫·塔克[086]，這位他日後的妻子。一年後，當愛德華離開查爾斯頓精神病院的時候，大家都認為愛德華最好去旅行一段時間。愛默生將愛德華帶到了新罕布夏州與新康科特修養。在寫給哥哥威廉的信中，愛默生說：

西元 1828 年 11 月 10 日，神學院

愛德華現在的身體狀況好多了。我獲得邀請，將會在一個鄉村教堂發表一場布道演說。到時候，我會帶上愛德華一起前往。

086　埃倫·塔克（Ellen Louisa Tucker，西元 1811 ～ 1931 年），愛默生的第一任妻子。

12 月 4 日

　　愛德華的身體狀況看上去好了許多。後天，他就要與我一道前往新罕布夏州的新康科特，在那裡度過三個週末，然後重新回到麻薩諸塞州的康科特。

　　在新康科特，愛默生再次遇到了塔克小姐。愛默生在下面這封寫給哥哥威廉的信中詳細談到了這件事。

西元 1828 年 12 月 24 日，神學院

親愛的哥哥：

　　我很高興的告訴你，我現在已經與埃倫·路易莎·塔克小姐交往一個星期了。塔克小姐是一位年輕的女士，如果你相信我說的話，她是一位非常美麗與善良的女性。她是波士頓一位已故商人貝扎·塔克（Beza Tucker）最小的女兒。她的母親現在已經改嫁給了新罕布夏州康科特的肯特（Kent）上校三、四年了。截至目前，我已經認識埃倫長達一年了。我認為我已經過了害羞臉紅的階段，下定決心要成立一個家庭了。愛德華也不再像之前精神失常時那麼狂暴了，現在總是一副平靜的表情。現在，愛德華可以說是處在他人生中最快樂的階段。塔克小姐今年 17 歲，大家都認為她是一位非常美麗的女士。

永遠愛你的弟弟
拉爾夫·沃爾多·愛默生

　　的確，大家都公認塔克小姐是一位非常友善的人，但她表現出來的那種哀婉的神色，部分原因是她患上了某種疾病，但她樂觀與勇敢的精神讓這種疾病的症狀沒有顯露得那麼明顯，甚至就連她的醫生都被她表現出來的假象欺騙了，認為她有很大的機會康復。

西元 1829 年 1 月 28 日，波士頓

親愛的威廉：

在我寫這封信的時候，我那位美麗的女朋友因為身患疾病，讓我憂心忡忡。在我們所處的嚴寒地區，疾病總是喜歡襲擊那些最美麗的人。一個星期前，她的血壓高了許多，但她現在的情況已經好了許多，我自己也是。在經過了許多困惑的思考之後，我已經放棄從波士頓第二教堂那裡得到任何消息的念頭了。我認為，醫生們也許會告訴埃倫，她應該離開這裡，去……但是，我現在想要與傑克森（Jackson）博士交流，與那些委員會的成員交流。我相信在下個週六的時候，我肯定會答應他們的要求。我希望你能夠過來看看埃倫。為什麼你就不能過來擔任我這個神職呢（如果事情真是這樣的話），過來看看示巴女王（Queen of Sheba）與我呢？

西元 1829 年 2 月 20 日

現在，埃倫每天都在漸漸的康復。我必須要說，她目前的身體狀況真的要比之前好了許多。她用一種樂觀的心態看待自己的病情，並沒有因為疾病而失去愉悅的精神。只有當我們要分離的時候，我們說話的口氣才會變得沉重起來。

幾個月後，愛默生才再次寫信給他的哥哥：

威爾先生（即亨利·威爾二世〔Henry Ware, Jr.〕牧師，他當時是第二教堂的牧師）再次患病了，所有的信眾對此都感到非常遺憾。你可以看到，隨著威爾牧師的疾病遲遲得不到好轉，你弟弟的未來是可以預見的。想成為一名優秀的牧師，但卻沒有健康的身體。身體的狀況有可能決定我冬天該在哪裡度過。顯然，成為牧師會帶給我一些明顯的優勢，但是這同時也帶來了龐大的工作量。

在威爾牧師生病期間，愛默生受邀擔任臨時牧師，在教堂裡發表布道演說。不過，當時有人說劍橋神學院準備授予威爾先生教授職位，而威爾

牧師有可能接受這個教職，從而空出一個牧師職位。愛默生拒絕繼續在第二教堂發表布道演說，他認為這個空出來的位置應該讓所有牧師一起去競爭，而不應該自己獨自霸占著。

愛默生自己說：

如果我一切安頓下來，我會根據自己的能力去思考是否競爭這個職位，而絕對不能因為我從一開始就與教會的人關係比較密切去獲得這個職位。

威爾先生想要辭掉牧師這個職位，但教會說服了他繼續擔任一段時間，因為教會需要在他離開之前，找到一位能夠代替他的人。最後，他們選中了愛默生。愛默生在寫給哥哥威廉的信中說：

79名委員會成員中有74人投了贊成票，另外3票投給了佛倫（Follen）博士，佛倫博士之前就表示與我的觀點完全不同，但是他希望再等待一段時間。可以說，這樣的投票結果讓我感到非常滿意，因為這代表著教會所能表達出來的最大善意。

第四章
在第二教堂時期的愛默生及其婚姻

西元 1829 ～ 1832 年

在西元 1829 年 3 月 11 日，愛默生成為了威爾的同事。幾週之後，威爾決定乘坐汽船去旅行，並且決定在回來之後接受神學院教授一職。威爾對愛默生的表現表達了「完全滿意」的評價，因此，愛默生成為了第二教堂唯一的在職牧師。

在這年 9 月分，愛默生結婚了。他與妻子一起住在沙登地區，然後懇請母親也搬過來一起住。也許，愛默生認為美好的日子就在前方等待著他。他已經處在一個能夠讓他實現自己所有兒時夢想的職位了：他現在是這座受人尊敬的教堂的牧師，他娶了一位「聰明賢慧的女人」作為妻子，他有能力為自己的母親提供一處舒適的住所，還為自己的兄弟留下了一個落腳的地方。最重要的是，雖然他的健康狀況沒有完全得到康復，但他在這段時間裡都沒有出現任何的身體不適。即使未來看上去是這麼美好，他似乎隱約覺得前方籠罩著一片陰雲。在寫給瑪麗・愛默生姑姑的信中，他這樣說：

西元 1829 年 1 月 13 日，波士頓

親愛的姑姑：

妳知道沒有誰比妳更加清楚，我們從小都是在貧困環境中掙扎過來的，一直走到今天。我認為，在貧窮與災難的過程中，往往孕育著未來富足的種子。現在，我們之前所遇到的一切麻煩與挫折似乎都在財富面前被

抵消了。我始終相信那個古老的迷信（雖然這個迷信是從人類事務中總結出來的，但我認為是真實的），即人應該意識到一種純粹的富足。因為報應女神始終會注視著那些身在高位的人。好吧，讓我們看看諸多改變的跡象吧。威廉已經開始透過法律執業來生活了，愛德華也慢慢的恢復理智與健康了。布爾克利則處在人生中最舒適的階段。查爾斯在各方面都做得非常好。相較來說，我的處境還是最好的。當然，相比於家人或是朋友們的期望，我的表現還讓人滿意。現在，我必須要心懷感恩之情，因為我覺得正處在一個越來越圓滿的位置，我會直接問自己，我能夠承受這個位置帶來的一切嗎？在完成好本職工作之外，上帝會讓我成為一個例外，會讓我成為一個知道自己命運的人嗎？在對成功的反面進行深入的思考時，總是會讓我產生一種恐懼感。但是，我現在感到如此快樂，這是否是我的過錯呢？難道我不應該相信善良的上帝會始終保護著我嗎？在這個世界上，我無法從內在或是外在的世界裡找尋任何可以對抗這種恐懼感的解藥：我必須要坦承自己具有一種無限依賴的心理。我必須要讓自己的內心充盈著上帝的富足思想，這能夠緩解我內心那種輕浮的驕傲感，使之處於一種較低的水準。這能讓我個人所處的狀況與宇宙的規律處於和諧狀態。我親愛的姑姑，妳是我最親密的朋友，如果妳能夠在這方面給予我一些妳深入的見解，那麼我肯定會感到非常高興的。妳始終認為我會獲得成功的。現在，我似乎處在成功的位置上，我選擇向妳寫封信，我認為這是對惡靈的一種抗拒。我不願意為獲得這些美好的東西而付出慘重的代價。我希望自己能夠將所有期望的情感都集合起來，靜靜的看著大海潮起潮落，感受從西邊吹過來的緩緩微風。

　　其實，按照愛默生的性情，他不應該產生這種不祥的預感 —— 對他來說，沒有比這樣的「自尋煩惱」更加糟糕的事情了。但是，當我們回想起他年輕時期與早年一些與疾病爭鬥的經歷，也就會覺得這沒什麼好驚訝的了。在那個時期，雖然他並不急於知道自己的未來會怎樣，但他肯定也已經隱約感覺到，一團陰雲似乎籠罩在自己的未來，而這樣的厄運似乎會

不可避免的降臨到他最愛的那些人身上。

　　與此同時，愛默生滿懷熱情的投入到牧師這份工作當中，不去思考自己在此過程中可能遇到的任何困難挫折。在他獲得牧師任命之後的兩個週六裡，愛默生發表了兩場布道演說，「使用符合教會規定的最合理詞語」。他表達自己對牧師職責的看法，在此過程中沒有表示任何新穎的想法，只是指出自己不應該在布道演說中急於加入一些樸素的道理或是不真實的內容。按照愛默生的說法，當時的布道演說所使用的詞語真是太貧乏了。

　　這樣的布道演說無法將人類所能感受到的善與惡完全表達出來，只是在一個狹隘的範圍內打轉。這就好比在幾根琴弦上彈奏，所用的詞語也完全局限於少數幾個詞語。當時代不同了，很多牧師依然在使用之前那些已經改變了意思的詞語。信眾們認為，布道演說的目標以及其作用，應該是為了闡明一件事的道理，並且忘記基督教代表著一種無限的宇宙法則。正是神性的顯露才可能讓我們的靈魂可以去感知，讓我們以一定的方式去窺探每個時刻，了解最為細微的責任。如果每個人都反對我這種風格的布道演說，或是認為我的布道演說缺乏嚴肅性，那麼我會提醒他們，我所使用的語言都是從《聖經》裡面汲取過來的，用來闡明神性真理的，用來說明我們的主屈尊解釋每一個平凡的事實。如果他在這個時代發表演說，他也必然會用這個時代的一些藝術或是物體來進行講解，也會談到印刷機、紡織機以及關於蒸汽與氣體等現象，還有關於許多免費機構以及許多隨意妄為的國家。

　　按照愛默生的說法，基督教牧師的職責就是「對《聖經》的內容要有透澈的了解，然後按照對其的了解來指引自己的行為，因為《聖經》所傳遞出來的聲音可以說是最接近上帝的聲音。但即使這樣，還是需要每位牧師對自身的仁慈以及能力進行深入的思考與反思。這需要我們在治理層面上具有一定的自律性，需要我們對情感進行一定的訓練，知道哪些行為是可以寬恕的，哪些行為是不可以寬恕的，這才是最為重要的」。

赫奇博士在我上面提到的回憶錄裡這樣寫道：

愛默生早期的布道演說最為鮮明的特點，是相當簡樸與不拘泥於常規。他用一種非神學理論的方式來發表布道演說。在那個時代，這樣的演說方式讓他比其他的牧師都更加貼近信徒的心靈。很多之前習慣了正統式布道演說的信徒都為愛默生發表這種未經許可的演說感到震驚，但是那些從一開始就未曾懷有這種偏見、帶著欣賞眼光的信徒，則對愛默生的演說表達了高度的讚揚。可以說，愛默生在布道演說臺上贏得了自己的第一批支持者。

那個時候聆聽過愛默生布道演說的一名信徒對我說，愛默生讓他當時幼稚的心靈留下的主要印象，就是他用現實生活中存在的事物去講解一些宗教原理。他所列舉的例子就跟我們平時在大街上看到的情形是一樣的。曾經聆聽過愛默生布道演說的瑪格麗特・富勒女士[087]也表達了同樣的觀點，她表示，愛默生的演說讓她以及來自老北部地方的信徒都過去聆聽。富勒女士表示：「我不是太在意牧師在布道演說中過分強調所謂的宗教精神，除非我能夠像聆聽愛默生的布道演說時，可以感受到這些牧師是用一些真實的證據去進行佐證。對那些接受過一定教育的信徒來說，愛默生的布道演說的聲調與方式能夠激發出他們的熱情。」截至目前為止，愛默生只有兩篇布道演說的演說詞印刷出來了，分別是在西元 1830 年，愛默生在里普利舅舅的同事古德溫（Goodwin）牧師那裡所做的一場布道演說，另一篇則是愛默生在負責第二教堂時期，在主的聖餐儀式上發表的布道演說。愛默生其餘的 171 篇布道演說依然沒有出版。愛默生也表達了希望這些演說稿不要公開印刷的願望。當我私底下閱讀愛默生這些布道演說文稿的時候，真正讓我感到震撼的是，這些演說稿的內容都是非常平實的，幾乎看不到任何華麗的辭藻。在演說文稿裡，愛默生沒有試圖用所謂的演講

087　瑪格麗特・富勒女士（Sarah Margaret Fuller，西元 1810 ～ 1850 年），美國記者、編輯、評論家和與超驗主義運動有關的婦女權利宣導者。她是新聞界第一位全職美國女性書評人。她的代表作《十九世紀的女人》被認為是美國第一部重要的女權主義作品。是愛默生一生的朋友。

口才或是當時比較流行的一些誇張話語進行演說。在愛默生早年的文章裡，他非常熱衷於這樣做。對他來說，那些華而不實的東西早已經失去了原先的魅力了。他在西元 1826 年的一篇日記裡這樣寫道：

華麗的文采最好還是留給年輕人吧，讓他們可以在私底下進行思考。這些華而不實的詞語無法將那些無法言喻的意思表達出來，無法將最為重要的內容表達出來，因此使用那些辭藻會讓擁有理智或是有一定品味的人都會覺得噁心。很多人都忘記了一個最為重要的格言，那就是準確的表達意思，這對實現美感是最為重要的。

我對於當時他在布道演說的風格出現的創新行為不是很震驚，對於他採用家常式的言說方式去闡述平凡的道理也覺得可以接受。雖然，當時有一些牧師會在演說中偶爾使用一些不符合牧師表達出來的句子，但他們表達的內容，整體來說在一神論派可以接受的範圍之內。在我看來，這些牧師所做出的這些「創新」，很大程度上是強調倫理原則要高於教義，但這在當時已經是信徒們都可以接受的一個觀點了。很多人對布道演說文章的看法就是 —— 人的每個行動都會帶來一定的回報，要是沒有我們的默許或是縱容，任何邪惡都不可能降臨到我們身上。對我們來說，每一天都是審判日，我們不能在別人的眼中看到自己所應該肩負的責任，而應該為了自己去解決所面臨的問題，特別是一些人們通常認為最終會得到解決的問題。而精神層面上的真理必須要擁有其存在的證據，而不需要其他語言上的吹捧 —— 隨著時代的變遷，這樣的想法越來越成為信徒的共識。但整體來說，很多牧師還是用聖經裡的語言去進行闡述，似乎它們本身就屬於世人所接受的教義的一部分。

但是，我們必須要明白一點，在目前這個時代，我們已經習慣了將《聖經》等基督教經典作品作為一種闡述教義的方式，而不再將之視為代表宗教真理的基礎，因此我們對以前那個時代的這些全新的變革不會感到吃驚。不管怎樣，我們都沒有必要說明一點，即這並不需要向信徒的觀點

做出任何妥協，因為很多類似的所謂觀點都是愛默生本人所不認同的。但是，愛默生從來沒有認真留意自己產生這種信念的過程，因此他可以透過自己擔任的牧師職位，透過自己的演說，用更能讓信徒接受的方式，而不是他的方式去說服他們。當我們閱讀愛默生這些布道演說文稿的時候，就會發現這些稿子依然帶有某種傳統的色彩。顯然，要是我們真的聆聽了愛默生當年的演說，那麼這樣的感覺必然會消失。愛默生曾這樣評價過錢寧的演說，說要是不看他演說時的雙眼，不聽他的聲音，那麼你就無法感受到他最佳的演說狀態，也將無法真實的理解他要表達的意思。可以說，他們是以一種個人且直接的方式來表達個人想法的，整個過程是以不能脫離他本人存在為基礎的。顯然，關於這些牧師的演說魅力，這點是顯而易見的。正如赫奇博士所說，愛默生在布道演說講臺上贏得了他的第一批支持者，這些支持者都是沒有什麼名望的人，他們似乎從愛默生身上發現了他演說中所具有的魅力。一位當年經常聆聽愛默生演說的信徒這樣回憶愛默生：

現在，當我回想起愛默生當年發表的演說，我發現他總是能夠講述一些讓我無比認同的事實。他演說的方式會讓你覺得這個道理是全新的，彷彿就是一種全新的啟示。對我來說，他是真正意義上的天使，是真正的上帝使者。對我來說，沒有比聆聽愛默生的演說更能為我帶來心靈的振奮與愉悅的事情了……他在演說中的第一個目標，就是將我們引向上帝，將我們的心靈與上帝之間的帷幕拉下來。

愛默生的演說也讓康登[088]留下了深刻的印象，康登的這段回憶是後來許多作家在介紹愛默生時經常引用的：

一天，我們的布道演講臺（在新伯福）來了一位舉止優雅的年輕人，他顯得非常可親。一開始，他歌唱了一段頌歌，然後做了祈禱。他就像天使那樣閱讀著經文並祈禱。當時，我們唱詩班合唱團的表現也很不錯，但

088　康登（Sylvester Laurentus Congdon，西元 1826 ～ 1868 年），美國神學家、教育家。

相比於愛默生來說，我們的表現是粗俗與不和諧的。我還記得愛默生在發表布道演說時，表露出了某種簡樸與智慧的模糊魅力，他會從自然界裡找尋例子來證明自己的觀點，這些都是我之前從未聽說過的。他在演說中沒有提到任何艱澀複雜的道理，我可以明白他的觀點。

愛默生在第二教堂擔任了超過三年的牧師，直到西元 1832 年才辭去職務，之後就斷絕了與教會的連結（後來證明，愛默生再也沒有擔任過牧師了）。這一切都是因為愛默生在主的晚餐儀式上與教會產生了衝突的觀點。愛默生認為這樣的儀式不可能被視為耶穌基督所創立的聖餐，他認為耶穌基督不可能讓教會或是自己的追隨者舉行這樣的活動。

其實，愛默生是準備繼續擔任牧師的，前提是要去掉教會一些繁文縟節，將儀式僅僅當成是一種紀念儀式。在西元 1832 年 6 月，他向教會提出了這樣的建議。他的建議被提交到教會委員會。沒過多久，委員會成員就表示他們完全信任愛默生，但是拒絕接受他的建議，不願意做出任何改變。委員會成員認為他們沒有權力去討論儀式的意義等方面的議題，或是認為他們有權利向其他的信徒推薦這樣的觀點。事實上，當時持不同觀點的信徒都已經接受了愛默生提出的這些觀點。

因此，愛默生要麼辭去牧師一職，要麼繼續按照之前的方式去支持聖餐儀式。在此期間，他前往白山那裡住了一個星期，對此進行了一番認真的思考。在他離開的這段時間裡，教會在儀式方面做出了某些修正。對他來說，這是一個艱難的決定，因為很多支持他的朋友都希望他繼續擔任牧師一職，不要讓所謂的形式問題影響到他的牧師生涯。在這些人看來，愛默生繼續擔任牧師，這對於教會與那些支持他的人來說，都是皆大歡喜的結果。對愛默生而言，他又不可能找到比第二教堂更加支持他的教會了。

愛默生在日記中寫道：

西元 1832 年 7 月 14 日

伊森・艾倫・克勞福德（Ethan Allen Crawford）在白山的住所

　　我感覺自己就像一位過於仁慈的人，經常受制於所遇到的各種人提出的各種要求。我內心那種希望取悅別人的想法讓我漸漸脫離了原本的自己。當然，我應該想辦法去取悅別人，但這樣的取悅不能以犧牲自己的觀點為代價，不能透過無條件的放棄自己的立場為代價。要想控制自己的靈魂，或是乞求自己的靈魂，這是多麼困難的一件事啊！我們的很多行為，我們當中的很多人，所做的一切事情都是希望能夠得到靈魂的寬恕。我認為自己也是這樣想的。我希望成為傳遞神性原則的一種工具，讓每一位信徒都能透過我去感受到神性原則。我所經歷的人生，讓我窺探到了這樣的神性原則。我們對神性法則知之甚少，但我們可以從清冷的北風中感受到，可以從天空中到處飄蕩的白雲感受到，可以從吹拂我們身體的微風中感受到。這一切似乎都在顯示我們心智世界的陰雲上方是一個精神天堂。或者說，我們可以透過愉快的交談來轉動這個看似深不可測的東西，或是透過一本書中的一句話來預測心靈的行為，讓其內容充滿了含義。或者說，在陰天的一次孤獨的步行中，「觸碰到了我們在黑暗中必然會遇到的神性」，在擁有這樣的體驗之後，我們就會想辦法憑藉自己的能力去安慰其他與我們有一樣想法的人，再次談論著如何擺脫陰雲與黑暗的方式。

　　前往高山居住一段時間的好處，就是我可以重新對自己的人生進行思考。這可以讓我遠離之前按部就班的生活方式。我有機會從高山上俯瞰山下面的城鎮，這可以讓你對一些事情看得更加清楚。但是，留給我思考的時間不多了，我必須要在這個去留的問題上做出決定。對我來說，這是一個極為重要的決定，也是解決我目前遇到最大困難的一個方法……這是決定的時刻。對於那些支持形式主義的人來說，他們擔心那些反對過分追求形式主義的人，這似乎是不符合情理的。我為自己能在這個問題上發揮自己的智慧而感到高興，這可以讓我不會將自己的智慧埋葬在憤怒之中。雖

然，眼前的一切看上去是毫無意義甚至是凶險的，但是千萬不要摧毀任何真正有價值的東西，同時也不要與那些「小惡」同流合汙。目前，教會進行的聖餐儀式要麼是在教會權威的規定下，要麼是在數千名信徒的要求下進行的 —— 我希望這是成千上萬 —— 這些都是懷有悔恨之心、感恩之心、祈禱之心、信仰、愛意與神聖生活原則的人。在我的內心裡，上帝不允許我去打斷他對人類心靈的影響。因此，我的決定與我的所有朋友都沒有任何關係。因為我們每個人都不可能在做法上有著相同的看法，所以我不會在這方面繼續進行爭鬥，從而錯過了大家都一直追求的有價值的目標。我認為耶穌基督的本意不是要持續進行這樣的一種儀式。但不管怎麼說，對他的紀念還是有必要的。其他一些人認為，耶穌基督的確創立了這樣的儀式。但我們都同意一點，這樣做是有意義的。我認為，只有當每個人都認為這是一種原創的紀念方式，那麼這樣的紀念方式才是有意義的。我深知，要是一個人有著過強的自我意識，並且堅持在一些小問題上糾纏的話，這是一個不好的徵兆。那些負隅頑抗的無賴都是那些過分高尚之人。要是人們沒有妥協，整個社會也不可能存在。但是，這樣的法令卻被視為宗教機構最為神聖的法令，我無法到任何一個用冷漠或是反感態度看待這種神聖儀式的教會裡任職。

　　愛默生發現無法違背自己的良心。在回來之後，他在一場布道演說裡闡明了自己與教會的分歧，宣布自己決定辭去牧師一職，即日生效。教會不願意就這樣讓愛默生辭職，他們希望能夠與愛默生就某些方面達成共識。為此，教會舉行了緊急會議，甚至連教會的長凳所有者都被叫去開會，他們認為「挽留愛默生繼續擔任牧師，這毫無疑問是正確的。同時，他們沒有提到愛默生與教會之間的分歧」。最後，在經過兩次休會與許多討論之後，委員會成員以 30 票對 24 票的結果，同意接受愛默生的辭職。會議還決定，將愛默生的薪水之日計算到他這一天為止。

　　愛默生寧願辭去牧師一職，也不願意忍受一神論教的繁文縟節，只會讓他在一些牧師同事看來實在是「太貴格會教派了」，還有不少人說愛默

生出現了精神錯亂的情況。愛默生則不僅對教會委員會的投票結果感到失望，還感覺受到了很大的傷害。也許，他一開始可能認為教會會同意自己提出的條件。但事實上，他與教會就聖餐儀式問題上的分歧，只不過是雙方在更深層次問題存在分歧的一個縮影，而這些深層次的分歧必然會讓愛默生日後也不得不辭掉牧師一職。事實上，他們之間的分歧並不在於某個具體的教條或是儀式上，而在於決定這些教條或是儀式的權威是什麼。當他在神學院的時候，就開始研究這個問題了。他認真聆聽著許多自由派神學家的觀點，同時思考著柯勒律治就重新建構基督神學所提出的理論。在寫給瑪麗·愛默生姑姑的一封信裡，他這樣說：

西元 1826 年 9 月 23 日

親愛的姑姑：

　　當代哲學在經過一番激烈的爭鳴之後，是否已經更能用於交流情感了呢？單純的理智是冷靜的，這是每個人都能夠容忍的。但是，人們漸漸會對只有框架的事實感到反感，他們需要一些內在的真理來告訴自己的姐妹們。在此期間，他們可能會臉紅，會露出笑容，或是變得喜怒無常。即使這樣，當代哲學的一種傾向認為，將我們放在歷史的角度去進行思考，這是不對的。一些持這種觀點的人認為，將時間擺在上帝與我們中間 —— 這應該是我們在宇宙中每時每刻存在的真實證據，這也能夠讓每個人都從觀察中感受到神性的存在。當然，存在於人類心靈深處的道德世界是可以進行解析與定義的，並且可以被世界上存在的一些正面的宗教機構去衡量。在那個人類處於混沌階段的狀態下，耶穌基督似乎扮演著牧師的角色，負責解釋上帝的道德法則。顯然，耶穌基督最適合充當立法者的角色。他能夠代表上帝說出上帝的聲音。因此，我們不應該對宗教在過去漫長歷史的發展抱著太大的敬畏之心，因為其中存在著許多過去 1,600 年或是 1,700 年殘存下來的謬誤。在當代，我們應該將之視為完全獨立於宗教的儀式與禮拜方式之外。我們不應該盲從過去的傳統，而應該認真甄別這

是對是錯。也許，這是關於那些具有相對或是絕對真理的信條貌似合理的陳述了。也許，在找尋一些證據方面，這是絕對真實的。當然，這樣的相對準確是肯定的，繼而我們可以假裝從中感受到永恆的好處。

在運用休謨的教條或是關於「人類知識的相對性」的建議上，愛默生受到了柯勒律治的影響，之後又透過柯勒律治，受到了康德[089]與謝林[090]的影響。柯勒律治對聖公會教堂表現出來的熱情，降低了他在愛默生心中的地位，但是愛默生卻願意接受柯勒律治的觀點背後的超驗主義 —— 即理智是人類認識宇宙思想的工具。他在寫給姑姑的信中這樣寫道：

西元 1829 年 12 月 10 日

我滿懷興致的閱讀著柯勒律治的著作《朋友》。很多人在對柯勒律治的作品進行評價時都缺乏必要的尊重。當然，他的一些作品表現出來的思想程度的確稱不上偉大，但他卻展現出了一個有血有肉之人的鮮活形象，讓每個閱讀的人都能感受到他是在表達一種普世的價值觀！我希望在這個世界上遇到更多這樣的人！我希望遇到那些願意讓心靈可以去觀察世界，探索世界的人，願意與那些持不同哲學思想的人一起進行交流，表達他們對天文學或是其他學科的不同意見。只有當這個世界有更多這樣的人，我們才能從別人那面「會反射」的鏡子中看到自己，才能對身邊的事物有更加深刻的認知。還有一件始終令我感興趣的事情，就是人類的靈魂始終在迫切的希望打破過去的常規，希望掙脫出狹隘的局限，進入一個更加寬闊的天地。每個人都渴望知道未知世界所存在的各種祕密，都想要知道他們所處的位置 —— 當然，我們有時會無意中聽到一些人對此表達的反對意

089　康德（Immanuel Kant，西元 1724 ～ 1804 年），德國作家、哲學家，德國古典哲學創始人，其學說深深影響近代西方哲學，並開啟了德國古典哲學和康德主義等諸多流派，代表作：《純粹理性批判》、《實踐理性批判》等。

090　謝林（Friedrich Wilhelm Joseph von Schelling，西元 1775 ～ 1854 年），德國哲學家。一般在哲學史上，謝林是德國唯心主義發展中期的主要人物，處在費希特（Fichte）和黑格爾（Hegel）之間。解讀他的哲學通常不太容易，因為他哲學中關於自然的定義總是不確定的。一些學者認為他是偉大但又捉摸不定的思想家，因為他在觀點間的跳躍對於一個完整的哲學體系來說，缺少一些將它們連接起來的力量。另一些人認為謝林總是關注一些常見的話題，尤其是自由、絕對和人與自然之間的關係。

見。至少，我感覺自己彷彿認識了一位之前從未遇到過的人。這樣的認識是重要的，因為必須要記住一點，即使是最具智慧的人都是群居動物。亞里斯多德（Aristotle）思考上千人的命運，培根思考上萬人的命運，餘此類推。顯然，這些都是他們各自哲學思想所表現出來的不同形式而已。事實上，擁有這些哲學思想的人不會超過七、八個。只有那些憑藉自身努力去進行研究與學習的獨立之人，才能最終形成屬於自己的學派。至少，他們是站在某個角度去看待神學理論的。

愛默生的一位朋友，新耶路撒冷教會信徒桑普森·里德 [091] 也同樣影響著他 —— 當然，里德對愛默生的影響，並不是表現在讓愛默生去支持新耶路撒冷教派的理論形式，正如柯勒律治的作品也不會讓愛默生去選擇信仰聖公會，但是他為愛默生帶來的最大影響，就是引導愛默生用脫離宗教形式的方式去看待宗教本身。

愛默生在日記中寫道：

西元 1829 年 10 月 9 日，沙登大街

我很高興的看到，新耶路撒冷教派對《聖經》的一些解讀能夠為我們的信徒所接受。《新約》中關於歷史的段落都蒙上了一種莊重的色彩。顯然，之前對其內容的解讀是完全錯誤的。使徒者約翰（John）與我們的救世主的本意並非如此。但是，很多所謂的宗教評論家卻喜歡強行添加自己的一些思想進去，認為被添加與篡改之後的思想才是真實與永恆的。這些人認為，這樣的思想傳播得越廣泛，對人類的生活就越會產生積極的影響。如果人類的愚蠢成分必須要面對謊言的話，如果所謂的真理只是一顆用迷信包裹的解藥時 —— 那麼我才會原諒後者的行為，因為我相信，真理會以本身或是自然的方式進入每個人的心靈，最終成為靈魂的一部分，並且在謬誤變得乾燥或是表皮脫落之後，依然存在。

091　桑普森·里德（Sampson Reed，西元 1800 ～ 1880 年），美國演說家、藥學家。

這種超越與理解的解讀所帶來的宗教狂喜精神，雖然讓愛默生在對待各種不同形式的真正宗教時顯得相當寬容與大度，但這其實是愛默生作為孤獨的思考者所養成的習慣，而不是他作為牧師所本應該具備的。在他擔任牧師的第一年裡，寫給瑪麗·愛默生姑姑的一封信裡這樣寫道：

西元 1829 年 12 月 10 日，波士頓

我們的人生就是謹慎與情感之間的一場漫長爭鬥。雖然當我之前說出「人生會因為過分謹慎而變得尷尬」時，妳反駁過我。我想要表達的觀點是：即使在我的思想裡，我的靈魂依然受到束縛，但是我的靈魂本應該是最自由與最高尚的。耶誕節就要到來了 —— 對於我以及其他人來說，這是一個空洞的節日，我尚且沒有準備好去探尋與解釋很多吹噓者所說的話。與他們一樣，我也在找尋著相同的真理，但我是在另一邊，希望用一種全新的眼光去看待這樣的真理。我必須要說，如果妳能理解我現在所理解的東西，那麼我就會為了實現某個目標去進行思考與說話。但是，如果我必須要做一些看似恰當或是合理的事情 —— 只是為了滿足一時的需求 —— 我只能說，這是陳腐的表現，最終也不會帶來任何積極的效果。這就是所有革新者與守舊者之間進行的戰鬥，而革新者往往會處在一個非常不利的境地。

愛默生在日記裡寫道：

西元 1832 年 1 月 10 日

我有時會想，我作為人的最好部分是成為牧師的最大障礙，我應該反對任何有頭銜的職位。如果我從未按照自己所理解的思想去說話或是採取行動，如果所有人總是按照原本的規定去做，那麼所有人的行動與言語都不會具有多大的效用。要想讓一個人放棄自己的信念，按照古人那一套的行為去做，這需要一個人放棄自己多大的能量啊！問題的困難之處就在於，我們從未想過要靠自己去創造一些東西，而是陷入了業已存在的機構

當中。然後，我們在面對這些機構時不斷妥協，認為這樣的妥協會讓我們做出一些有用的事情。我要說，這樣的妥協是對自身正直品格的一種摧毀，也會摧毀我們所具有的能量。但是，如果每個追求美感精神的人都不服從已有的形式或是為世人接受的機構，為了追求個人的思想而選擇退出的話，那麼這個單調的世界還怎麼繼續運行呢？那些過分追求精緻主義的人往往會帶來過分惡劣的影響。

西元 1832 年 1 月 30 日

　　每個人都有其存在的價值，這點是毋庸置疑的。每個人都可以根據自身的品格能量去做出一些努力，然後根據外在的條件去調節內在的思想。如果一個人的外在狀況無法接受這樣的妥協，那麼他就需要改變之前的生活方式，進入到一種全新的生活方式當中。如果他的外在狀況能夠適應這樣的妥協，那麼他就需要逐漸調節自己的思想。因此，芬尼（Finney）完全可以發表布道演說，他所進行的祈禱演說也可以很簡短。同理，帕克曼（Parkman）也可以發表布道演說，他的祈禱演說也可以很長。羅威爾（Lowell）經常出訪，因此他前來教堂主持儀式的次數就不多。但是，對於像我這樣一個既不能出訪、不能祈禱或是發表布道演說的可憐人來說，我又該抱持怎樣的想法呢？

　　按照教會禮拜的常規部分，自願禱告者可能會認為，這是一個與聖餐儀式一樣枯燥的儀式，但其在儀式的嚴謹性方面沒有聖餐儀式那麼高。愛默生在獲得牧師任命之後，在一場布道演說裡就談到了禱告的行為：「禱告行為是心靈框架結出來的果實，這應該在人的情感中找尋，而不應該在智慧層面上去找尋。當祈禱的力量處於最佳的狀態時，其帶來的力量是獨一無二的。這會給人一種寬慰感，讓人重新煥發活力，能夠以最好的方式去陶冶我們的靈魂。」但在一場公開的禱告會上，都會有很多信徒不具備這樣的理念，因此很多人會反對愛默生提出的這種理念。居住在神學院的時候，愛默生就在一篇日記裡這樣寫道：

絕大多數人都將他們對祈禱的關注集中於基督教會場所出現的問題上。但是，很多人現在認為這樣做是不符合時宜的……事實上，公禱只是我們對事情應該怎樣做的概念的一種延伸而已，這樣的概念是從少數人的情感那裡生發出來的，而不是從眾人的理智中得到的。誠然，我們之前說過，我也很抱歉的繼續說一遍，當我們將祈禱定性為一種乞求獲得尊重而非憐憫心的行為時，這是非常錯誤的。我們想要尋求上帝帶給我們祝福這樣的念頭，當然是極為合理的。我們也完全有權利去表達自己需要什麼，說出我們的罪惡，甚至是我們的情感。當我們向上帝表達這些想法的時候，這一切都顯得是合理且自然的。也許，有人還會主張，任何人都不應該進行禱告。那些過分強調外在環境與過分強調人的情感的人都會聚集起來，他們認為一個家庭，某些朋友，都應該聯合起來，表達他們認為禱告的行為不應該超過合理的範疇。當然，要解決這個問題更為困難，因為這其中包括著許多形形色色的問題，其中還包括進行公開禮拜活動的場所，還有眾人所持的不同動機等等。很難想像，這些人所提出的不同請求與要求，能夠在一個人的協調下達成統一。

　　愛默生沒有提出任何反對意見，默認了這樣的慣例。就我所知，他在第二教堂擔任牧師期間，都沒有對此提出反對。愛默生曾對他的舅媽里普利說過，他有時不得不要說些言不由衷的話。因此，他拒絕參加與此相關的其他活動。不過，我認為，當他站在布道講臺上的時候，他依然會以自己認為合適的方式去為信徒提供禱告方式，他的禱告演說也讓信徒們留下了深刻的印象。

　　無論從哪方面來看，愛默生所持的立場都不可能讓他在任何其他教堂裡擔任牧師職位。如果他懷著遺憾之情回首自己這一段短暫的牧師生涯，這是因為他曾經對此進行過深入的思考。正如他在禱告的問題上有自己的想法，不願意苟同於當時的教會。

　　愛默生在日記中寫道：

我有時覺得，為了成為一名好牧師，我必須要離開教會。牧師這個職業太古老了。在我們這個完全不同於過去的時代，我們依然按照祖輩留下來的那種陳舊的方式去進行崇拜。難道蘇格拉底式的異教信仰不是要比衰老過時的基督教更好一些嗎？整個世界都依然堅持著所謂正統的基督教，但從沒有人去講解任何關於本質的真理，沒有人去真正談論基督精神，因為大家都擔心這樣做會帶來嚴重的災難。每一位老師曾經都可能認為應該堅持自己對某個偉大真理的看法，但最終卻變得謹小慎微，不敢表現自己對生命以及基督的真正看法。這種畏縮的心態讓他的教導方式失去了任何作用，這讓他所感悟到的真理失去了生命力，讓他只能去講解一些次要的道理。

我認為，從某種程度來說，愛默生還是忠於自己的 —— 他所處的牧師職位並沒有讓他做出任何他認為不真誠的行為，只是在某種程度順從了教會的規定而已。當然，這種內心不滿的情感還是讓他產生了厭倦發表布道演說的情感。

愛默生在日記中寫道：

我討厭那些偽君子，我討厭那些道貌岸然站在講臺上發表演說的偽君子。那些過分強調善意與美好的人其實就是自打嘴巴。偽善的行為讓我們每個人都變得糟糕透頂。我們應該像躲避罪惡一樣躲避這樣的人。

相較而言，愛默生更加喜歡那些從「野蠻的異教徒群體」中衍生出來的善意，就如同蒙田那樣子的。

蒙田不是一個柔弱的人，他希望能夠參加一次晚上演講或是參加年輕人的辯論活動，但他總是用圓滑的方式，講述自己騎在馬背或是在歡送軍隊進入城堡時的所見所思。一大群粗野且尚未完全開化的下流之人貶低他的作品。顯然，這些人應該被趕走。但是，蒙田在作品中表達出來的熱烈情感、正確的判斷力、追求真理的執著，始終都沒有展現出任何一絲恐懼或是不安。我真的很想張開雙臂擁抱他的作品。他的作品看上去雖然十分

粗獷，但品嘗起來卻像蕨類植物那樣可口。亨利八世（Henry VIII）國王也非常喜歡蒙田的作品。當我們無意中遇到一位真誠的撒克遜人時，發現他是一位具有野性與美德的人，一個懂得書籍並且能夠以正確方式去對待書籍──即將書籍放在一個比理智更低的位置的人。在這個時候，書籍很容易將人的理智趕走。你會發現，到處都有很多人談論著記憶中的某些事，而不是談論著他們所理解的事情。如果說我從蒙田的作品中竊取了某些思想的話──事實也很可能如此──我根本不在乎。即使之前沒有蒙田的存在，我自己也會說出這樣的話。

我們可能會認為，愛默生在這段時間會遭遇許多困難，因為他沒有很強的能力去適應這種環境，也不懂得如何讓很多人以自然的語調去真誠的表達自己的觀點，並且過分注重牧師一職所應該具有的各種形式。但我認為，愛默生在這些方面都沒有表現出明顯的缺點。

在他獲得牧師任命後的一場布道演說裡，他強調了作為牧師的其他責任，其中就有關於批判性學習以及對《聖經》內容的闡述。美洲，他繼續按照威爾之前的方式進行解經式的講道。在他的筆記裡，我發現了他專門為此做出了認真的筆記，並且與教會進行過討論的紀錄。

無論從各個方面來看，他都按照牧師這份工作的要求去做。但對他來說，這份工作的每個部分都讓他感到壓抑，需要他時刻付出努力去做一些有價值的事情。顯然，愛默生在做這些事情的時候，並不總是完全出於內心的想法。他顯然知道無論辭去牧師一職會讓他付出多大的代價，無論他日後的未來顯得多麼變幻不定，他必須逃開這一切。

給哥哥威廉·愛默生的一封信

西元 1832 年 11 月 19 日，波士頓

親愛的威廉：

　　我辭去教會牧師一職，這極大的緩解了我與教會之間的緊張關係，讓彼此都鬆了一口氣。對我來說，這是一件悲傷的事情。對教會來說，在某種程度上也是如此，因為我們都非常適合，都希望透過共同合作來做一些有意義的事情。雖然，這樣的決定有可能會讓我在接下來的一段時間裡遭遇困境（這種情況出現的可能性極大），但我依然保持著內心的平和，依然堅定的選擇自由。我可以跟你說說目前困擾我腦海裡的一些想法 ——關於行為、文學與哲學方面的想法嗎？我之前鄙視合作或是將我的成功視為理所當然的朋友，很多不是都離我遠去了嗎？就一般意義來說，從事這項事業所帶來的弊端，就是過分依賴於捐贈者了，而這些捐贈者往往都對宗教思想沒有深入的研究，因此他們也不願意表達自己獨立的思想。但是，一個人應該將自己靈魂的聲音說出來，而不是將整個地區的民眾普遍心聲當成自己的心聲。表達自己的思想，這才是布道演說的真諦。個人對一個集體做出的反對，這是一個人的力量所能達到的極限。曾經這樣做過的歌德[092]與席勒[093]，他們都擁有著那些膽怯或是畏縮的改革者所不具備的能力。但是，請給我時間，給我力量，給我想要的那種合作，我肯定會撼動這個地球的。難道我們不會翻看圖書館裡的每一本書，不會了解美國所有期刊的內容嗎？難道我缺乏這樣的幫手嗎？我只希望能夠得到家人的支持，得到你、愛德華與查爾斯的支持，這對我來說就已經足夠了。可以說，這樣的計畫是我所能想到的最好計畫了。幾個月後，等著看我做出的成績吧。

忠誠於你的

拉爾夫·沃爾多·愛默生

092　歌德（Johann Wolfgang von Goethe，西元 1749 ～ 1832 年），德國著名思想家、作家、科學家，他是威瑪的古典主義最著名的代表。代表作：《少年維特的煩惱》、《浮士德》、《潘朵拉》、《魔法師的學徒》等。

093　席勒（Johann Christoph Friedrich von Schiller，西元 1759 ～ 1805 年），德國 18 世紀著名詩人、哲學家、歷史學家和劇作家，德國啟蒙文學的代表人物之一。代表作：《威廉·退爾》、《陰謀與愛情》、《歡樂頌》等。

雖然，愛默生用看似平淡的筆調寫這封信，但他實際上卻承受著不斷累積的壓力。就在前一年，他的妻子去世了，這讓他彷彿感受不到這個世界的光明與美好，失去了家中那個永恆的太陽。在妻子病重期間，他始終溫柔的照顧著妻子。在他們結婚的第一年，他就帶著妻子前往南方過冬，躲避寒冷的春風。他們還準備在次年 2 月分的時候繼續去南方過冬。當妻子最後去世的時候，強大的悲傷籠罩著他，讓他無法呼吸。在很長一段時間裡，他的日記都瀰漫著悲傷的氣息，用哀婉的筆調懷念著妻子。愛默生的表弟哈斯金斯（Haskins）博士說，在他出發前往歐洲之前，他每個早上都習慣了前往妻子在羅克斯伯里[094]的墳墓看看。愛默生的母親寫信給愛德華，希望他可以從波多黎各回來，「好好陪陪他孤獨的哥哥」，但愛德華卻始終無法成行。此時，查爾斯因為健康問題已經放棄了法律研究，與愛德華一起在波多黎各休養。他們在第二年（西元 1832 年）夏天回來了。愛德華在家裡逗留的時間不長，接著，他就最後一次見到了二哥愛默生。當時，愛默生的健康狀況非常糟糕。30 歲這一年對愛德華是一道坎，查爾斯在這一年的身體狀況也很差。

查爾斯給瑪麗・愛默生姑姑的信

親愛的姑姑：

　　沃爾多病了。他的情緒很低落，他想要前往南方，我也認為他應該馬上動身前往南方。之前，我從未看見過他如此消沉。當一個人成為了改革家，他肯定希望自己能夠堅強些。當一個人從影響力與地位的壕溝裡走出來之後，他肯定會希望自己的能力沒有受到絲毫影響，依然擁有堅定的希望。我們不希望看到他或是他的家人再出現任何不好的情況。但是，目前發生的這一切似乎澆滅了他的希望之火，淹沒了他的人生使命感。按照他的本性，他是一個天生的行動家，而不是一個天生的受苦者。但是，像他

---

094 《拉爾夫・沃爾多・愛默生：他的母系家族以及關於他的一些回憶》，大衛・格林・哈斯金斯（David Greene Haskins）著。西元 1886 年在波士頓出版。在本書的第二版裡，可以找到一些有趣的內容，其中就包括愛默生的父親與母親的畫像，第一教堂的俯瞰圖以及坎特伯雷的一棟房子。

這樣飽受著疾病困擾與悲傷卻從不抱怨的人，又算什麼英雄呢？

　　12 月 10 日，愛默生正在思考著前往義大利的旅程。他考慮乘坐本週的一班輪船前往馬爾他，然後在從馬爾他前往拿坡里。此時，他的健康狀況似乎有所起色，但依然需要持續的休養，而一段航海旅程能夠讓他的身體得到一定程度的休養。我本人是不願意看到愛默生就這樣前往歐洲大陸的：我認為，即使他到了歐洲，那裡的環境也不會為他的心境帶來太大的變化，但場景的變換的確可以打破他之前那種平靜的生活，改變他的思考方式或行為方式。與妳一樣，我同樣希望他的身體狀況能夠好起來。也許，他之後依然需要憑藉自身的努力去克服重重困難，最終憑藉自己的品格力量去戰勝一切。現在，各種事情似乎都顯得那麼支離破碎，我也不知道那些破碎的部分什麼時候才能重新聚合起來，我只是希望他能夠振作起來，堅持自己的人生觀念，將過往的一些東西慢慢撿起來。當然，我的這些想法看上去是庸俗與粗鄙的，但我只是希望自己的二哥能夠擁有健康的身體，重新振作起來。我從未懷疑過他能夠成為一名優秀的作家或是思想家，他完全有這樣的天賦。但是，我認為他需要從事與更多人進行接觸的實用工作，無論這樣的工作本身多麼讓他感到厭煩。每個週六，當我前往教堂聆聽千篇一律的布道演說，這的確讓我感到非常不滿。我希望他能夠記得，自己在布道演說方面所具有的天賦。我們甚至需要讓這樣的泡沫徹底破碎，無論這些泡沫的顏色是多麼的好看。

　　我們一家人又要分開了。母親也許要前往牛頓地區與拉德姑姑一起生活，我會依然待在這座城市。

　　在同一天，愛默生在給哥哥威廉的一封信裡這樣寫道：

親愛的哥哥：

　　我所患的疾病證明是多麼的頑固，反反覆覆的侵擾著我，讓我不得安生。我已經準備聽從威爾博士的建議，看看進行一次海上旅程是否能夠拯救我孱弱的身體。我原本決定乘船前往西印度群島，與愛德華一起度過冬

天。但在幾個小時之後，我的這個想法已經變成了關於拿坡里與義大利的紅紫色夢想了。這完全是這兩天做出的改變。本週，一艘前往西西里島的輪船就要出發了，我應該會登上這艘船出發。亞當斯（Adams）先生與我母親都為我這趟旅程出了很多力。

　　愛默生還向之前的信徒寫了一封信，表示自己無法親自向他們道別。在西元 1832 年耶誕節這一天，他登上了「哈斯佩爾號」這艘排水量為 236 噸的雙桅橫帆船，裝載著西印度群島的商品前往地中海，最終於次年 2 月 2 日在馬爾他登陸。

第四章　在第二教堂時期的愛默生及其婚姻

第五章
歐洲旅行見聞

西元 1832 ～ 1833 年

　　在冬天，乘坐一艘小型的商用雙桅橫帆船出發，待在封閉的船艙下，每天都吃著牛肉與大豆，這似乎正是處在「健康狀況最低點」的愛默生所需要的。但實際上，他並不喜歡這一段海上生活。

　　他在日記裡寫道：

　　一段航海生活，從其最好的一面來說，也可以說是充滿了許多艱難險阻或是不確定的因素，這樣的因素是每個出海的人都需要去面對的。即使是處於目前狀態的我也覺得這樣的因素是太不可預估了。其中發生的任何事情，都有可能會讓人付出難以估量的代價。

　　自從他踏上這艘船之後，之前一直緊跟著他的身體疾病似乎慢慢的遠離了他。下面就是愛默生在這一時期的一段航海日記：

　　每天日出的時候醒來，待在船艙內，享受著孤獨與沉思的時光。我感覺自己似乎能夠觸摸到雲朵，在它們那一張張安靜的臉上，我可以得到一種永不改變的愛意。太陽照射出來的陽光都是一樣，無論是在歐洲、非洲、尼羅河還是任何地方，這樣的陽光都別無二致。我希望能夠敞開靈魂的耳朵，去認真聆聽那最古老的讚歌，聆聽著陽光默默對我所說的話 —— 陽光就像是一幅帆布畫，一尊雕刻的大理石，或是一座繁榮的城鎮？但是，我們卻在陽光下不斷努力創造，不斷的創造著屬於人類自己的未來。當我認真觀察著光線的轉移，看到陽光在藝術作品中的呈現，我內心由衷的欣喜。陽光的存在讓人充滿了活力。當你置身於歐洲的時候，你

會更加強烈的感受到這一原則。這能夠讓人充滿了活力，讓美國變得更加美國化。陽光跨越海洋，彷彿就像走過手掌那樣寬的距離。陽光始終在時間與空間的世界裡綻放著微笑。陽光說，歡迎你們，年輕人！整個宇宙是大度的，偉大的上帝所給予的愛意，讓你意識到他那廣闊的胸懷以及無限的憐憫。我們可能會前往歷史名城遊覽，你可以盡情的按照自己的想法去進行思考。你們可以感受到強大的小人國厘厘普（Lilliput）或是你的血統的源流。如果你接受過這方面的教育，那麼你肯定會相信這一切，並且計算著自己在航海旅程中所遇到的三、四個思想泡沫。擁有強大翅膀的海鷗以及帶有斑紋的海鳥在海面上飛翔，當你從船艙裡看到牠們的時候，牠們彷彿就像是在剛遠離海平面的地方飛來飛去 —— 牠們都是上帝創造出來的藝術品，理應獲得你關注的熱情，牠們都是永恆能量創造出來的代表作，因為牠們始終處於一種動態。如果你的內心從來沒有這樣的情感，那麼你也根本不需要前往世界的任何其他地方去找尋這樣的情感。

　　我們的富足、進取、秉性都像變幻莫測的空氣那樣流動。現在，我們都在等待著海浪變得更加平靜，好讓大家保持自己的舉止。每當輪船遭遇了頂頭風，都會讓我們變成了咧嘴笑著的以掃 [095]。但是，我必須要感謝這片廣袤的大海，感謝海上變幻莫測的天氣，因為這有助於我的健康以及消化能力 —— 這真的是上天賜給我的最好的禮物啊！

西元 1833 年 2 月 3 日，馬爾他港

　　我來到了聖約翰的影響範圍之內，這是一座具有歷史名聲的島嶼。這裡有高聳的城垛，是以前騎士出沒的地方，現在隸屬於英國管轄。週六，我前往當地的一所教堂，感受著安息日的氣氛。當我第一次踏足這個古老的世界，一切都變得那麼真實。這就好比我需要去學習兩種語言，才能更好的理解這裡的風土人情，而不至於讓自己在這片陌生的土地上顯得那麼

095　以掃（Esaus），根據《聖經・創世紀》的記載，以掃是以撒（Isaac）和利百加（Rebecca）所生的長子，身體強壯而多毛，而被起名以掃。

粗野。在所有看似無關緊要的場合下，我似乎都受到了自身無知帶來的壓抑。要是讓我以正確的方式去對此進行思考，那麼我們會將之稱為一種商業主義。我很高興看到這個地方將有著繁榮的未來。當然，商業發達本身肯定是一件好事。不過，要是我之前能對這裡有更加深入的了解，這肯定會帶給我更大的滿足感，而這樣的滿足感是我目前所沒有的。也許，到這裡來是個致命的錯誤。但當我冷靜思考的時候，我認為這是一種很不錯的哲學思維，即無論我們前去那裡，無論我們做什麼，自我都是我們去學習與研究的唯一對象。蒙田曾說我們所唯一了解的人就是自己。我要比我本人更加了解我，但我卻對我自己了解得很少。這就好比化學家用一種全新的鹽類物質進行試驗，試圖了解與其性質相近的其他物質的特性，然後有意識的進行選擇，最後做出了重大的發現。我把自己放逐到大海、馬爾他與義大利，就是為了找尋我與人類同胞們的相連之處，近距離的觀察他們表現出來的情感、缺點、驚喜、希望與疑惑，這就像一張全景圖的各個方面都呈現在我眼前。這種思考方式是比較新穎的，就像那些不知名的爬行動物。但我所談及的是那些具有宇宙意識的人，那些能將自己散發出來的影響力四處擴散的人。關於愛的最高真理是難以企及的 —— 人類難道就缺乏這樣一種行動與進行常識溝通的能力，從而激起那些旁觀者、同類人或是人類應該鳴謝的那些人的鄙視心理嗎？還是說，我們都應該將本性中那些錯誤所帶來的不良影響都消除掉呢？

　　愛默生並不是一位盲目追求美麗風景的旅行者，事實上，他從來都不會過分注意旅途中到底會有什麼樣的景色。在瓦萊塔，他感覺自己彷彿置身於「一個個充滿著奇妙的盒子裡面」。他前往聖約翰教堂進行了禮拜，接著就乘船前往義大利的敘拉古。

西元 1833 年 2 月 26 日，敘拉古

親愛的哥哥：

　　你之前一直強烈敦促我要前往西西里島。在這座世界上最具歷史的古城裡，我忙裡偷閒的寫了這封信給你。之前，我已經在奧提伽島待了四天。在我所居住的地方，只要打開窗戶，就能看到埃特納山峰，還能看到另一邊的朱比特神廟、阿基米德（Archimedes）的墳墓以及遠處房頂的戴歐尼修斯[096]的耳朵。我喝著阿瑞圖薩地區的清泉，收集了來自阿納普斯河邊做成的莎草紙。我遊覽了西塞羅[097]當年讚不絕口的地下墳墓，這些墳墓挖得很深，目前挖掘出來的深度可能遠遠還不夠。我聽到很多人說，以前的米諾瓦神廟現在已經變成了一座教堂。至於我的早餐，當地人介紹我吃最為美味的亥布拉蜂蜜，而晚餐則以鵪鶉為主。可以說，這是一個破敗且寒酸的地方，到處都可以看到古代的廢墟影子。之前的地震已經摧毀了神殿，可以說現在已經沒有人談論希倫（Hiero）、泰摩利昂（Timoleon）或是狄翁（Dion）等人了。但是，我很高興找到了他們曾經所居住的地方。我聆聽著這裡的蜜蜂發出的嗡嗡叫聲，從庫阿涅清泉旁邊三、四英里的地方採摘了一些野花。我認為，我對這一地區缺乏必要的歷史知識，這始終折磨著我，讓我無法更好的了解這裡的一切。我希望找到我的維吉爾與奧維德（Ovid），我希望找尋屬於我心中的那段歷史以及我的普魯塔克。我希望能夠找到相關的旅行地圖或是地名手冊。要是我早 14 天來到這裡的話，我肯定會去參加聖方濟會托缽僧修道院舉行的會議，懇求別人送我一本相關的書籍，或是自己買一本。這裡要比羅馬更加具有羅馬氣息。這是歷史上眾神玩耍的地方，但這些眾神為這裡帶來了持續的戰爭與商業貿易。

096　戴歐尼修斯（Dionysus），古希臘神話中的酒神。

097　西塞羅（Marcus Tullius Cicero，西元前 106 ～前 43 年），羅馬共和國晚期的哲學家、政治家、律師、作家、雄辯家。

　　自從我再次提起筆到現在的這段時間裡，我乘坐驢車從敘拉古來到了卡塔尼亞，接著又乘坐馬車前往埃特納山峰與海邊之間的地帶。陶爾米納到墨西拿這段路只有 30 英里，沿途是美麗如畫的風景。我認為，世界上再也沒有哪個地方的旅程比這裡更美的了。這裡的城鎮可以說是屬於山羊的，每座城鎮似乎都建在懸崖邊上。這裡的土地非常肥沃，到處都有一些用石頭築起來的村莊建築，灑滿陽光的海灘上則有許多漁民在拋撒著漁網，陡峭的大理石山從另一側突兀而出。此時，我就在墨西拿。歷史上，這裡代表著斯巴達人文明，但現在已經找不到任何古時候的遺跡了。正如在敘拉古以及卡塔尼亞，我們也找不到關於當代的任何藝術品……你可能會知道，這個古老的世界肯定會為當年那些迷失了方向的可憐隱士提供一個精神的庇護所。在這裡，我可以看到很多人戴著全新的帽子，穿著全新的夾克衫，這與當地古老的風貌形成了鮮明的對比。你所前往的每個地方都可以說是一次冒險：你有機會認識到一位誠實且善良的人 —— 如果是這樣的話，那麼你就有最佳的機會去了解這座城市，或者說，你可能不會認識任何人 —— 然後，你就會在對這座城市一無所知或是帶著不好印象的情況下離開這裡。

　　在墨西拿，愛默生乘坐汽船前往巴勒莫，途徑斯庫拉與卡律布狄斯，接著從巴勒莫前往拿坡里。在拿坡里，他參觀了學院美術館，他認為「這個美術館透過其建築表現出了暴徒的那種輕浮與追求感官刺激的情感，而這些暴徒則呆呆的看著這一切，透著一種純粹、嚴謹的氣息。這裡的雕像都代表著古代的人物，他們的容貌代表著這個世界的早晨」。不過，有一個事實似乎讓愛默生留下了最深刻的印象，即義大利在蛋糕與愛爾啤酒方面與世界其他地方是完全一樣的。

　　在拿坡里時，愛默生在日記裡寫道：

　　來到這個港口後，我很難繼續保持自己正確的判斷力。巴亞、米塞

諾、維蘇威火山、普羅奇達、波西利波、蒙扎的皇家別墅等地方，聽起來都非常龐大，我們也準備在感官判斷方面失去準確性。

　　但是，他從未放棄自己準確的判斷力。他的想像與心靈依然停留在康科特與波士頓地區。在義大利美麗的春天，康科特與波士頓地區的生活情境與自然環境在他的眼前似乎慢慢的鋪開，牢牢的占據著他的心靈，讓他「將導遊與客棧老闆所帶來的煩惱」全部趕走，將所有影響遊客心情的不良因素都排除出去了。他當時的內心情感，可以透過他在日記所寫的一首詩歌得到表現：

全能睿智的上帝
在每個人的人生中裝點著一些東西，
讓每個山丘上都綻放著美麗的花朵，
讓每朵花都擁有美麗的花瓣，
將花瓣舒展與染色，
紫色的，棕色的。
因此，每個人的生活都應該有恰當的光線
都應該有一些歡樂，一些特殊的魅力。
對那些處於憂鬱時刻的人來說，
可以在尋常日子裡重新會合。
沒有幾個人感受到迷霧的美感，
也沒有人感受到流經小鎮的河流，
兩旁那些低矮緊湊的松樹林。
沒有多少人注意到夏日黃昏時分
那一抹紅色的彩虹。
無論是羅馬還是歡愉的巴黎，
無論是富人雄偉的宮殿，
都無法閃耀出那樣明媚的光芒。

任何睿智、任何口才——

甚至是任何活著的女人的歌聲

都無法與之媲美。

這樣的靈魂，一個具有神性的靈魂

正在努力重燃著快樂的過往。

當我看著早晨的陽光，我感受到了這樣的力量。

在瀰漫著大霧的路邊，

在生長出來的綠色紫羅蘭下面

一臉悲情且安靜的詩人正在對我吟唱著

你那甜美與神聖的妻子的輓歌。

在寫給他的一位教友暨朋友喬治·桑普森（George Sampson）的一封信裡，愛默生寫道：

西元 1833 年 3 月 23 日，拿坡里

親愛的朋友：

你與你的家人這段時間過得如何？在每天的庸俗繁瑣中，你的靈魂還好嗎？你又萌生了什麼新思想呢？你又有了什麼更為光明的希望呢？再過幾個月，我就能與你好好的交流了。我真的感謝你給予的這段充滿真誠的友情，特別是在去年的時候，我真的非常感謝我的顧問。在關於宗教問題上，總是會出現那麼多的爭論。我相信，我們可能會談及一些比以往更加憂鬱的主題。我很遺憾那些問題對你帶來那麼大的困擾。那些問題始終都會為我帶來無盡的困擾……在這裡，我看到了許多不同的人，目睹了許多事情，看到了很多輝煌的建築，也看到貧窮衰敗的跡象。但是，我也不知道自己是否從這趟旅程中收穫了更多，是否變得更加睿智了。我們用同樣的標準去衡量不同的事物，卻發現結果並沒有太大的差別。對一個人來說，在波士頓待一個小時與在拿坡里待一個小時，其實都具有同等的價

值……旅行是一件非常無趣的事情，因為你要在旅途中忍受非常糟糕的食物，但這卻是治癒你心靈的良方。旅行所帶來的好處就好比暈船，這能幫助你打破之前養成已久的不良習慣。有時，我甚至會認為大海的顛簸對我的身體具有更好的影響……我很高興認識到，同一個人可能會帶上一千副面具，他們會用義大利語跟我說著一些告誡的話，但我其實更願意聽到別人用英文跟我說……在家的時候，我才明白自己在旅途中最大的需求是：我從未遇到過一些真正偉大或是有趣的人。當然，這裡到處都是人。但是，對一個旅行者來說，我卻不知道他們的名字。這就是我們不應該在年輕的時候去旅行的一個重要原因。如果你會說些所要前往國家的語言，那麼你在那裡認識別人的機率就會大增。如果你同時是一個善良且偉大的人，那麼你的機會就會更大……我什麼時候才能收到你的來信呢？我已經收到了家裡寄來的一些信件，但他們在信中都沒有提到關於第二教堂的事情。當你下次寄信過來的時候，記得要專門談談這方面的事情。但最重要的是，你要多說說自己目前的狀況。我希望，當你收到這封信的時候，你妻子已經康復了，而我的侄子們也都在健康成長。請將我的善意轉達給桑普森夫人，你的所有朋友以及我的朋友。星期一，我將會出發前往羅馬了。

無論在何處，永遠忠誠於你的
拉爾夫·沃爾多·愛默生

給瑪麗·愛默生姑姑的一封信

西元 1833 年 4 月 18 日，羅馬

親愛的姑姑：

這座偉大城市的景象以及名稱，時刻讓我想起具有無與倫比才華的妳，因為這座城市所帶來的那種精神超越了時空的局限，給人一種只有到了羅馬才能感受到的那種榮耀。要是我能在這封信裡生動的將自己所見到

的一切描述出來，那我肯定會十分高興！……他們之前是否告訴妳，我已經從往日那種消沉頹廢的日子裡走出來了，離開了家鄉，到了這裡呢？事實上，自從我離家之後，身體就不斷好轉，我現在的身體狀況比我在大學時候都更好。在羅馬這樣的地方，像我這樣的人怎麼會生病呢？拜倫曾說過：「羅馬是一座匯聚了所有情感的城市。」但是，這座城市許多建築的名稱與狀況，這裡的藝術品以及歷史古蹟所喚起的無限情感，卻又是那麼短暫與膚淺！在我看來，羅馬這座城市喚起了我超過一般層次的情感，我始終無法習慣這座城市帶給我的情感衝擊。這座城市始終都在喚醒著我內心的某種期望，最後卻又讓我感到失望。我彷彿置身於一個龐大的系統之內，而自己只是一顆可憐的小行星，只能在自己所處的軌道裡不厭其煩的轉動，不僅遠離了其他的星球，而且還遠離了月球。在這裡的每個地方，我原本希望看到那些睿智之人、真正的朋友以及具有完美品格之人，但我卻只看到了這些事物的碎片。我無法說服自己這樣一個事實，即所有這些擁有美好靈魂的人都已經遠離了這個星球，或者說我應該遠離所有友善的朋友，然後只能與那些滿臉憂鬱、沉悶或是遺憾的人在一起。自從我離家之後，無論是在大海還是在陸地上，我都一直被關在船艙裡，我也遇到了很多不同的人。可以肯定的是，他們都是一些比我更加聰明與睿智的人。雖然他們沒有給予我什麼大的幫助，但是我無法告訴妳，當我與兩、三名具有常識的人一起吃東西或是一起散步時的那種感覺：我感覺自己在上帝所創造的宇宙之下，重新成為了一個自由的人。倘若這些都不算是上帝賜給我的指引者，我真的希望上帝能夠給我更多的指引。上帝賜給人類最大的禮物就是指引。到底在什麼時候，他才會讓我真正去感知他那全部的真理以及他那無邊無際的仁慈與英雄般的情懷呢？我已經在散文或是詩歌裡對這些人進行了一些描述。我非常清楚自己的這些想法，但是那些與此相對應的血性精神到底去了哪裡？我知道當我這樣寫的時候，這樣的神性是不會像那些從雲隙中射下的陽光那樣照在我身上的：我非常清楚，我們是如何以緩慢的姿態去接近我們生活中所有美好與燦爛的事物，也將會知道

我們在獲取最具有價值的資訊時，往往會表現得多麼隨意或是缺乏觀察力。但是，我卻能隨時感知到埃倫所具有的美感。臨死的時候，她所散發出來的魅力始終讓我震撼。為什麼我們心靈所期望的主不會出現呢？妳現在距離我很遙遠，我不可能期望很快就能收到妳的回信。因此，我只能按照一些現實的經驗去對此進行衡量。這樣的經驗告訴我：「在人類的孩子中，所有給予與奉獻都是相互的，你可以在不經意間就取悅了天使，可是當你處於全然接受的狀態時，他們卻又無法給予你更多的東西。但是，你前進的每一步，都會影響到你與其他人之間的關係。這會提升你的氣質，深化你的意義，讓這樣的精神更加洋溢。當時間、痛苦與自我克制改變與神化了原先那些具有汙點的自我，你將會發現同胞們也發生了變化，他們的臉龐會閃耀著智慧的光芒與神性的美感。」那些只是盲目的追求著文字語言以及過往尊貴傳統的人，將會在我的抱怨中發現一種自白以及自我控訴，這是毋庸置疑的。你會說，我沒有收到上天賜給我的東西。但是，你絕對不能說出這樣的話來。你也知道，我正在以真誠的方式與我的主說話。上帝派來的那位極為優秀的老師，他為人類的進步與過上舒適的生活做出了極大的努力，他更加真誠與具有犧牲精神。這樣的事實不可能存在於我身上，正如他也不可能這樣對待約翰（John）。我的兄弟，我的母親，我的朋友們，他們對我來說都不僅僅是一種朋友的關係……親愛的姑姑，我希望能在巴黎收到妳的來信。

永遠忠誠於您的侄子
拉爾夫·沃爾多·愛默生

　　在羅馬遊覽的時候，愛默生懷著愉悅的心情參觀了許多名勝古蹟，包括雕像、美術館、歷史遺跡以及教堂，他總是對見到的那些景象發出感嘆。其中有一、兩幅圖畫留在他的記憶裡 —— 一幅是拉斐爾[098]的《基督

098　拉斐爾（Raphael，西元 1483 ～ 1520 年），義大利畫家、建築師。與李奧納多·達文西（Leonardo da Vinci）和米開朗基羅（Michelangelo）合稱「文藝復興藝術三傑」。拉斐爾所繪畫的畫以「秀美」著稱。

顯聖》，另一幅是安德烈・薩基[099]的《羅穆亞爾德的視野》。這裡的一些教堂建築也震撼著他的內心，特別是聖彼得教堂。他曾說，自己對於過幾天後無法再看到這些建築而感到非常遺憾。在愛默生的義大利遊記裡，參觀教堂建築的描述是最為突出的：馬爾他的聖約翰教堂是「一座崇拜上帝的神聖教堂」，而關於西西里島與拿坡里的教堂，他則表示「我懷著極為愉悅的心情，完全順從這些教堂的神聖文字、精美的繪畫以及真實的信仰帶給我的宗教印象，雖然其中很多繪畫都是關於女人與孩子的。誰能夠想像這些充滿善意的景象會在價值的崇拜上所具有的意義呢？我不是指一般意義上的新教崇拜儀式，但如果所有這些教徒都是真正意義上的崇拜者的話，那麼這又會怎樣呢？這樣的崇拜儀式肯定會帶有某種『天主教』儀式的味道，卻沒有展現出一位牧師到處走來走去的景象，也沒有一會向這裡鞠躬，一會向那裡鞠躬的情景。為什麼我們就不能按照這裡的教堂這樣，去設立一些圖畫與音樂，營造這樣好的教堂氣氛呢？教堂始終敞開歡迎的大門，這是件多麼美好的事啊。這樣的話，每個疲憊的旅行者都可以進來坐坐，感受這裡的藝術所帶來的關於另一個美好世界的想像，直到他對這一切都感到厭倦。我希望在新英格蘭地區的教堂也能在牆壁上描繪這樣的圖畫或是鐫刻一些文字。在這個世紀前，這裡也許還聳立著許多花崗岩椿做成的教堂，但這些教堂現在都關閉了。難道之前沒有美國人來到過這裡，所以他們無法在美國大陸上建造出類似於這樣的教堂嗎？歐洲是藝術的誕生地，但我認為這種藝術卻沒有飄洋過海傳到美洲大陸。」

　　但是，愛默生沒有特別留意那些他的內心沒有期望看到的景象，因此他會走馬看花的經過那些原本可能讓他駐足觀看或是欣賞的景象。我們還記得，當雪萊[100]在 14 年前來到羅馬的時候，他就曾參觀過這裡的競技場與洗禮的地方。這些建築與地方給人帶來的精神震撼應該不會這麼快就消

099　安德烈・薩基（Andrea Sacchi，西元 1599 ～ 1661 年），巴洛克盛期古典主義義大利畫家，活躍於羅馬。

100　雪萊（Percy Bysshe Shelley，西元 1792 ～ 1822 年），英國著名作家、浪漫主義詩人，被認為是歷史上最出色的英語詩人之一。代表作：〈西風頌〉、〈自由頌〉、〈一朵枯萎的紫羅蘭〉、〈詩的辯護〉、〈無神論的必然〉等。

失了吧。但讓人感到奇怪的是，當愛默生來到這裡的時候，雪萊當年在信件中所描述的那種充滿愛意的孤獨，卻沒有讓這位年輕的美國人的內心掀起任何波瀾，因為愛默生之前從未見過任何廢墟。但是，愛默生也不是對此沒有感受，只是他在追求著另一個目標：「啊！偉大的羅馬城！這是一座極為壯觀的城市，能夠滿足每個人最天馬行空的想像。要是我能夠找到一位適合跟我一起遊覽這座城市的人，他能夠將這些座城市具有的情感告知我，那麼我肯定會覺得非常幸運的。即使如此，我依然找到了幾名令人愉悅且富有情趣的朋友。在這裡，我認識了卡萊爾在愛丁堡認識的一位朋友 —— 古斯塔夫·迪希特[101]，他寫了一封去見卡萊爾的介紹信給我。」

4 月 23 日，他離開了羅馬，朝著北部方向前進來到佛羅倫斯，他非常喜歡這裡的大教堂，「這些教堂就像天使長的帳篷那樣守護著這座城市」，與聖十字區 —— 或者說「那些排列整齊的墳墓」。他看到了聞名世界的維納斯雕像，發現這是名副其實的。他與蘭德（Landor）一起吃早飯，一起共進晚餐。愛默生在寫給他的堂弟查爾斯的一封信裡寫道：

他並不像他在著作中那樣具有與人交流的能力。對於文學家與哲學家來說，他們無法用清晰的方式去將自己的目標表達出來，這的確是一件讓人感到遺憾的事，很多紈褲子弟根本不理解他的目標。我希望卡萊爾在這方面表現得更好一些，因為他也同樣譴責這樣的一種缺點。

從佛羅倫斯出發，他與認識的幾名美國人一起乘坐四輪馬車，經過了波隆那與費拉拉，在 6 月 1 日抵達了著名的威尼斯城。當愛默生乘船來到這座城市的時候，「卻發現這裡與紐約幾乎沒什麼區別。這是一座非常怪異的城市，一座屬於海狸的城市。在我看來，這是一座不適宜人類居住的城市。在這裡，你始終感覺自己好像是在監獄裡，過著孤獨的生活。因為你彷彿生活在海面上。我真的受夠了。」

隨後，愛默生從威尼斯出發前往米蘭城，後又經過辛普朗來到了日

101　古斯塔夫·迪希特（Gustave d'Eichthal，西元 1804 ～ 1886 年），法國作家、公關人員與希臘學專家。

內瓦。在日內瓦，愛默生「聽從了同伴的意見，一路上也沒有什麼值得說的。我來到了費內，來到了城堡、酒館、客棧、伏爾泰（Voltaire）這位『諷刺之王』的故居花園」，最後，在 6 月 20 日，他抵達了巴黎。

在巴黎的時候，他的同伴「之前已經到訪過此地，就認為這裡應該會對我帶來震撼，結果卻讓我大失所望。但我並未對此感到不快。我很遺憾的發現，當我離開義大利的時候，我已經永久的遠離了義大利的城市所散發出來的歷史味道，而我現在則來到了一座堪比紐約的現代化城市。對於一名初次到此的遊客來說，想對巴黎這座城市感到不滿，這簡直是缺乏感恩的做法，因為巴黎可以說是世界上最好客的城市。外國人來到這裡，只需要在任何公共機構拿出護照，那麼對方就會敞開大門歡迎他們」。愛默生來到了索邦，聽了茹弗魯[102]、特納[103]、給呂薩克[104]等人的演講，接著前往羅浮宮與植物園參觀。下面是愛默生的日記：

這些事物組合在一起之後，要比之前處於單獨狀態更好看！整個宇宙就是一個前所未有的驚人謎團，當你的雙眼觀察著所有具有生命力物體呈現出來讓人困惑的形式時，就能觀察到每一種有機生命形態所具有的初始生命原則。這座城市呈現出的每個形狀是那樣的怪異，那樣的具有野蠻氣息，卻又那樣的具有美感，讓每一個觀察者都能從中得到一些領悟 —— 這似乎是鞋子與人類之間所具有的一種超自然的連結。

愛默生拜訪了德拉維涅（Delavigne）全新劇本《艾德蒙德夫人》這個演出的女主角演員，他認為這個演出實在是太棒了。在愛默生看來，她的表演是完美的，幾乎沒有任何瑕疵。

愛默生在日記中這樣寫道：

102　茹弗魯（Théodore Simon Jouffroy，西元 1796 ～ 1842 年），法國哲學家。
103　特納（Louis Jacques Thénard，西元 1777 ～ 1857 年），法國化學家。
104　給呂薩克（Joseph Louis Gay-Lussac，西元 1778 ～ 1850 年），法國化學家和物理學家，以對氣體之研究而知名。

7 月 14 日

我與將近 100 名美國人一起，在羅利爾與拉法葉（La Fayette）將軍共進晚餐。我找到了一個機會向這位英雄表達了自己的敬意，問起了他的健康狀況。拉法葉將軍的演說還是一如既往的那樣歡快。但是，一位上校軍官卻破壞了當時的氣氛。

這應該成為我回憶錄的一種規定，正如這應該是聖帕科繆（St. Pachomius）的規定：永遠不要打擾一群正在愉悅用餐的人。在這座讓人愉悅的城市裡，這可能是我看到的糟糕情景。那條似乎在移動的林蔭大道在說：「我們還是祈禱不要讓一臉凝重的人過來吧。」

愛默生在給威廉的信中寫道：

西元 1833 年 6 月 29 日，巴黎

親愛的威廉：

就圖書館與演說集來說，我的圖書館可以說已經相當龐大了。我在索邦大學所聆聽的演說，甚至要比我自己所寫的演說稿子還要差勁。就這裡的文學團體以及其他設施來說 —— 我必須要說，要是我能夠每天接觸到這裡的資源，那肯定對我是非常有幫助的。也許，在接下來的幾年裡，這都無法對我產生任何影響。對我來說，自己的學習才是最為重要的。但是，這裡的文學團體肯定要比我在美國的那個小鎮更好一些。

愛默生在日記中這樣寫道：

要是置身於這個世界之外，每個人應該怎樣生活呢？每個年輕人都渴望追求自己真正的存在，都希望能夠實現一個目標，都希望能夠全心追求一個偉大或是美好的目標。一個不喜歡奉承別人的人，一個熱愛英雄的人，都應該前來羅馬這座城市看看，與這裡的男孩們一起生活一段時間。那些來到法國的人，往往會在巴黎孤獨的生活，並且很少說話。如果他在愛丁堡看不到卡萊爾，那麼可能在回到美國之後，除了克蘭奇（Cranch）與蘭德之外，不會再談論任何其他見聞。

卡萊爾那些發表在英國雜誌上的文章讓愛默生留下了深刻的印象。他希望在自己的這次歐洲之旅中，可以見到仰慕已久的這位作家。在前一年，他就在日記裡寫道：

卡萊爾發表在《愛丁堡》雜誌上的那一篇〈玉米法旋律〉的文章真的太讓我驚喜了，讓我大開眼界。這位作家讓我們對自身所堅持的原則充滿了信心，他讓世界各地每一個擁有憐憫心的人都堅定了信念。他的作品中充滿了對藝術的追求，因此我希望藉由鐵路能夠去見到那位我素未謀面的作家。

在離家出發之前，他就已經認識了一些人。在羅馬的時候，他甚至獲得了迪希特的介紹信。他希望拿著這封信去見卡萊爾。

西元 1883 年 7 月 21 日，週六

我抵達了倫敦，來到了倫敦塔。我很快就在福勒（Fowler）女士位於羅素廣場 63 號的房子住下了。接著，我前往聖保羅大教堂，那裡正在進行著禮拜活動。唉，這真是一座有點破敗的教堂啊！

愛默生在倫敦待了 3 週，拜訪了柯勒律治與其他人，其中就包括寶寧博士[105]，正是寶寧博士帶他前往邊沁[106]的家。他得知，邊沁家裡只有兩把椅子，因此他每次只是接待一名來客 —— 在愛默生看來，邊沁這樣的規則似乎應該成為每一名文人的共同追求。他還拜訪了約翰·史都華·彌爾[107]，後者給了他一張卡片（但是，愛默生從來沒有用這張卡片），介紹他去找卡萊爾。

---

105 寶寧博士（Sir John Bowring，西元 1792 ～ 1872 年），英國的國會下議院議員，也是英國政府派駐香港的第 4 任總督。他同時也是一名英國的政治經濟學家、旅遊家、多才多藝的作家和語言學家。

106 邊沁（Jeremy Bentham，西元 1748 ～ 1832 年），英國法學家、功利主義哲學家、經濟學家和社會改革者。代表作：《道德與立法原理導論》、《政府論片斷》、《論一般法律》等。

107 約翰·史都華·彌爾（John Stuart Mill，西元 1806 ～ 1873 年），英國著名哲學家、心理學家和經濟學家，19 世紀影響力很大的古典自由主義思想家，支持邊沁的功利主義。

西元 1833 年 7 月 31 日，倫敦

親愛的威廉：

很抱歉，我沒能及時回信給蘇珊（Susan）。我有點擔心自己過分努力的去嘗試這樣做。請你轉告她，要對我有點耐心。因為在我年輕的時候，我認為自己在寫作方面可以做得很好，我希望自己有機會能夠寫很多信給她……我已經見到寶寧博士了，他非常友好的接待了我。他帶我前往邊沁的家，非常有禮貌的帶我在花園散步，參觀了這位哲學家的客廳以及臥室。他給了我一縷邊沁的灰色頭髮以及他的簽名……在我所參觀的花園裡，我發現旁邊一側的房子正是當年米爾頓擔任克倫威爾[108]祕書時所居住的房子。

在愛丁堡，愛默生沒有找到卡萊爾。正如亞歷山大·愛爾蘭[109]所說的，愛默生在找尋卡萊爾的過程中遭遇了許多困難，但他最後還是從一所大學的祕書那裡得到了卡萊爾的下落。愛爾蘭告訴我們，卡萊爾在愛丁堡的一所大學發表演說，並在一所教堂裡發表演說，受到了極大的歡迎。一週之後，愛默生遊覽了蘇格蘭高地 —— 因為當時整天下雨，「傾盆大雨的天氣讓每個地方的景色都變得差不多」 —— 於是，愛默生乘坐馬車從鄧弗里斯[110]前往克雷根普托克[111]。卡萊爾正是在這個地方度過了人生的最後五年，愛默生趕來這裡與卡萊爾共度了下午與晚上的時光。第二天，愛默生在日記裡寫道：

西元 1833 年 8 月 26 日

我剛剛從鄧弗里斯趕到卡萊爾的家。對我來說，這就好比多年來的一個夢想終於實現了。我終於見到了那位我在蘇格蘭要找尋的少年 —— 在

108　克倫威爾（Oliver Cromwell，西元 1599 ～ 1658 年），英國政治家、軍事家、宗教領袖。17 世紀英國資產階級革命中，資產階級新貴族集團的代表人物、獨立派的首領。

109　亞歷山大·愛爾蘭（Alexander Ireland，西元 1810 ～ 1894 年），蘇格蘭傳記作家、記者。愛默生的朋友，代表作：《拉爾夫·愛默生評傳》、《利·亨特評傳》、《湯瑪斯·卡萊爾評傳》等。

110　鄧弗里斯（Dumfries），英國蘇格蘭的一座城市，在行政區劃分上屬於丹佛里斯－蓋洛威。鄧弗里斯曾是民用教區，也曾是一座市鎮。鄧弗里斯有南方皇后的別稱。

111　克雷根普托克（Craigenputtock），蘇格蘭鄧弗里斯郡的一個村莊，因卡萊爾的晚年居住地而聞名。

我看來，卡萊爾是一位善良、睿智與愉悅的人，他的妻子也是一位卓有成就且和善的女性。你會感覺到，他們身上似乎代表著某種真理、和平與信念，正是這樣的氣質讓他們的行為舉止特別具有美感。我從未見過一個面容如卡萊爾這般和善的人。湯瑪斯·卡萊爾已經下定決心，要為威廉（William）與阿德萊德·韋爾夫（Adelaide Guelf）償還未繳的稅款。他對此始終懷著愉悅的心情，只要威廉繼續催促他的話，他就會這樣做。如果威廉不再催促他的話，他就不這樣做。相比於其他地方，卡萊爾更加喜歡居住在倫敦。在卡萊爾看來，約翰·史都華·彌爾是他見過最有智慧的人，是一個更為純粹且更有力量的人，讓他更好的理解了邊沁的功利主義。他唯一的同伴就是丹斯科柯爾克的牧師。有時，他也會前往柯爾克，羨慕那位懷著良好信念的貧窮教區牧師。但是，他現在很少過去了，因為那位牧師已經對他們產生了戒備心理，不願意見到他。

卡萊爾對愛默生不遠萬里前來拜訪非常感激，將自己最好的一面呈現出來。兩人培養了長久的情感，並且在卡萊爾去世之前，他們都一直保持著通信。毋庸置疑，他們兩人之間的相互吸引在某種程度是一種異性相吸。他們兩人都不太在乎對方的一些觀點。對他們來說，對方所堅持的一些觀點或是想要傳遞給後代的觀點，都是一種錯覺。要是讓他們各自對某種行為理論中存在的愚蠢之處進行定義的話，卡萊爾肯定會持這樣的觀點，即認為人類不僅需要獲得自由，而且還需要被引導按照他們自身的方式去思考與行動，而愛默生則認為人類只需要被好好的管教。

一開始，他們兩人理念上的分歧並沒有顯現出來，但他們肯定都能感受得到。但是，這種觀點上的分歧從來不會對他們之間的友情造成任何不良的影響。他們都深信一點，即對方在內心深處都是希望追求真理與正義的，都認為他的朋友擁有著某種自己所缺乏的東西。愛默生非常欣賞卡萊爾在表達觀點時所表現出來的大將風度以及個人的魅力。至於卡萊爾，雖然他認為愛默生只是一位本意良好的年輕牧師（用卡萊爾的話來說，即愛默生是一個善良的人，從來不會做任何不好的事情），但他也非常享受與

愛默生交流所帶來的那種平靜與祥和的感覺。即使愛默生可能反對只是希望從每個人身上看到這樣一種「神性力量」的頑固傾向，幫助那些充滿愛意的「熱情主義者」，但卡萊爾知道，愛默生只是在堅持自己認為正確的觀點而已。

　　卡萊爾對霍頓（Houghton）爵士說：「那個年輕人來拜訪我，我不知道到底是什麼驅使他過來找我的。我們讓他在家裡住了一晚，接著他就離開了我們。我看到他爬上一座小山，我沒有去送他下山。我更加喜歡看著他登山，然後像天使那樣消失。」

　　對愛默生來說，拜訪卡萊爾的這次旅程是快樂的。這次拜訪實現了他這次英國之行最重要的願望。雖然，愛默生沒有找到自己想要找尋的東西，但也不是感到非常失望。他一直希望找尋一位大師。但他發現，在關於一些最深刻的觀點之上，卡萊爾並沒有什麼可以傳授給他的。幾天之後，愛默生在一封寫給愛爾蘭的信件裡表示：「我的感受就是，我拜訪了一位缺乏能量的人，雖然他在宗教真理方面有著更加深刻的洞察力。」但是，愛默生接近了卡萊爾那種友善的本性與高尚的靈魂，這樣的精神體驗超越了他一時的幻想或是消化不良的身體症狀。在接下來的時間裡，愛默生始終與卡萊爾保持著通信，始終期望收到卡萊爾的來信。愛默生後來寫道：

　　卡萊爾所具有的最大力量與伯克[112]具有的一樣，在我看來都不單純存在於形式之上。他們兩人都不是詩人，但卻勇於表達上帝的意志，他們都擁有著卓越的文學才華，用恰當的詞語去包裹著真理。

　　在返回利物浦的路上，他在萊德山停留了一段時間。他去拜訪了詩人華茲渥斯。愛默生在日記裡寫道：

　　這位詩人看上去始終是那麼年輕。這位老人雖然依然在回憶著年輕時

112　伯克（Edmund Burke，西元1729～1797年），愛爾蘭裔的英國政治家、作家、演說家、政治理論家和哲學家，他曾在英國下議院擔任了數年輝格黨的議員。他最為後人所知的事蹟包括了他反對英王喬治三世（George III）和英國政府、支持美國殖民地以及後來的美國革命的立場。

候的十四行詩，依然以他在 17 歲時候的態度去面對著這個世界。他所表現出來的自我一點也沒有讓人反感，也不會讓人覺得唐突。可以肯定的是，與他交流，你會感覺到非常自在。當時，我對這位天才的詩人懷著無限的敬意。

除此之外，我在愛默生的日記裡找不到任何關於他所謂「英國特點」的紀錄。

愛默生在日記中寫道：

西元 1833 年 9 月 1 日，利物浦

我要感謝偉大的上帝引領我參觀了歐洲這片偉大的大陸 —— 可以說，這是上帝教育我的最後一個教室了 —— 並且以這樣一種穩妥與愉悅的方式去傳授。現在，我已經來到了碼頭，準備乘船往西前進。上帝讓我見到了我想見的人，其中包括蘭德 [113]、柯勒律治、卡萊爾與華茲渥斯等人。上帝一再安慰與肯定著我內心的信念。有幸見到這些人，我真的要非常感謝上帝。以後，我應該以更為公正，少點羞澀的態度去評論那些睿智的人。可以肯定的是，我所拜訪的這些人都不是具有一流心智能力的人，但是當你與他們進行交流的時候，會覺得自己的確是在與更加優秀的人進行交流 —— 他們從來不會向你強加一些觀點，不會往你的腦海裡填充什麼，而是向你描繪出一幅理想化的場景，吸引著我們去思考。對於之前從未聽說過他們大名的人來說，與這些人交談可能不會讓他們留下深刻的印象 —— 也不會覺得這些人享有世界性的聲響。在那些人看來，這些人只是被視為一個具有理智、學識淵博與態度認真的人，僅此而已。更重要的是，他們每個人都擁有一些缺點 —— 這四個人在不同程度上都有一定的缺點 —— 在關於宗教真理的問題上都有著不同程度的錯誤認知。他們對於我所談到的太初哲學的道德真理沒有任何概念。與這些具有天才的人物

113　蘭德（Walter Savage Landor，西元 1775 ～ 1864 年），英國詩人、作家，代表作：《假想對話錄》、《朱利安伯爵》、《羅馬人》、《希臘人》、《英雄牧歌》等

交流所帶來的寬慰感，就是他們始終以真誠的態度與你進行交流。他們感覺自己的內心是豐富的，因此不願意對自己掌握的知識進行任何卑微的偽裝，他們會坦誠的告訴你讓他們感到困惑的一些問題。但是，卡萊爾卻是一個那麼溫順和藹的人，我真的非常喜歡與他交流。總而言之，我很高興自己的這趟旅程就要結束了：一個像我這樣年紀不是很大的人，卻經常感覺自己年老了，因此不能整天繼續在外面閒逛了。我去到的歐洲每個地方，都會發現當地的人民都在關注著許多事情，那些我用介紹信去打擾的人，肯定會在背後指責我打斷了他們平時有規律的生活。這些人會讓你感覺到，名聲是非常傳統的東西，而那些受制於名聲的人則是一個「自我局限」的可憐人。在跟他們交流的時候，你會感覺似乎是在與孩子進行交流，會認為他們的能力不足，因此有必要用幽默的口氣去說話。你需要根據他們為眾人所知的一些成見去調節自己的說話口氣或是言論，而不是真正的敞開心扉談論我們對真理的認知。我發自內心的認為，一個人寧願盲目的崇拜別人，也不要被別人盲目的崇拜。我覺得這樣一個道理適用於當代所有偉大的人物。很多所謂的偉大人物都因為自己提出的一些不成熟的理論，而錯過了真正必要的知識。我覺得這些人有必要去重新進行學習（他們最後會驚訝的發現，原來自己還有很多需要去學習的）。當然，我是使用概括性的語氣說的，不是針對某個人。

在利物浦，因為暴風雨的緣故，輪船出發的日期一再延誤，愛默生在單調沉悶中度過了幾天。愛默生渴望卡萊爾能幫助他度過這段無聊的時光：「親愛的卡萊爾先生，在這個沉悶無聊的夜晚，我寧願用一塊金幣來換取你的睿智陪伴。」在旅館的時候，愛默生遇到了發明家雅各布·帕金斯[114]。帕金斯向愛默生講述了發熱科學的一些理論。愛默生跟隨著帕金斯前往鐵路公司，看到了「這個工業時代具有巨人歌利亞那般的能量」。帕金斯對愛默生說，這些火車每小時的速度不會超過 15 英里。想要讓火車

114　雅各布·帕金斯（Jacob Perkins，西元 1766 ～ 1849 年），美國發明家、物理學家、機械工程師。以冰箱的發明者著稱。

的速度超過 15 英里，就需要火車引擎的轉速變得更快。帕金斯說，他相信在未來的某個時候，商人們可以藉由乘坐蒸汽船來跨越大洋，並且使之成為跨洋旅行最經濟的方式，但是他們還必須解決很多技術難題。

下面是愛默生在大海航行期間寫下的日記：

西元 1833 年 9 月 8 日，星期六

我深信一點，英國的許多偉大人物都對宗教缺乏必要的認知。他們應該閱讀一下諾頓（Norton）的新書，因為諾頓將這個事實說得非常清楚。卡萊爾對那些貧窮的喀爾文教徒農民表現出厭惡的情緒。難道我不應該坦承一點，即我在這方面也遇到了相同的實際問題。我看到許許多多人都完全相信喀爾文教派的教義。我會鼓勵他們一絲不苟的按照宗教意義去進行禮拜，至少我不會在這方面打擊他們。我不敢用無所謂的口氣說一些自己不敢公開表達的話。因此，對於很多信徒進行的這種空洞的崇拜儀式，我認為這其實並沒有什麼實際意義。當然，我不會讓自己的想法去困擾別人。因此，一些人可能認為我是一位可憐的投機主義者，是一位支持空洞有神論教派的無道德主義者，認為我是一位沒有活力與缺乏仁慈之心的人。唉，這是對我極大的誤解！如果歐洲那邊的人都將所謂的上帝之光說成是自私、羞澀或是冷漠，而且他們的信念與判斷力還是那麼不切實際，那麼不適合中間階層，那麼我們還有什麼改革的希望，還有什麼希望將這邊的宗教之光傳播到歐洲大陸呢？我不知道該怎麼辦，我也沒有必要去對此進行解釋，但我能做的就是用清晰通俗的方式忠實的實踐我的信念，過上獨立的生活，然後發自內心聽從上帝的安排。

我認為，那些宗教改革家所犯下的一個錯誤就在於：他們不知道他們的道德本性所具有的程度、深度以及是否處於和諧狀態，他們只是緊緊抓住一些口頭上積極的道德法則版本 —— 這些非常不完善的道德法則 —— 但是，只有上帝的無限法則，偉大的循環真理才是物質法則的唯一實在象徵。過去，人們在談到天文學的時候，總會覺得這是無法觀察的，總是用

嗤笑的態度去面對。我將喀爾文主義稱作是道德法則不完美的版本。神體一位論是另外一回事，基督教徒與異教徒所持的信仰都在一些沒有能力的宗教人士手中控制著。與此相反，在一位真正的宗教老師手中，那些錯誤、那些讓人遺憾的內容，那些宣揚宗派主義的觀念都會被拋棄，而最初始的宗教真理所展現出來的莊嚴與深度則會被信徒所理解。我還說，每個贊同這種觀點的人，本身都代表著一種道德真理。他們可以透過本能的意願去選擇布道者。當這樣的方式受到攻擊時，他們能夠展現出真理之光。但是，歐洲那邊的人會說：「解釋一下：讓我們聽聽，到底是什麼能夠說服信徒與哲學家，讓我們聽聽這種全新的觀點！」事實上，這是一個非常古老的事實，這只是將完美的美感代表著完美的神性這一古老的道理呈現出來而已，這只是與人類本性的道德法則相符合的一種神奇發展而已——一個擁有他本人所需要管控自己的一切能量，他本人就代表著一種自己需要遵循的法則。所有降臨於他身上的善意或是惡意，肯定都是源於他自身的。只有他本人才能為自己帶來善意或是惡意。世間萬物都無法給予他什麼或是奪走他的什麼，因為這一切都是符合補償法則的。人類的靈魂與世間萬物之間存在著一種連結。用更恰當的話來說，就是人類的靈魂與人類已知的一切事物都存在著連結。因此，我們不應該去研究那些虛無縹緲的原則，而應該努力去了解自己內心的法則。每個人所做出的每個舉動，都會以某種方式作用於一種全新的環境。每個人的目標似乎也只能與他自己相關而已。他不應該按照命定的方式去創造自己的未來，而應該透過真實的活在當下去創造未來。上帝所帶來的最高啟示，就是上帝存在於每個人的心間。米爾頓在寫給迪奧達蒂（Diodati）的一封信裡，就曾表示自己曾對道德的完美狀態感到痴迷。事實上，米爾頓對道德完美的追求並沒有超越我。那些我現在無法言喻的事實，卻正是從小到大一直陪伴著我的守護天使。正是這樣一種神性，讓我與其他人區分開來。這樣的念頭經常讓我淚溼枕頭，讓我徹夜難眠，讓我為自己所背負的罪過而備受折磨。同時，這也為我帶來了無限的希望，因為我不會被我的失敗所打敗。

即使所有的殉道者最後都選擇了變節，但這樣的真理是不容置疑的。這才是始終應該被揭示的真理榮光，這才是宇宙的一個「公開的祕密」，只有那些看似虛弱或是滿臉灰塵的觀察者才能創造這樣的未來。這樣的真理也許早已經裝進了他的內心深處。在回應那些滿臉通紅的憤怒俗人時，難道「思考當下的人生」這樣的回答還不具有說服力嗎？我不會再去思考什麼來生的問題，我只相信當下的這個人生。我相信自己的人生會得到延續。只要我還在這裡，我就會忠誠的履行自己的人生職責。這些真理所談及的不是死亡，因為這些真理是用永恆之線編織而成的。

有些人天生就是信教者，有些人則天生不是信教者。世界上沒有任何橋梁可以將不同人的思想鴻溝彌合起來。我所有的思想、情感、反覆無常的怪念頭都帶著我自身的信念 —— 都會讓我選擇偏向某一邊。但是，我無法說服一個同樣認為自己有道理的人。但是，當我無法找到證明自己所持信念的理由時，我也不會因此而削弱對信念的支持。無論我們多麼反感彼此的觀點，都應該按照《聖經》的這段內容去做：「如果你按照天父的意願行事，你就將知道信條。」但我們卻無法在任何交流中做到這點。很多人認為，這是人格粗俗的表現。不過，這對牧師來說是一個不錯的布道演說題目，對於那些在議事室裡進行討論的宗教人士來說，則是更應該討論的話題。

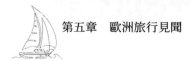

第六章
返回家鄉，定居康科特

西元 1833 ～ 1836 年

9 月 4 日，愛默生從利物浦乘船出發，在 10 月 9 日抵達紐約。沒過多久，他就與在波士頓附近牛頓地區居住的母親重聚了，這裡距離查爾斯河的上游瀑布只有半英里路，在愛默生前往歐洲旅行期間，母親一直居住於此。這裡是一片鄉村的農場景色，散落著一些樹叢。愛默生可以獨自在這些地方散步，就像他之前在坎特伯雷居住時那樣。回來後，他很快就進行布道演說了，並且開始發表一些文章。

給喬治·A·桑普森的一封信：

為什麼你不來這裡，看看這裡的松樹與隱士呢？……這裡的氣氛如永恆般安詳靜謐，同時帶給你充滿愉悅的思想。這些沉睡的山谷到處長滿了沙地柏與梅花形樹，似乎在對人類的行為方式與政治爭鬥表達著安靜的諷刺之情。我認為，知更鳥與麻雀是這裡唯一的哲學家。我經常會認真聆聽牠們所說的話語，將每一天所見到的景象都歸結為上帝對我的訴說。雖然上帝同樣會對碼頭或是市集上的人說著同樣的話，但是很少人會認真聆聽他的話語。今天，我前去沃爾瑟姆，對著一群聾啞聽眾發表布道演說。下週六，我要前往沃特鎮，接下來的週六就要前往福爾里弗。因此，你必須要在這週之內前來這裡。在這個丘鷸築巢的地方，我們可以進行深入的交流。時間與四季似乎在這個地方迷失了，太陽與星星是這裡區分白天與黑夜的唯一標示。穿過樹叢，你需要走上兩英里路，我會帶你看看從我的房子到鐵路之間一路上的景色。

愛默生在日記中這樣寫道：

10 月 20 日，牛頓地區

鄉村地區的安息日情景，並不像我想像中那樣會散發出臭味。某某先生是一位平和認真的喀爾文主義者，他沒有盛氣凌人的態度，也不會顯得讓人反感。他可以說是上帝製造出來的那種因為年少時期的無知與封建迷信所培養出來的人。我不敢，也不願意用不敬的口氣去談論那些善良、節制或是勤勞的人，但我不得不這樣問自己，整個社會以這種戲劇性或是諷喻式的方式教育人們多久了？在什麼時候，我們才能以清晰無誤的方式將宗教真理說出來呢？記住，是真正的宗教真理，而不是似是而非的真理。每個週末，我們都可以在教會聽到關於救贖的話題，還有關於通向天國大門以及敲門的故事。然後，我們就會聽到內心發出的聲音：「走吧，我不認識你。」到底是什麼阻礙了我們對這個寓言故事的認知呢？是什麼讓我們對這一赤裸裸的事實感到懷疑呢？只要他們覺得教會所宣揚的事實違背了他們的良心，就會想辦法去找尋快樂。但是，他們卻沒有能力這樣做。教會也希望他們永遠都不要真正的了解上帝。

愛默生將一些簡短的紀錄都放在了《美國百科全書》裡，用來記錄自己的人生。愛默生談論到他在西元 1834 年 1 月所發表的一篇演說，這是發生在他前往波士頓機械協會發表演說之前，作為「他在離開布道講臺後第一次公開演說嘗試」。不過，從他的「布道演說紀錄」來看，他將自己每場布道演說的日期與地點都記錄下來了。事實證明，在他從歐洲返回美國之後的第二個週六，他就前往波士頓第二教堂發表了布道演說。之後，他每個週六都會前往不同地方發表演說，一共持續了 4 年之久。甚至到了西元 1847 年，他依然會偶爾發表一些演說。因此，當愛默生說「準備離開布道講臺」的時候，他的意思是要放棄所有對牧師一職所具權威的追求。對他來說，牧師一職依然是具有吸引力的，但前提是他必須要有能力去履行牧師本該有的職責。他完全認可週六禮拜儀式所表現出來的愛意。

作為一個門外漢，他已經準備好閱讀一篇布道演說，或是在禮拜儀式的某個部分進行表演。因為在他看來，這樣做是有好處的。無論他在哪裡，只要有人要求他這樣做，他都能發現這樣做會帶來讓人滿意的結果。

這個時期，他在日記裡這樣寫道：

一位全新的聽眾，一個安息日，是為我們傳遞思想與道德滿足感提供了很好的機會，這將會超越之前所有的體驗，將會構成一個新時尚，讓那些參與其中的人的心智發生根本性的改變。很多年輕牧師在得知信徒前往教堂禮拜的真正原因之後，都會感到非常沮喪。幾乎不到十個人前來聆聽他的布道演說，但是在主日學校，或是在教會儀式結束之後的所有者會議上，我們都可以看到漢諾威大街許多老態龍鍾的人都是教區執事，他們卻有能力讓信徒們安靜的坐下來聆聽他們的話語。我的朋友，不要在意這些信徒為什麼會前來，不要在意到底是誰或是什麼吸引他們過來 —— 而要在你的心中明白一點，在西元 1835 年，到底是什麼讓你前來波士頓的。在這裡，他們都是真正意義上的男女 —— 我可以向你們保證，即使他們目前看上去是愚蠢之人，但他們都具有神性的潛能，每個人都可以實現極大的改變。

幾年之後（西元 1841 年），當愛默生漸漸遠離了教堂，他這樣寫道：

我的許多好鄰居都成為了教會一員，這些人在履職時的嚴謹程度，甚至要比他們更注重身上穿的清潔襯衫，更注重沐浴或是洗淨衣服。當他們將一週的時間都用於私人或是自私的活動時，那麼週六參加禮拜會讓他們明白，他們需要再次與人在公共場合的社交環境下與人形成理想的關係，而這樣的關係應該超越鄰居本身的狹隘關係，要比他們舉行的城鎮會議更高一等。當他們結婚的時候，牧師則代表著一種宗教層面的權威，慶祝這一喜事。他們的孩子需要接受洗禮，需要牧師的協助。要是他們某位家庭成員去世了，他會再次來到教堂。全家人一起來到教堂做一些儀式，這顯然是對教會的一種宣傳，或者說顯示了教會對人類表現出來的憐憫之心。

就目前為止，這一切都是不錯的。這是人們對理想狀態下教會的一種致敬，但現實的教會卻不是這樣，而是充滿了許多錯誤的代表方式。但即使如此，我們還是覺得，這要比混亂的狀態來得更好一些。這些人沒有精美的藝術品，沒有文學方面的追求，也無法寫出博斯韋爾[115]風格的文章，沒有任何豐富的想像力可以去讓一家人在精神層面獲得慰藉，或是讓他們在孤獨中默默的忍受著。他們只是談論著公牛、豬、乾草、玉米與蘋果。無論他們在任何時候產生自由主義的想法，無論他們有過怎樣的精神體驗，他們都無法表達出來。事實上，教會也沒有關注這些人。對很多人來說，教會所提倡的一些信條依然被視為正統的宗教思想。教會並沒有激烈反對任何精神主義者嚷著要改革的行為，而是反對那些想要急於廢除一切，但卻給不出任何解決方案的人。很多人都對教會的這種態度表示讚賞。

在西元 1833 年，愛默生對於這樣的宗教改革顯得更為樂觀。回國後不久，他就在波士頓第二教堂發表了一場布道演說 —— 在演說中，他表達了對之前信徒的友好情感，表示希望看到宗教在日後引導信徒方面能有更好的表現 —— 按照「當真理的精神降臨的時候，他將會指引你走向所有的真理」的字面來看，愛默生說道：

在我離開你們之前，我急切的希望獲得一個機會，讓我可以跟你們談論關於改變的話題，因為這個話題似乎是我們每個人對宗教問題上做出的反應。我們都希望能夠對所有人等待的教導表示期望，都希望對那些指定的教導者表示信任，但是這樣的情況尚且沒有出現。到底誰才是我們真正的教導者呢？讓耶穌來回答這個問題吧，甚至是真理的精神都無法回答這個問題。耶穌會說，這個世界上始終存在著某種神性的天意，始終在努力的指引著每個人。時間這位偉大的老師，始終在進行著自己的布道演說。每一天，我們都能看清一些矇騙我們的謬誤。每一天，全能的天父都會從無盡的泉源中累積人類的知識。這樣的教導者就是上帝，但是他透過成千

115　博斯韋爾（James Boswell，西元 1740 ～ 1795 年），英國傳記作家。代表作：《約翰生傳》、《黑白地群島之旅》等。

上萬人的嘴唇說出這樣的真理。拋棄所有的人格化、社會的進步、每天出現的簡單重複，那麼我們就能始終感受到這在教育著我們，讓我們可以遠離欺騙的局限。我們會發現每一種犯罪或是不幸，都會帶給我們一些積極的影響。即使是對於最高層次的真理，即人類與上帝之間的關係以及上帝的品格，也是如此。要是我們用正確的眼光去看待，就會發現時間對基督教也產生了同樣的影響。我們學會了將其視為世界歷史的一部分，看到了這種宗教依附於人類道德本性的堅實基礎之上，但這種宗教本身並不是那個基礎。我只能認為，要是人類不去崇拜耶穌基督的話，那麼耶穌基督會帶來更好的影響。在人類的思想中，耶穌基督長期以一種不自然或是人為的形象出現，他所處的位置讓人類的愛意根本無法接觸。可以說，這是所有權威與力量所帶來的一種情感反作用。在一個野蠻狀態下的社會，人們會認為，將耶穌基督視為國王，視為上帝，就能增加他的尊嚴⋯⋯但是，我們必須要明白一點，耶穌的教導所具有的主要價值，就在於這能夠讓人類的自身本性變得更加強大，去抵制各種感官主義的誘惑以及每個時代的犯罪誘惑。耶穌基督的每一個特定的教導，肯定要比他對與他所處同個時代的人更小一些。這就好比每一個睿智且高效能的人，都會在自己所處的那個時代表達自己的觀點，就不同的情形表達自己不同的觀點。他會說出自己腦海裡的想法，但他始終為人民進行思考。這就是他心智具有強大能量的一個重要標準，他的話語代表著一種完整的意義，使之適合人類的本性，具有一種對人類的普遍適用性。但這並不是他唯一或是最後的一種肯定，他還有成千上萬這樣的教導。要是耶穌所代表的那種真正且無形的愛意占據著我們的靈魂，就代表著我們要在無限的海洋上做出界限的話，那麼這是前後矛盾的。耶穌從來不會說：「我會表達所有的真理。」他只會以簡單樸實的方式肯定直接的對立：「我會派另一位老師給你們，另一個安慰你們的人，讓你們感受真理的精神，他會指引你們走向真理。」他的話語就像是芥菜種子，就像發酵劑。但在預言者的眼中，他能夠看到這在那些正直之人的心中迅速生根發芽，就像某些被賦予了生命力的東西，從

一個靈魂傳遞到另一個靈魂，從一片大陸傳輸到另一個大陸 —— 這些思想在不斷的傳播，不斷的教育著社會上的每個人。所有具有英雄主義情懷的人都受此觸動，每個人都準備用言語說出更為高尚或是更重要的啟示。「他會做一些比這些更加偉大的事情。」我們的雙眼看到他履行了自己的承諾。在每個孤獨的個人身上，這些看似無法支撐的美德在遠古的黑暗中閃閃發光。那個原本充滿著殺戮與貪婪的時代過去了，世界各國開始以溫和或是平等的方式進行商業貿易，人性可以得到更加自由的釋放，基督教會所宣導的教義修正了人類的許多錯誤行為，讓許多處於水深火熱的人得到了解脫：難道這不是卑賤的拿撒勒教徒 [116] 的生命與教義所帶來的結果嗎？……在我們身邊，沒有出現任何關於改革宗教觀念的事情。在我看來，這就是最為重要的變革。也就是說，這樣的變革能讓世界上的每個人都分離出來，讓他擁有一種能夠滿足自身本性的信念，讓他們能夠第一次去思考自己的本性。就在不久前，人類還認為，他們要麼作為一個整體得到拯救，要麼遭到拋棄。可以說，亞當（Adam）是最早的聯盟首領，他所犯下的罪過代表著整個聯盟的罪過，這樣的罪過讓他切斷了與所有後代的關聯。耶穌那贖罪的血則是對所有背負著罪惡的人類所做出的犧牲。正是透過這種神性的復仇，你我才能洗滌身上的罪惡。但是，現在……人類開始聽到一種瀰漫在天國與地球的聲音，這種聲音說，上帝就在耶穌身上，說存在著來自天國的主人。我認為，這種解釋我與上帝之間的神奇關係，就是解決所有困擾我疑惑的方法。我認識到外在與內在自我之間的區別，深刻的意識到，在充滿錯誤、激情與終有一死的自我當中，始終存在著一個至高無上、無比冷靜且永生不滅的心智。這個心智所具有的能量是我無法去估量的，但它所具有的力量肯定要比我更加強大，肯定要比我更加睿智，它絕對不會支持我去做任何錯誤的事情。當我充滿困惑的時候，我可以向它請教。當我置身於危險的時候，我可以向它求救。每當我準備去做

116　拿撒勒所具有的特殊意義在於，那裡是耶穌基督的故鄉。福音書中描述他的父母聖母瑪利亞（Mary）和木匠約瑟夫（Joseph）住在這裡。在拿撒勒，天使長加百列（Gabriel）到瑪利亞那裡告訴她，她將因聖靈懷孕，所生的是救世主，耶穌在降生後以就是在這裡長大。

任何事之前，我都會向它祈禱。在我看來，這就是造物主向他的子民所展現出來的容貌。這代表著對人類深層次的了解，這樣的無限性屬於每個誕生的人，讓每一個養成了反思與獨處習慣的人都能獲得全新的價值。他能夠深刻的感受到這樣的信條，這就好比一把鑰匙，透過這把鑰匙，我們可以透過耶穌基督的話語去更好的解釋上帝所具有的品格。「天父就在我身上，我就是天父的化身，但天父卻遠遠比我更加偉大。」

我希望，當公眾對這種信念有更加深入的認知，再加上好人們的研究以及行動，會讓我們更能接近這樣的事實。對所有預言家與英雄來說，這是一種極大的鼓舞。這會讓他們感覺自己置身於只有白天沒有黑夜的狀態。做出某種特殊的行為並不會讓我們的精神視野變得更加清晰，無法為我們的公共宗教教導中帶來方式與品格上的重要改革。難道這不會結束所有教會布道演說中所有技術性、諷喻性或是比喻性的方式嗎？

在這個時候，愛默生沒有進一步沿著這個方向進行研究 —— 也沒有獲得任何教會的邀請。

西元 1834 年 1 月 18 日，波士頓

親愛的威廉：

我已經寫了三篇關於自然歷史的文章，閱讀了許多關於地理、化學以及物理方面的書籍。與此同時，我的倫理學與神學研究都處於停頓狀態。因為，除非有信徒願意聆聽你的演說，否則你是無法向他們發表布道演說的。不過，一些忠實的信徒依然堅守著。漸漸的，我們可能會找到一個願意接納真理聲音的教堂。接下來，我準備前往新伯福的旅程，我整個二月分可能都會在那裡度過，因為那裡的人表現的善意與熱情打動了我。如果在這個世界上，沒有人需要我們，難道我們就有藉口無所事事了嗎？當我們遵循那些讓每個人都變得更加睿智的哲學原理時，將這視為仁慈的造物主的最終目標，難道這有過錯嗎？

在新伯福，他暫時替代奧維爾・杜威博士[117]發表布道演說。有人跟他說，在杜威博士離開之後，他可能會收到邀請，在這裡擔任布道牧師。但是，愛默生認為，自己不應該再去擔任負責主持聖餐儀式的牧師，除非他覺得有必要，否則他也不願意去主持祈禱儀式。對於他的這些條件，教會是不可能同意的。在新伯福，他與一群教友派信徒生活在一起，他對教友派信徒們所持的宗教理念充滿了憐憫之心。在他們之中，愛默生認識了瑪麗・羅奇[118]女士，他始終對羅奇女士懷著很高的敬意。

在這段看似一切處於停滯狀態的時候，他希望能到某個偏遠的鄉村進行休養。也許，他會去伯克希爾郡，那裡的山丘上有著乾燥的空氣。也許，他可以前去弟弟愛德華那裡，當時，愛德華正在西印度群島休養，但他的內心始終壓抑不住對返回家鄉的渴望。查爾斯也正有返回家鄉的願望。這期間，他們並不缺乏經濟方面的收入來完成這一計畫，因為愛默生將得到一些他岳父的財產，再加上他自己所賺的錢，應該足夠他們過上簡樸的生活。

西元 1833 年 12 月 22 日

親愛的愛德華：

在這個時代，如果我們依然能夠相信律師的話，那麼我可能會因為繼承埃倫的遺產而變得富有一些。無論那一天什麼時候到來，我都希望這能夠讓我購買一棟小房子，讓我的親人們可以從世界各地回到他們的家鄉……你想要知道我正在做什麼，我目前在新伯福這裡發表布道演說，有時也會在波士頓發表布道演說。我已經寫了一篇關於自然歷史的文章，正在準備下週二晚上發表的一篇演說稿子，還要準備在機械協會上發表的演說稿。在向期刊雜誌投稿之前，我認真的思考了一些事情。我應該可以毫無恐懼之心的說出事實，或是對所有願意聆聽我的人說出自己的想法。亨

117　奧維爾・杜威博士 (Orville Dewey，西元 1794～1882 年)，美國神學家、牧師、作家。
118　瑪麗・羅奇 (Mary Rotch，西元 1777～1848 年)，美國作家、哲學家。

利·赫奇 [119] 是位非常有才華的人，他目前為《檢查者》雜誌寫了多篇不錯的文章，其中一篇是關於充滿生命力且具有跳躍性的理性法則。他在這方面可能會給我一些幫助。

幾天前，查爾斯與我一起前往康科特。他就蘇格拉底的話題發表了一篇不錯的演說。但是，查爾斯經常顯得非常憂鬱，可能覺得自己的命運與你的命運一樣，都是那樣的艱苦。事實上，所有艱苦的命運都屬於全人類的，而不單純屬於某個個人的。你遇到了什麼驚險刺激的事情嗎？我很遺憾聽到你所表達出來的各種失望之情。我每年都在祈禱著你能將自己的天才釋放出來，希望你能夠戰勝一切風險，將能力表現出來。我依然記得你以前在拉丁學校以及安多佛時期表現出來的能力。可能，你現在不需要像之前那樣快跑了，而只要像溫順的小馬那樣慢慢前行，在這個世界上沒有比你的健康更加重要的事情了，你不需要為任何債務的問題而感到心煩意亂。我們已經習慣了過貧窮的日子，因為即使是在貧窮的日子裡，我們依然是這個地球上最快樂幸福的人。但是，我們卻無法擺脫痛苦與疾病。無論你在這個過程中遭遇了多少損失，我始終都是深愛著你的二哥。

拉爾夫·沃爾多·愛默生

西元 1834 年 5 月 31 日，牛頓地區

母親與我坐在松樹下，我們可以在樹蔭下休憩。我們坐在這裡，不斷的學習，卻絲毫沒有注意到這個學習的過程。我的美德中最重要的一部分 —— 就像沒有人認識的芥菜種子 —— 就是希望。我始終保持著樂觀的心態。如果上天不需要我做出任何服務，那麼我肯定會安於目前這種無足輕重的地位，同時始終關注著那些散發著勇敢氣息與美感的事物。哲學思想告訴我們，外在世界只是代表著一種現象，關於晚餐、裁縫、魚叉等東西，都可以在人類的夢境中交織起來。當我們的靈魂處於某種呼吸狀態的

119　亨利·赫奇（Frederic Henry Hedge，西元 1805 ～ 1890 年），美國作家、神學家、超驗主義運動者。

時候，那麼認知就會一刻不停的運轉起來，彷彿它是真實存在的。但是，永恆的理智一旦有機會去發聲的話，就會宣布這只是一次意外，一陣煙霧，絕對與它本身所具有的持久特性存在著關聯。我來問你，在理智與認知之間，你是否能對米爾頓、柯勒律治與德國人進行區分呢？我認為，這本身就是種哲學，它與所有的真理一樣，都代表著一種務實的東西。理智是靈魂最高功能的一種表現，我們經常所談到的就是關於靈魂本身：那就是靈魂永遠不會做出理智的分析，永遠無法去證明什麼，它只是在感知，只是代表著一種視野。認知卻每時每刻都在運轉，不斷的進行著比較、發現、添加或是爭論，有時看得比較短淺，有時則是比較長遠。它存在於當下，著眼於找尋一些切實可行且符合常規的方式……但是，我為自己能在牛頓這個地方與你進行這樣的學術問題討論而感到高興。塔克的遺產問題已經得到了解決，我應該可以得到 1,200 美元的收入。此時，母親與你以及我的理智都會違背認知。因為，要是我們得到了這筆錢，那麼在接下來的幾年裡都會成為對方侮辱的對象。我只能說，我是認真的。如果你過來的話，我們就會回到伯克希爾郡居住，然後重新建造我們的家園。

永遠忠誠於你的哥哥
拉爾夫·沃爾多·愛默生

在愛德華寫給愛默生的最後一封信的部分內容裡，愛德華感謝了二哥「慷慨的幫助」，但他表示「這實在太奢侈了，充滿了伊甸園的味道。像我這樣一個每次想要去採摘玫瑰都會被刺到的人，看來是無福消受了。不過，我明年會過去看你，我們會好好談論你所說的這個計畫」。

在第二年傳來愛德華的死訊之前（西元 1834 年 10 月 1 日），愛德華·布利斯·愛默生可以說是一位比愛默生更加有才華的人，他長得非常英俊，有著「慷慨激昂的雄辯口才」（這是一位曾經聆聽過他演說的人所說的），有著遠大的抱負。總之，愛德華是一位充滿才華與力量的人，但他的身體狀況卻始終阻礙著他的發展。因為家族遺傳的胸部疾病在他身上已

經惡化到了難以治癒的程度，再加上他本人所處的生活環境以及他所具有的急性子，讓他的身體始終無法得到完全的休息。在赫奇博士看來，愛德華的同齡人，包括他那兩位年長的哥哥，都無法與愛德華擁有的才華相媲美。倘若不是因為他英年早逝，他肯定會讓愛默生家族更聞名遐邇。當一位朋友提及他在大學時所寫的一些論文產生的影響時，愛德華說：「是的，很多人都在議論我。但我告訴他們，猶大部落中真正的獅子就在這個家裡。」在文學方面，愛德華總是順從愛默生的判斷力，在創作自己的大學論文時也聽取了愛默生的建議。他在 13 歲的時候就準備進入大學，但因為家裡經濟條件不允許，因此只能延遲上大學，但他對此卻沒有說出一句抱怨的話。第二年，他患上了持續的感冒，再加上眼睛視力逐漸下降，因此他不得不要離開，乘船前往南方過冬。他在西元 1820 年夏天回家，進入了哈佛學院。在他的大學期間，他的成績始終排在班上第一名，從沒有掉落到第二名。他當年所留下的成績至今仍為很多人津津樂道。與他的其他兄弟一樣，他在大學假期期間與畢業後都成為了兼職老師。很多學生都認為，他在教書方面展現出了無與倫比的能力 [120]。與此同時，在韋伯斯特的推薦下，他成為了薩福克法庭 [121] 的一名見習生，但最後因為健康不佳，不得不乘船前往地中海休假，並在歐洲生活了一年。當他回來之後，他進入了韋伯斯特在波士頓的辦公室，很快就擔任了一個重要的職位。韋伯斯特對他非常信任，認為他能夠在學生們的父母都離開之後，仍然會很好的照顧這些學生。韋伯斯特說，他對愛德華的表現一點都不擔心，因為他能夠很好的照顧這些學生。除了學習法律之外，他還「利用閒暇時間」輔導 4 個學生的學業，「每天像威廉・H・普雷斯科特（William H. Prescott）那樣閱讀 3 個小時」，並且「愉悅的為波士頓圖書館進行圖書編目等工作」。

　　當身體的能量不斷被消耗，卻始終無法得到足夠的補充，那麼生命之

120　出自 D・G・哈斯金斯的《回憶錄》，第三十八頁。

121　詹姆斯・B・塞耶（James B. Thayer）教授告訴我，一般來說，學生並不需要這樣的推薦。也許，愛德華・愛默生所從事的工作需要這樣的推薦證明，讓他能夠更好的從事法律方面的研究與學習。

火是無法持續燃亮的。但是，愛德華表現出來的高昂鬥志卻不允許自己放鬆片刻。因為他認為，只要自己前往歐洲生活那段時間所欠下的債務沒有還清的話，他就不能休息。

西元 1827 年，愛德華在寫給愛默生的一封信裡寫道：「每過一天，我都希望自己的努力能讓我距離還清債務更近一些。我希望透過不斷勤奮的工作，一勞永逸的擺脫債務所帶來的枷鎖，讓身心獲得真正的自由。」愛德華「不願意像許多曾在債務之海裡淹死的胸懷大志的人那樣，被債務繼續折磨著」。在債務纏身的情況下，愛德華失去了他天生的那份優雅與自信，陷入了一種憂鬱且病態的自我意識當中，最後導致他的身體變得越來越屏弱，最後陷入了瘋狂的失常狀態。在休養了幾個月後，他從精神失常的狀態中恢復過來了，但身體狀況卻已經一落千丈了，他也感覺自己必須要遠離任何繁重的工作，不得不安於承受每天的痛苦折磨。在西元 1830年，他前往聖克魯斯島，接著從這裡出發前往波多黎各。他在波多黎各當了一名牧師，拿著微薄的薪水，一直生活到他去世的那天。根據很多前來這裡旅行、見到他的朋友的描述，愛德華依然表現出友好、安靜，甚至是愉悅的心態，依然對身體最終能夠恢復健康充滿了希望。但正如他本人所說的，他深知「天使射出的箭已經在我的體內扎得太深了」。

愛默生寫道：「我這一輩子失去了一個重要的希望。我感覺失去了自我的一部分。」愛德華與愛默生在年齡上相差無幾，在才智方面也是相差無幾，有著共同的追求，同時，他們不同的秉性只會增強彼此之間共同的仰慕之情。從童年開始，他們雖然見面的時間不多，但他們在感受孤獨情感方面的經歷卻是驚人相像。對於還活著的愛默生來說，他們永遠都不會分離的。

愛默生發表的第一篇演說與自然科學有關。霍姆斯博士曾這樣評價他：「在他的人生早年，他似乎用相當懷疑的目光審視著科學。」事實上，愛默生並不喜歡任何分析性的工作，也知道自己不適合去做調查員之類的

工作。但是，他的筆記本裡卻顯示他閱讀了許多與科學相關的書籍。他經常引用德堪多[122]、施普倫格爾[123]、居維葉[124]與埃弗拉德·霍姆爵士[125]等人的內容，並從化學與氣象學中摘錄了一些他認為有用的內容。在西元 1833 年 11 月，也就是在他從歐洲返回美國的幾週之後，他按照波士頓自然歷史協會的要求，發表了一場導論演說。在同年 12 月，他發表了一篇名為〈人類與地球之間關係〉的論文。在西元 1834 年 1 月，他在波士頓的機械協會上就「水」的議題發表了演說。在西元 1834 年 5 月，他在波士頓自然歷史協會上發表了一篇年度演說。

在愛默生一開始發表的演說中，有一篇演說名為〈自然歷史的功用〉。在這篇演說裡，他詳細談論了他在法國巴黎的植物園博物館裡所看到的景象，描述了一些特別的標本，說明參觀這座博物館激發起他的內心興趣，闡述了科學與人類之間存在的神祕關係：「在我看來，自然科學最重要的作用（當時的民眾尚且沒有這樣的認知），就是讓人類更好的了解自己。對所有事實的認知，對自然法則的認知，這將會讓人類對自身存在的法則有更加真實的了解。」

對愛默生來說，這是一種熟悉的思想。在第二教堂發表的一篇演說裡，他就說，哥白尼[126]提出的天文學觀點所帶來的意義，就在於消除了神學家們一直以來所吹噓的各種幻想，不再認為地球是上帝創造的道德運行法則的唯一中心，這讓人類對宗教的認知產生了顛覆性的影響。我們對人類以及人類命運的概念，以及對宇宙存在的認知都得到了大大的拓展。

愛默生對法國博物學家拉馬克（Lamarck）提出的一些設想有所了解，

---

122 德堪多（Augustin Pyramus de Candolle，西元 1778 ～ 1841 年），瑞士植物學家，他首先提出了「自然戰爭」的概念，也因此啟發了達爾文。
123 施普倫格爾（Carl Sprengel，西元 1787 ～ 1859 年），德國植物學家。
124 居維葉（Frédéric Cuvier，西元 1773 ～ 1838 年），法國動物學家，小熊貓的命名者。
125 埃弗拉德·霍姆爵士（Sir Everard Home，西元 1756 ～ 1832 年），英國著名外科醫生。
126 哥白尼（Nicolaus Copernicus，西元 1473 ～ 1543 年），文藝復興時期的波蘭天文學家、數學家、教會法規博士、神父。他提出了日心說，否定了教會的權威，改變了人類對自然對自身的看法，代表作：《天體運行論》等。

拉馬克提出的「發育停頓」這個字眼引起了他的注意。在〈人類與地球之間的關係〉這篇演說裡，愛默生就談到了這樣一個事實：「也許，我要說，最讓人感到不可思議，或是最莊嚴的事實，就是人類並不是上帝創造出來的自命不凡的種類，而是根據自然界在數十萬年前的演進中就已經可以預見的了，而這一切都是在人類出現之前的。也許，這一切都可以追溯到人類難以計算的久遠年代。但是，自然界之後的一切發展都是在不斷前進的，都在為人類的存在創造各種條件，為人類最後的誕生準備好一切必備的基礎……人類的四肢只是代表著一種更為複雜精細的生物結構 —— 或者說，這是造物主製造出來的成品 —— 但這些結構的基礎都是那些曾經在大海上徜徉，或是在泥潭裡打滾的生物中演進過來的：在荒莽時代，人類的祖先也許憑藉著這雙手披荊斬棘的開拓荒原，或是像北冰洋的鯊魚魚翅那樣擺動，之後就變成了在沼澤地裡滾動的類似於蜥蜴那樣的鰭狀肢。」

在自然歷史協會發表的一篇演說裡，愛默生說：「人類對自然產生深沉的愛意，這是人類具有最高心智能量的一種表現。人類的靈魂與身體能夠處於一種和諧狀態，因此當一個人對精神法則洞察得越是深刻，那麼他對自然所創造出的一切就會產生越發強烈的愛意。不過，有人說，人類是唯一一種會對人類產生興趣的生物。我完全相信這個觀點。我認為，人類的機能構成就代表著一個中心，而我們其他所有的猜想都無法真正的對此進行解釋。但是，外在自然所表現出來的神奇魅力，卻能讓人類處在一種中央位置與其產生關聯。這並不是說一個有機生物王國中的某個個人，而是顯示了人類與自然之間存在著千絲萬縷的關係。」

愛默生將自然看成一位詩人，而不是一位科學家。但是，他也注意到科學帶來的好處，認真研究某個具體事物的好處，以及對某些具體事情的研究將帶來的積極影響，而不是對廣義概念的無限產生一些模糊的情感。「他們都是完美的生物。在自然界，任何事物都是正確與成功的，它們所呈現出來的面貌正是自然要實現的目標，即使是對一隻蜜蜂還是一隻畫眉

鳥來說，都是這樣。即使是人類創造出來最優美的詩歌，最雄偉的雕塑或是圖畫都無法與之相比。」因此，「自然科學的紀律是，這能夠讓我們擁有更強的辨別是非能力，能夠讓我們擁有將相似與相同區分開來的強大能力。對自然的整個研究，其實就代表著一種永恆的分割以及細分，而這些區別是真實存在的。這些物體所具有的屬性也是永恆的。我們可以對自然物體進行明顯的區分，在實踐中任何錯誤都會為人類迅速感知。因此，之前許多存在謬誤的認知，許多不加區分就展現出來的物體，都應該像區分化學複合物或是植物分類那樣進行區分。要是人類所寫的文章或是著作都無法對自然界的物體進行區別或是分類的話，那麼很多作家就無法去進行任何的創作或是紀錄，因為他們無法區分某些物體的不同之處。要是我們將植物學中那些嚴謹的標記都記錄下來，就會發現這些內容是非常枯燥、無趣與平淡的，但去從事這種工作的人卻值得我們為他發一份死亡訃告」。這樣一個事實也許能夠壓制我們目前存在的抄襲模仿的風氣，因為「模仿是對反覆無常的事物一種過分順從的複製，認為這是自然永恆存在的形式一樣。美國人所有的行為舉止、語言與寫作都是衍生出來的。我們並沒有按照事實去進行記錄，但我們希望以英文的方式去闡述事實。這就是我們必須要為繼承豐富的英語文學遺產所要付出的代價。因為大西洋的阻隔以及獨立革命的關係，我們這個國家免於許多國債，我們卻在這方面進行償還，而這樣的償還則要更加嚴重與糟糕。當然，時間最終會治癒我們，也許是因為某個糟糕的政黨的上臺，或是民眾對所有這些文學的無知或是所有人都追求著自私自利的目標所導致的。但是，更好的一種治癒方式，就在於對自然歷史的研究。因為對自然事物的研究可以讓我們重新返回真理的道路。但是，正如一本書不可能告訴你如何利用一本書，科學也是如此。當涉及到某些技術性問題的時候，我們就需要在腦海裡思考這些問題。人類都有一個毛病，就是總喜歡將方法錯當成了目標。因此，即使在自然歷史方面，我們也會發現有很多書呆子，他們錯誤的將科學分類當成是科學的目標，他們忘記了科學分類只不過是為了方便收集事實，以便

日後更好的發現自然規律的一種方法。只有當人類對自然的物體進行深入的研究，才有可能從中獲得真正的知識，才能用真正的目光去看待放大的物體。只有在人類對相似的原子進行探索，按照原子本身的屬性，才能將其融合起來。因此，在我看來，自然學家應該要成為一名詩人，才能更好的進行最為嚴謹的分析。或者，我要說，自然學家的專業知識要屈從於人的常識。正是因為人類的心智與自然之間無法真正嫁接起來，才讓雙方之間的合作無法獲得讓人滿意的結果。很多人認為，詩人容易因為缺乏對精細的追求而迷失在想像世界裡，這是一派胡言。另一方面，那些所謂的學者則無法看到，在最完美的實驗研究中自己所要追求的目標是什麼，最終淪落為藥劑師或是學究。我相信這兩者有各自的作用，相信詩歌以及解剖研究的好處。只有透過精確的研究，我們才能真正去了解事物。但是，我們需要在發自內心的好奇心的指引下，才能更好的了解自己與整體」。

愛默生的這些演說都與「自然」相關，他在接下來的一些演說裡也繼續重複這樣的主題（比如〈智力的自然歷史〉等演說）── 在他看來，外在世界是以一種類似於象形文字的方式回答人類心智中存在的疑問 ── 這些都是愛默生在這一階段早期的文章。在波士頓自然歷史協會的演說中，他說：「人類對礦石以及植物的完全了解，將會持續的揭開人類與自然之間的關係，相應的解釋人類一些尚且無法理解的祕密。因此，對我們來說，地球上的每一株植物就好比預言家、物理學家、天文學家與道德學家。」在〈自然歷史的功用〉的演說中，愛默生則用提出問題的方式去收尾：「在人類存在之後，無論是最為神祕或是最為神奇的事實，都沒有擁有一種屬於外在本性的表達能力，或者說，沒有透過外在方式進入到內在思想與情感世界裡。難道這不是我們應該去思考的問題嗎？」

這年冬天（西元 1834 年），他就義大利的主題發表了兩場演說。在演說中，他重新將自己在義大利日記的內容複述了一遍，讓那些沒有到過義大利的人感受一下義大利這個國家。在這年夏天，愛默生被選為美國大學優秀生全國榮譽組織年度會議上的詩人。愛默生當時所朗誦的一些詩歌描

繪了韋伯斯特當時見到愛默生的情景。這些詩歌都收錄在河畔出版社出版的《詩集》裡。

愛默生並沒有選擇要遠離人群，過上隱居生活的念頭。在 7 月 12 日，他向當時依然在緬因州班格爾進行布道演說的赫奇博士寄去了一封信。他在信中這樣說：

如果我能夠說服幾個志同道合的人，那麼我現在幾乎已經坐在美麗的小溪岸邊，我們會立即前往距離這條河 30 英里之外的地方居住。

在 10 月分的時候，他與母親收到了里普利舅舅的邀請，來到了康科特，居住在那裡的牧師住宅。從此，愛默生一直居無定所的情況終於劃上了句號。事實證明，這裡成為了愛默生日後定居的地方。在這裡居住，有很多好處：這裡曾是他祖父居住過的地方，他早年曾在這裡的鄉村與哥哥們在康科特的牧師教區玩耍，他們經常在里普利舅舅那邊的山丘上散步，還經常到彼得那邊的田野或是沉睡谷的森林中遊玩。之後，查爾斯準備娶康科特地區一位名叫伊莉莎白·霍爾[127]的女子為妻，並決定在這裡從事律師行業。

他們在牧師住宅生活了一年。直到西元 1835 年的冬天，愛默生與來自普利茅斯的利迪安·傑克遜[128]女士訂婚了，因此他有必要找尋一棟屬於自己的房子。在第二年 4 月寫給哥哥威廉的一封信裡，他說：

我希望租一棟房子，在今年 9 月分的時候製作一個壁爐。也許，查爾斯也是這樣的。一年之後，我們應該可以在祖父那一片面對莫納德諾克的沃楚西特山，建造一棟面向日落的房子。

教區住宅背對著山丘與田野，經常被人稱為彼得的田野或是凱撒的森林，這可能是源於一位古代農夫的名字，他曾解放過黑奴，他當年搭建的

127　伊莉莎白·霍爾（Elizabeth Sherman Hoar，西元 1814 ～ 1878 年），查爾斯·愛默生的未婚妻，大衛·梭羅的同學，在與查爾斯結婚前，查爾斯不幸離世。愛默生後來一直把她視為自己的妹妹，愛默生的孩子也稱她為利奇姑媽」。

128　利迪安·傑克遜（Lidian Jackson，西元 1802 ～ 1892 年），愛默生的第二任妻子。廢奴主義者、社會活動家。為女權、美國野生動物保護做了大量工作。

小木屋現在依然矗立著。這裡是愛默生與他的兄弟們經常來遊玩的地方。在他的一篇日記裡，他這樣描述這裡的景致：

週六晚上

　　在日落時分，我登上了里普利舅舅家附近山丘的丘頂，重新表達了對這個地方美好風光的讚揚。也許是出於某種敬畏心理，某種莊嚴或是神聖的情感，這些情感都與遠方所有籠罩在夕陽餘暉下的事物融為一體。在西邊，夕陽已經躲在雲層後面，僅僅透出一絲光亮，太陽彷彿置身於一個空間沙漠裡 —— 此時，你只能看到光線，卻看不到太陽的光輝了。接著，我看到河流就像帶著上帝無限的愛意，一直從青灰色的過去流向青綠色的未來。

　　但是，一個巧合的機緣卻讓愛默生不得不另做打算，選擇了一個位置沒有這麼好的地方。

西元 1835 年 7 月 27 日

　　查爾斯有沒有跟你說，我已經躲過了房子可能帶來的煩憂。我已經在康科特買下了柯立芝（Coolidge）故居，準備在今年 9 月分入住。這是一個不起眼的地方，除非這裡的樹木與花草都長成了，否則這裡的景致不會很好。但是，我們可以在房子裡堆滿書籍與期刊，邀請睿智的朋友過來做客，那麼這座房子還是可以充滿智慧的。我購買的這棟房子花費了我 3,500 美元，也許在明年夏天完成擴建或是裝修之後，還要花費四、五百美元。賣家對我說，他當時買下這棟房子花費了 7,800 美元。

　　這棟房子是愛默生餘生的家。房子所處的環境並不完全如他的心意：房子所在位置的地勢比較低，向著一片流經康科特河流的草地延伸出去。除了東邊可以望到林肯山之外，其他方位的視野都不是很好。不過，整體來說，這棟房子還是很適合他。這棟房子位於村莊的邊緣地帶，距離市中心也不是很遠，能讓他獲得許多開闊的空間，這是他當初決定購買的一個

重要考量。某個地方的一位改革家[129]曾反對在這裡放羊，說放羊會占據更多的土地。對此，愛默生說：「但是，一隻羊所需要的土地，並不及我與鄰居之間所相隔的面積。」這裡，三面都是開闊的，距離道路還有相當充裕的空間。在房子後面，有一條路經過一條小溪，一直穿過瓦爾登與克里夫的田野。愛默生最喜歡在這裡散步了。接著，就是愛默生所購買的房子，這是一棟正方形的溫馨建築，建築風格是仿照過去新英格蘭村莊主街道的建築，房子的面積與風格都超過了他原本希望建造的房子。

作為一個喜好孤獨的人，我住在鄉村裡，這裡距離波士頓有 17 英里路。這裡會刮起西北風，冬天的時候會下雪。這棟房子能讓我抵禦冬天寒冷的天氣。而在夏天的時候，這裡的山丘以及沙洲又能讓我與喧囂的城市保持一定的距離。

在西元 1835 年的上半年，愛默生雖然依然住在牧師住宅，但他仍然在波士頓發表了 5 篇傳記性的演說，分別是關於米開朗基羅[130]、路德（Luther）、米爾頓、喬治·福克斯[131]與伯克，並且對這些偉大人物所經歷的考驗進行了一番概略的描述。在愛默生看來，始終保持幽默的能力，是這些英雄人物的一個品格象徵。拿破崙（Napoleon）經常在陰鬱的情緒下孤獨的工作，路德、拉法葉、阿爾弗雷德（Alfred）、莎士比亞等人則是始終臉色紅潤，面帶微笑的工作。尤利烏斯·凱撒（Julius Caesar）就是一個有著雄才大略的幽默之人，相比之下，拿破崙則是一個目光狹隘且嫉妒心強的人。接著，愛默生還談到了無私的熱情這個話題。他說，即使諸如匈奴王阿提拉[132]這樣的大破壞者，這樣一個將自己視為代表著上帝之鞭的人，都願意去感受超自然的影響。愛默生並沒有過分強調米開朗基羅與米

---

129 這位改革家是哈佛鎮地區一個維持時間很短的果農協會的創建人。他們在這裡並沒有養羊——他們說，我們並沒有放羊擠奶的需求。但是，他們的農婦喜歡牛奶，因此他們只是養了一些羊來代替牛來犁地。

130 米開朗基羅（Michelangelo di Lodovico Buonarroti Simoni，西元 1475～1564 年），義大利文藝復興時期偉大的繪畫家、雕塑家、建築師和詩人，文藝復興時期雕塑藝術最高峰的代表。

131 喬治·福克斯（George Fox，西元 1624～1691 年），英國重要的反對國教派人士。普遍認為他是貴格會（或稱公誼會）的創始人。

132 阿提拉（Attila，西元 406～453 年），古代歐亞大陸匈人的領袖和皇帝，史學家稱之為「上帝之鞭」

爾頓等人的良好性情。他們與但丁（Dante）一樣，都因為他們偉大的天才而「宣告無罪」。但在路德以及喬治·福克斯等人身上，人類的善意則是一種主要的泉源。這是博大的人性、常識以及溫馨的社交情感與他們各自強烈的內在信念的結果，才讓路德免於陷入過度的狂熱主義。

　　愛默生其實不願意讓《北美評論》雜誌編輯帕弗里博士 [133] 將他所發表的關於米爾頓與米開朗基羅的演說公開。儘管如此，這篇演說還是分別在西元 1837 年與西元 1838 年刊登在《北美評論》雜誌上。

　　在這年 8 月，愛默生在波士頓的美國教育協會公開發表了一場演說。他的演說主題是「讓年輕人樹立對英語文學正確品味的最好模式」。赫奇牧師曾說：「愛默生在演說裡添加了許多非常具有說服力的段落，還附加說明了祈禱是毫無作用的！」事實上，在愛默生的演說稿子裡，根本沒有「祈禱是毫無作用的」字眼，我只能認為是愛默生一反常態，在演說中即興發揮，說出了這些話。但是，無論愛默生在演說中說了什麼，他都絕對不會認同這樣一種毫無根據的話語。愛默生說：說祈禱沒有任何作用，這就好比一個孩子在沒有母乳的情況下生存。顯然，愛默生的觀點應該是，祈禱應該局限於公共場合或是某些替代性的祈禱。愛默生認為，這樣的祈禱方式必然會形成某種極為不同的東西。

　　我願意藉此機會談論一下赫奇牧師在自傳裡提到的另一件事。在自傳裡，他引述了愛默生在〈倫理的主權〉的部分內容，然後用他活了將近半世紀的見聞來進行解釋。愛默生意識到自己的演說所提倡的一種道德與社會的瓦解。雖然，愛默生的這篇文章是在西元 1878 年首次出版，但卻是愛默生早年創作的一篇文章。其中絕大多數文章都包括愛默生當年在演說中對一些問題做出的回答，這文章都是屬於愛默生在西元 1839 年至西元 1840 年間所做的一些演說。在愛默生十年前居住在劍橋時期的筆記裡，我們也可以發現類似的段落。這些文章表達了愛默生在那個人生階段的許多看法與感受。愛默生似乎受到任何時代都不可能遭受質疑的信念的吸引，

133　帕弗里博士（John G. Palfrey，西元 1796 ～ 1881 年），美國歷史學家、編輯、神學家、國會議員。

但他始終在思考著 17 世紀發生的事情，而不是思考 18 世紀或是 19 世紀發生的事情。愛默生的感受其實是一種想像性的憐憫之心，同時他根本沒有想要回頭看的任何興趣。

回到愛默生的演說當中：愛默生在演說中的主要思想，就是既然世界上的許多大學都無法培養一名優秀的學者，也無法培養出對血液有所了解的醫生，那麼負責教育管理的人就絕對不能期望找到真正能夠激發學生潛能的方法或是管道，而應該將精力專注於喚醒學生們自身的能量，讓他們樹立對某個特殊職業的追求。透過這樣的教育方式，讓學生們對他們母語有更加深刻的了解，將這樣的教育方式視為激發學生潛能最好的方式。按照愛默生的說法，在我們目前的社會狀態下，要進行改革的第一步就是讓人們的心靈留下這樣的印象，即人生最純粹的樂趣都是每個人可以去追求的，雖然他們現在沒有找到，但可以透過努力去找尋。雖然所有粗製濫造的書多得像蒼蠅，但代表著人生智慧與建議的書籍，比如莎士比亞、米爾頓、培根或是泰勒（Taylor）等人的作品卻被學生們完全忽視了。因為，任何人都無法將自己根本不了解的東西傳授給別人，或是向學生們灌輸他們都沒有的品味。最後，很多老師將介紹一些平庸作家的書介紹給學生。書籍就像天空中的星星，一眼看過去似乎是不計其數，但如果你真的去一顆一顆數的話，就會發現這些星星的數目迅速的減少。至於教育方法的問題，難道你們就不會想辦法激發學生們對喬叟或是培根等人作品的興趣嗎？他們可以經常引用這些作家的話語來教育學生，可以讓學生去自行評價他們的作品，不要以一種吹毛求疵的態度去做，而只要透過讓學生在這個過程中感受到閱讀的樂趣去完成。我們要想辦法讓學生習慣於這樣一種孤獨感，更要讓他們習慣於這樣一種思想。我們要讓學生放棄之前那種傳統陳舊的判斷方法，將學生從貧瘠的自律世界裡解救出來，讓他們騰出更多時間去閱讀艾肯（Aiken）、凱特 [134]、德瑞克 [135] 以及布雷爾（Blair）等人

134　凱特（Henry Kett，西元 1761 ～ 1825 年），英國作家、學者、神學家。
135　德瑞克（Sir Francis Drake，西元 1540 ～ 1596 年），英國著名的私掠船長、探險家和航海家，是第二位在麥哲倫（Magellan）之後完成環球航海的探險家。

的作品。我們要讓學生明白一點，每當他們了解到這樣一個道理，即要是他們發現某些作品中存在著武斷或是守舊內容的話，那麼這肯定代表著一種錯誤的信條，因為我們可以透過更為透明的方式去看到一種全新的美好思想。

我們國家在文學教育方面另一個重大的不足，就是關於友情方面的。如果一些志同道合的人想要聯合起來，正如之前一些文學青年在威爾斯或是巴頓的咖啡屋裡聊天，或是在書店的後門聊天，那麼每個人都應該卸下心防，沒必要過分注重社交禮節，因為只有這樣，大家才能度過一段愉悅的時光。

雖然愛默生是康科特地區的一位新來的居民，但早已經認識了這裡的許多人。無論是在牧師住宅還是藉由乘坐里普利博士的輕便馬車，他經常在這個教區出沒。因此，愛默生沒有感覺自己是這裡的一位陌生人，而是覺得他是這裡的一位城鎮居民。在 9 月的時候，他受邀在這個鎮成立 200 年大會上發表演說。在演說臺上，一些當年參與過康科特戰鬥的老兵就坐在他旁邊。為了準備這次演說，愛默生認真閱讀了許多印刷的資料，在劍橋地區花了兩週時間查找各種資料，研究了許多關於這個鎮的晦澀難懂的手稿。除此之外，他還在里普利的陪同下，親自拜訪了在那次大橋戰鬥中倖存下來的士兵，從他們口中得到了一些關於當時戰鬥的紀錄。愛默生也從他的祖父威廉·愛默生的日記那裡獲取了一些有趣的細節。

在發表演說的兩天後，他乘坐馬車前往普利茅斯，完成了婚禮儀式。當時，一位年輕的女士，然後是一個小女孩，陪伴他前往波士頓，她記得當時的馬廄管理員顯然為愛默生的這場婚禮做了許多工作，因為他替馬匹換上了黃色的絲帶。愛默生注意到了這些，就在馬廄前停下來，然後要求換掉這些。「孩子，為什麼不在前往普利茅斯的路上，在路邊停下來，然後採摘一些金色的花朵，用來裝飾韁繩呢？」婚禮在溫斯洛故居 [136] 舉行，

136　溫斯洛故居（Winslow house），即妻子利迪安·傑克遜婚前的家，也是她祖先的房產，現為五月花房」故居博物館。

這是一棟屬於傑克森（Jackson）女士的英國殖民時期的古老建築。她也認為愛默生婚後會住在這裡。但是，愛默生無法離開康科特。

愛默生在訂婚期間，向未婚妻寫信這樣說：

我必須要獲得妳的同意。我是一位天生的詩人，當然，我可能只是一位地位不高的詩人，但我依然是一位詩人。這是我的本性與天命。可以肯定的是，我的聲音比較沙啞，不適合唱歌，因此我只能去創作散文。但從旁觀者來看，我依然是一位詩人，至少是一位在靈魂深處追求和諧精神的人，特別是在與別人的通信上面，更是如此。一次落日，一片森林，一場暴風雪，美麗的河邊景色，對我來說，這些景色都要比朋友的陪伴更為重要，也會讓我難得合上書。因此，無論我去哪裡，我始終都會小心翼翼保護我喜歡漫步的習慣……現在，康科特只是數百個可以滿足我這些條件的城鎮之一，但我認為普利茅斯並不在其中。普利茅斯這個地方到處都是街道，太過喧囂了。

愛默生說得好像普利茅斯就沒有落日或是森林似的。但對愛默生來說，康科特這個地方對他的吸引力實在是太強了。在康科特，他們可以做一些家務事。愛默生可以有條不紊的安排自己的學習，他的餘生都是按照這樣的方式去生活。在這裡，有一個規模很小的花園，愛默生夫人也從普利茅斯那裡帶回了一些植物種子，在這裡種植。愛默生也開始了務農生活，每天都沒有投入太多的時間去學習。在第二年春天的一天，但他正在忙碌的時候，城鎮的一個人過來警告他，說一頭到處亂跑的野豬正在附近的土地上肆意破壞。愛默生後來知道，他已經被任命為這一年的防止野豬損害作物的長官。根據當地的風俗，這個任務都是那些新婚沒多久的男子擔任的。

在這一年 11 月的時候，愛默生開始在康科特附近的東萊辛頓地區開始了布道演說。在接下來的 3 年時間裡，他都在這裡擔任布道演說牧師。西元 1835 至西元 1836 年的冬天，在促進有用知識傳播協會的邀請下，愛默生在波士頓的共濟會教堂裡，就英語文學發表了 10 篇演說。或者用愛默

生的話來說「就是談論與英文文學相關的話題」。根據一些當時聆聽者的記憶，愛默生當時的演說似乎讓這棟建築風格怪異的建築都具有了一種尊嚴的色彩。愛默生也充分利用這樣的演說機會，透過演說的方式表達自己內心深處的一些想法。

在愛默生的導論演說中，他說文學是記錄人類思想發端、演進與繁盛的一種方式。正是思想所具有的無形本性，才讓每個人能夠成為他們現在這個樣子。一個人的全部行為或是努力，就是為了透過不同的方式去表現自己，而其中最佳的媒介就是透過語言的方式去進行。對人類來說，而不是某個具體的個人而言，他們的本性就是思考。站在精神與物質中間的點上，我們可以了解這兩種元素的本性，人類可以知道其中一種元素代表著另外一種元素。但是，人類歷史與我們的生活都是與我們存在著極為緊密的關係。習俗讓我們將與物體之間的關係視為永恆不變的。思想家則會將他們從中脫離出來，然後告訴我們，事物的發展階段只是一種現象，是人類精神本性連續展現出來的一些形象。詩人、演說家與哲學家就是那些能夠以最為銳利的眼睛觀察事物的人，他們也願意展現出這樣的象徵或是比喻，讓人類了解自然的物體是如何給我們帶來感知的。以正確的方式看待一切，這就與整體存在著關聯，也會讓我們感知到其中的完美。詩人告訴我們，美感隱藏在日常生活中每件事情當中。人類表達出來的思想可以證明人類的一種信念，即所有人都能夠接受這樣的信念，所有人都可以在某種程度成為詩人。

在接下來的演說裡，愛默生還談到了英國人的起源以及一些天才所具有的永恆品格。在列舉了威爾斯、盎格魯－撒克遜等民族的詩歌以及對神話時代進行一番評論之後，愛默生談到了一些文學名人，比如喬叟、莎士比亞、培根爵士、班·強生、赫里克[137]、喬治·赫伯特[138]、亨利·沃頓爵

137　赫里克（Robert Herrick，西元 1591 ～ 1674 年），英國詩人。
138　喬治·赫伯特（George Herbert，西元 1593 ～ 1633 年），英國詩人、演講家和牧師。

士[139]，接著談到了一些道德作家，比如米爾頓、克拉倫登爵士[140]以及詹森博士。在結束演說之前，他還談論了當代的文學（將還活著的作家都排除在外）——拜倫、司各特、柯勒律治、杜格爾德·斯圖爾特[141]、詹姆斯·麥金托什爵士[142]等。在愛默生看來，拜倫的作品所具有的主要價值，就在於他作為一名修辭家所具有的價值。柯勒律治則更多是一位評論家，而不是一位詩人。愛默生對司各特的評價與卡萊爾對其的評價相差無幾。愛默生說，司各特是一位最可愛的人，因此他在向孤獨賦予那麼多內涵之後，理應受到全世界人們的感激，因為這能幫助許多人緩解頭疼或是心碎的問題。但是，司各特卻缺乏足夠偉大的思想，使其無法成為一名偉大的人。當然，司各特擁有著幽默感、幻想能力與人性，但從某種程度來說，卻缺乏足夠的想像力。在關於莎士比亞的評價上，愛默生說，只要看看《李爾王》、《哈姆雷特》以及《理查》等作品，就能知道莎士比亞的才華了。愛默生還認為，雷文斯伍德（Ravenswood）與梅格·梅里利斯（Meg Mer-rilies）的作品只是符合過去某個時代與潮流而已，他們的作品中都多少會有伯利地區的珍妮·迪恩斯[143]與貝爾弗（Balfour）這些人物的特點。此外，他們的作品都不夠深刻，時至今天，我們都不曾記得他們說過什麼讓人印象深刻的話語。伯恩斯[144]、坎貝爾與摩爾（Moore），這些都是愛默生童年時期最喜歡的作家，也被愛默生一一迴避了。導論與結語部分都談論了許多內容，這些後來都被收錄在《自然》一書裡。

　　愛默生的演說讓聽眾留下了深刻的印象，使愛默生成為了廣受歡迎的演說家。當然，愛默生在演說中對英語文學的評論是不充分的，但愛默生的聽眾很快就發現，愛默生所談論的問題與事情本身並沒有太大的關係。

139　亨利·沃頓爵士（Henry Wotton，西元 1568～1639 年），英國作家、外交家。

140　克拉倫登爵士（Lord Clarendon，西元 1800～1870 年），英國國會議員、外交家。

141　杜格爾德·斯圖爾特（Dugald Stewart，西元 1753～1828 年），蘇格蘭哲學家、作家和數學家。

142　詹姆斯·麥金托什爵士（Sir James Mackintosh，西元 1765～1832 年），蘇格蘭歷史學家、法官、政治家。

143　珍妮·迪恩斯（Jeanie Deans），蘇格蘭作家華特·司各特（Walter Scott）小說中的人物。

144　伯恩斯（Robert Burns，西元 1759～1796 年），蘇格蘭農民詩人，在英國文學史上占有特殊重要的地位。他復活並豐富了蘇格蘭民歌；他的詩歌富有音樂性，可以歌唱。代表作：〈自由樹〉、〈蘇格蘭人〉、〈往昔時光〉等。

那些熱愛經典文學作品的人也非常喜歡愛默生在演說中提及的其他內容。愛默生的演說具有一種特殊魅力，這一點已經在更廣的圈子裡為人們所熟知。那時聆聽過愛默生演說的一位聽眾對我說，她依然記得愛默生的聲音與舉止，以及他第一次聽到愛默生談論關於克雷布（Crabbe）詩歌時候的情景。事實上，愛默生很有可能在演說的手稿中並沒有寫入那麼多作家的名字。

在西元 1836 年的上半年，愛默生出版了這些演說集，並為卡萊爾的《衣裳哲學》一書寫了一篇序言。在這年年底，愛默生透過信件對卡萊爾說，這本書已經在美國這邊出版了。而在英格蘭，愛默生的這本演說集也賣出了上千本。

當卡萊爾的《衣裳哲學》剛剛問世的時候，愛默生並不是狂熱的支持者。一些人認為，愛默生所寫的序言是相當含蓄的，裡面充斥著太多道歉的意味。多年後，當我嘗試問起他，這本書當年對一些年輕人的心靈造成的影響時，愛默生說他認為自己的想法更多是來自於柯勒律治。他對柯勒律治表達的一些思想非常認同，但他對於那些用「偽裝」形式表達出來的思想卻很反感，這讓他甚至懷疑卡萊爾的書是否還能在美國再版。愛默生在日記裡寫道：「哦，卡萊爾！玻璃的價值並沒有呈現出來，但卻能讓人看穿。但是，代表著卡萊爾思想的每一塊水晶片與薄片都能展現出來。」

愛默生為自己在一封寫給卡萊爾的信件[145] 裡所使用的「激烈言辭」而感到自責，事實證明他們之間的通信持續到了卡萊爾人生的終點。無論他們兩人在性情方面有多大的不同點，但他們共有的善意以及個人魅力維繫著這樣的關係。愛默生在日記裡寫道：

我對卡萊爾的敬意讓我無法去閱讀他的這本書。對其他人來說，他的這本書也許是充滿誘惑力的，但對我來說，卻讓我那雙溫暖的手與心靈感到一陣寒冷與無力的感覺。透過我的雙眼，我幾乎能夠感受到大洋對面那

---

145 西元 1834 年 5 月 14 日。《湯瑪斯·卡萊爾與拉爾夫·沃爾多·愛默生的通信》（查爾斯·艾略特·諾頓〔Charles Eliot Norton〕教授編輯，西元 1883 年在波士頓出版）

邊閃耀的一些火光。在颶風的夜晚，在沉悶的日子裡，在銀行與交易之外（這與卡萊爾的那本書重印有關），我認出了你，然後迅速跑回到我那愉悅的思想。

至於卡萊爾，在多年後（西元 1875 年），當他們不再通信了，他寫信給愛默生的女兒福布斯（Forbes）女士，對她說，他一定會將她父親當年寄給他的信件全部寄回給他。卡萊爾在信件裡這樣說：

我希望妳告訴我令尊身體健康的狀況，以及他這幾年的休息狀況。不過，我總是不時能夠聽到他健康狀況依然良好的消息。他與我有了幾十年的友情，我們兩人之間始終保持著一種默契且神聖的契約。這幾十年來的通信對我來說是非常寶貴的，我對此沒有任何疑問。

毋庸置疑，卡萊爾一輩子都沒有踏足美國的土地，這是他的幸運。因為愛默生希望卡萊爾過來這邊看看，要是卡萊爾真的到了美國，那麼他們兩人就能近距離的交鋒，這可能會讓他們對彼此產生強烈的不滿情緒。即使他們相隔著一個大西洋，有時依然會在信件中進行交鋒，特別是在美國南北戰爭期間。愛默生在一封信裡寫道，也許他從來沒有將這封信寄出去：

我怎麼能繼續寫信給你呢？你的想法不代表我的想法，你選擇安然的看著美國的命運，預測美國會遭受災難，這違背了你的道德準則。你用自己的智慧去嘲笑那些擁有仁慈與人性的渺小人物，支持那些作奸犯科之人。但是，一種力量始終代表著一種力量，始終都是源於全能的上帝。因此，這樣的力量本質上是神性的，也能散發出神性的影響。

愛默生在西元 1870 年一封草草寫就的信件裡，談到了「你的朋友中有許多好人，他們既愛你又怕你。他們認為上天特別眷顧你，讓你擁有一種敏感的觀察力，更好的洞察別人存在的缺點，而忽視了別人表現出來的善意。而且，你在運用這種能力的時候，根本不在乎對方是來自世界的東半球還是西半球⋯⋯我認為你就像在一些年長天使的幫助下，拿著一個喇

叭，到處向世人宣揚，一個帝國與一個共和國即將覆滅。好吧，你在流暢演說中給予的警告不會帶來任何危害。但是，你的汙蔑所帶來的邪惡影響是真實且有害的，但這帶來了前所未有的一種平衡。在這個國家，我們與其他國家的人民一樣貪婪，擁有著比其他人民更多的機會與途徑」。

正如卡萊爾所說的，雖然他們之間存在著思想上的分歧，但他們在某些深層次的領域中是溫和的，這也是他們能夠走到一起的原因。雖然雙方有時都會發表一些過於激烈的言論，但我認為，他們之間的關係卻始終都沒有疏遠過。在愛默生最後一封寫給卡萊爾的信件中，我們可以清楚的看到這點。

第七章
超驗主義

　　在給卡萊爾的一封信裡（西元 1835 年 3 月 12 日的一封信），愛默生談到了一份被稱為《超驗主義》的日報，這是「某些年輕人」發行的報紙。在這些年輕人當中，有一個年輕人依然用平靜的眼光看待著歲月，卻始終沒有忘記自己年輕時候的夢想，此人就是佛雷德利·亨利·赫奇博士。在之後的某個時期，赫奇博士用最友善的方式講述了這一情況的來龍去脈。

　　西元 1836 年 9 月，在慶祝哈佛大學成立 200 週年的紀念日，愛默生、喬治·里普利（George Ripley）與我還有其他人剛好碰面了，我們一起就當時的神學與哲學理論進行了一番談論，我們都認為，目前這些領域的現狀是無法讓人滿意的。我們就思考，是否可以做某些事情來表達我們的抗議之情，或是引入一種更加深刻或是寬廣的視野呢？當時，我們想要找尋的，是我們每個人都非常難以用言語去表達出來的東西。我們都強烈感覺到對當時盛行的感官哲學的不滿。這種哲學可以追溯到洛克，這也是當時美國一神論神學的理論基礎。當時，馬什（Marsh）所編輯的柯勒律治的文章以及卡萊爾早期的一些文章，特別是〈品格的特徵〉以及〈時代的信號〉都激發起了那個時代一些年輕牧師的狂熱心理。我們都能感覺到，一個全新的智慧時代即將到來。我們 4 個人一致同意，在下週各自找尋一些志同道合的人一起進行討論。最後，我們十幾個人來到了波士頓的里普利家裡。我還記得，當時在場的人包括奧雷斯特斯·布朗森[146]（他當時還沒有成為一名天主教徒）、賽勒斯·巴托爾[147]、希歐多爾·帕克（Theodore Parker）、

146　奧雷斯特斯·布朗森（Orestes Brownson，西元 1803 ～ 1876 年），美國學者、作家、社會活動家、牧師、超驗主義運動者。

147　賽勒斯·巴托爾（Cyrus Augustus Bartol，西元 1813 ～ 1900 年），美國作家、超驗主義運動者。

惠勒（Wheeler）與巴特利特（Bartlett）等人，他們都是哈佛學院的講師。當時，我們進行了一番討論，但就是否應該創建一份全新的期刊作為表達我們思想的工具，或是在已有的基礎上繼續深耕，沒有得出結論。同月，在愛默生的邀請下，我們來到了他在康科特的家舉行第二次會面。這次，有更多人參加會議。除了在波士頓認識的一些人之外，我記得還有奧爾柯特（Alcott）、約翰‧S‧德懷特（John S. Dwight）、埃弗雷姆‧皮博迪 [148]、康維斯‧法蘭西斯 [149]、莎拉‧里普利女士 [150]、伊莉莎白‧皮博迪女士 [151]、瑪格麗特‧富勒、迦勒‧史泰鬆 [152]、詹姆斯‧弗里曼‧克拉克 [153] 等人。只要大家認為有需要，這些早期參加的人都會到來，這樣的會面持續了七、八年左右。瓊斯‧維里 [154] 是偶爾參加會議的人，H.D.梭羅 [155] 是另一個偶爾參加會議的人。準確的說，這些人沒有形成任何俱樂部，也沒有什麼組織，沒有任何常任的理事，甚至不需要進行任何投票。至於這些參加會議的人如何被冠上「超驗主義者」的名稱，我真的不知道。當然，這肯定不是這些人自封的。我認為，在一開始，自己是當時唯一一位對德國的超驗主義哲學有所了解的人。這場超驗主義運動創建了一份名為《日晷》的期刊。從某種程度來說，這份期刊就是這一運動發聲的工具。

　　我發現，早在西元 1835 年 6 月，愛默生就在日記裡表示自己試圖闡述「太初哲學」。按照他的話來說，這是心靈的原始法則，使之與表面呈現出來的心靈規律形成對比。

　　這些心靈法則在很大程度上與天文學的規律是相似的，這兩種規律無

148　埃弗雷姆‧皮博迪（Ephraim Peabody，西元 1807 ～ 1856 年），美國神學家。

149　康維斯‧法蘭西斯（Convers Francis，西元 1795 ～ 1863 年），美國神學家。

150　莎拉‧里普利女士（Sarah Bradford Ripley，西元 1793 ～ 1867 年），美國教育家、學者。被譽為19 世紀最有學問的女性知識分子之一」。

151　伊莉莎白‧皮博迪女士（Elizabeth Palmer Peabody，西元 1804 ～ 1894 年），美國教育家、翻譯家、幼兒園早期教育宣導者。

152　迦勒‧史泰鬆（Caleb Stetson，西元 1801 ～ 1885 年），美國實業家、政治家。

153　詹姆斯‧弗里曼‧克拉克（James Freeman Clarke，西元 1810 ～ 1888 年），美國神學家、作家。

154　瓊斯‧維里（Jones Very，西元 1813 ～ 1880 年），美國詩人、散文家、超驗主義運動者。

155　即亨利‧大衛‧梭羅（Henry David Thoreau，西元 1817 ～ 1862 年），美國作家、哲學家，超驗主義代表人物，也是一位廢奴主義及自然主義者，代表作：《湖濱散記》、《公民不服從》等。

論從哪個方向去看，都會發現這包括了其包含的全部範圍。這些法則代表著理智的思想，它們會強烈影響著我們的認知，似乎能讓我們看到一個並不存在的世界。每個人所具有的複雜本性，讓我們與上帝產生了差異，但是我們的理智卻是很難與神性的本質區分開來的。倘若我們將之稱為是我們自身擁有的東西，這似乎是魯莽的、絕對的且不受限制的。我們談論上帝最好的方式，就是按照我們已知的理解去進行思考。時間與空間都在心靈的感知範圍之內，它能夠按照更為親密的屬性去對此進行認知。這能讓我們感受到它們存在的本質，因為我們能夠從它們所帶來的結果看出來。這存在於每個人身上，即使是在最糟糕的情形下，也是每個人所具有的。在壞人身上，這樣的感知能力處於沉睡狀態。在好人身上，則是處於活躍狀態。但在所有人身上，心靈的初始狀態都是完美與相同的，這一切都隱藏在個人的癖好、不足或是錯誤之上。要是人們所能感知到的真理與正確法則的自我存在相比的話，他們的個性就是一種寄生且具有脫落性的原子。認知本身是一種執行性的功能，是心靈的一種工具。它能夠在心靈與惰性物質之間進行沉思，能夠在時間與空間中運轉，因此它的活動是具有連續性的。當理智進入到認知的世界裡，理智的思想就會以一種全新的形象出現，會以偽裝的方式存在著。要是我們從較為渺遠的方式去看待這些物體的話，就會發現理智可以將其肯定為一種永恆的品格。當認知一方面聆聽著理智發出的聲音，一方面卻又說它不能處在中間的位置，這就會讓認知展現出原先的面貌。所謂的天國形象，就是理智的思想在認知層面上投射下來的影子。認知可以接受這樣的神諭，但認知看問題卻非常短視，因此無法理解其背後真正的含義，於是就宣稱在未來也會是這樣，這就為我們今天讀到的神話故事提供了基礎。如果一個規則能夠讓心靈所感知，能夠讓心靈去對這樣的事物進行想像，讓我們始終面向東方，迎接太陽的話，那麼這將會為我們帶來多大的好處啊！但是，普通的生活就像一連串無休止的幻影。在我們夢想自己重新恢復正常之後，突然發現光芒照在我們身上，我們發現自己根本沒有任何清醒的時間。此時，早晨早已經變成

了中午。

　　愛默生並沒有繼續深入研究下去，或是試圖用平實的文字將超驗主義的基本原則寫下來。在他看來，超驗主義應該被視為一種情感，一種關於宗教的情感，或是只能透過詩意的想像去進行感知的思想，而不是應該用死板的文字去表達出來。在他看來，這需要一種更為自由的語言模式。因此，他在自己的著作《自然》裡嘗試了這樣做。

　　在西元 1833 年 9 月，也就是在他乘船前往利物浦的一、兩天之後，他在日記裡寫道：

　　我喜歡我那本關於講述自然的書，我希望知道自己應該在哪裡生活，知道應該怎樣更好的生活。我想，上帝肯定會指引我的。

　　毋庸置疑，愛默生那本關於自然的書在 3 年後才出版。諾頓說：「這本書將愛默生天賦的才能清晰無誤的表現出來。」我們可以說，這是當時美國第一本在堅持清教立場，同時宣揚浪漫主義情感的書籍，形成了後來的「超驗主義運動」。

　　正如赫奇博士所說的，波士頓與新英格蘭地區的超驗主義運動與德國那邊的超驗主義哲學並沒有直接的關聯，與康德以及他的後繼者所提倡的哲學也沒有什麼直接關係。康德提出的超驗主義觀點主要是關於 —— 理智的思想，其目標就是上帝、靈魂與自然都是一體的 —— 從認知本身具有的有限的感知去認識事物。接著，就是透過柯勒律治提出的思想，再加上這個國家一些富於熱情的年輕人的宣導，特別是那些年輕教會牧師的參與形式。因為，他們都深信，這可以讓他們以更加直接與親密的方式去接觸無形且永恆的上帝力量，而這是當時普遍流行的唯名主義所無法做到的。他們並沒有對康德提出的警告過分在意，即這些思想雖然對於行為規範具有最高的價值，但本身卻不能稱得上是一種知識，因為我們根本沒有辦法去檢驗這些所謂的認知是否正確。超驗主義本身就代表著一種證據，因此並不需要任何證據去加以證明。超驗主義的概念超出了一些平常的概

念以及傳統的信條所堅守的內容，因為傳統的信條更為一些理智之人所接受。也許，一些新教徒過分宣揚了超驗主義意識，社會上一些人就將支持超驗主義的人暱稱為「超驗主義者」作為報復。所謂的超驗主義者，在對待已有的認知與行為實踐方面並沒有假裝擁有多少的分辨力。一些自由主義的思想家偶爾聚會聊天，他們只認同一點，即必須要實現思想的自由，他們也願意接受公眾將他們稱為超驗主義俱樂部成員。正如詹姆斯·弗里曼·克拉克博士所說的，對那些從一開始就參加這些聚會的成員來說，他們將這樣的聚會稱為「志同道合者的俱樂部。我認為，之所以會有這個名稱，是因為沒有兩個人的想法是完全一樣的」。或者我們可以說，雖然彼此都有著不同的意見，但他們都有一個共同點，就是對之前那些循規蹈矩的思考方式感到不滿。

他們對德國的超驗主義哲學或是任何系統的形上學都不感興趣。我認為，愛默生一群人提出的超驗主義與康德提出的思想中最本質的內容有一定的重合：至少，康德關於實用理智的暗示，將其視為一種不斷催促我們拓展認知概念的一種衝動，這似乎與愛默生對超驗主義作為「一種無限的情感」的定義是一致的。愛默生對哲學問題的觀點（《自然》第 59 頁）是：「對於所有在有條件下存在的事物，我們都必須要找到一個無條件且絕對的立場。」在他看來，他的思想更加接近柏拉圖，事實上則更加貼近康德。不管怎樣，在這個世界上，這樣一種思想再也無法被「封閉」了，而是向各個方面敞開了。如果我們睜大雙眼——對任何權威或是傳統傳遞出無法容忍的態度，對任何具有欺騙性質的交易表達抗議——那麼，正是這樣的思想讓超驗主義者聚集在一起。

不過，在一個社會裡，倘若是單純存在異議，或者說對反對者做出的懲罰比較輕微的話，那麼這本身不足以激發起更多的同情者與熱情者。因此，他們還需要做更多工作，但是，當我們嘗試去接近超驗主義的祕密時，卻發現來自四面八方的肯定聲音，即這是一種關於直覺的信念，認為每個人都可以直接感知宇宙的真善美，可以透過緩慢或是說週期性的歸納

推理去感受到真理。這就是很多人對這種全新冒出來的異端邪說做出的指控。當然，我們可以從超驗主義發起者的許多作品中得到這樣的證實：「尊重你的直覺」，「無意識的感知能讓人獲得完美的信念」。類似這樣的語句，在愛默生的文章中隨處可見。

如果這就是全部，如果超驗主義者的訴求是，我們感受到的情感本身就足以證明其存在的真實的證據，那麼回答許多問題就會變得非常容易，其容易程度甚至連那些即使是無法證實的直覺都會顯得不足，也會讓我們建立起來的想法顯得荒謬。因為，作為可以衡量真理與正確標準的情感，也會顯得多餘了。從某種程度去看，依賴於直覺會意味著自負，或者說，這是對個人精神體驗的一種過分誇張的渲染。毋庸置疑，在許多超驗主義者身上，我們都看到了這兩種情況，因為他們都是標新立異者。在這種情況下，他們很自然要將所有的專注力都集中在自己身上。但是，超驗主義者因為過分關注某個事實，很難將其貶低為自我主義或是多愁善感。對於超驗主義運動中最著名的人物愛默生而言，每個人都會認為，這樣一種描述肯定是荒謬可笑的。對愛默生而言，沒有比對他的思想或是情緒進行偶像崇拜更加荒謬的事情了。愛默生經常用直截了當的方式表達自己的想法，可以說，沒有誰比他擁有更加自由的精神了。愛默生說：「對於著名的唯心論者，他們沒有能力讓自己的行為或是言語與自己隔離的太遠，然後懷著無所畏懼的心理去看待這空空如也的東西。」

對愛默生而言，直覺意味著某種與絕對可靠的知識不一樣的東西。按照愛默生自己的話來說，直覺意味著人類敞開心智的大門，接收來自神性的各種光芒或是力量。愛默生對直覺的重視以及對理智的不信任態度，只是相對於他對過去人們對真理的理解之上。愛默生曾就理智與直覺之間進行過對比，他認為理智就是運用過去形成的一種規則，然後在一定的範圍內畫圓圈。但是，這只是規則所帶來的一種便利，讓我們可以在原有的經驗基礎之上添加一些東西。我們將自己局限於信條、科學公式或是我們認為有足夠證據支持的格言裡。簡而言之，我們畫地為牢，然後認為因為其

他人都無法以同樣的方式這樣做，就認為任何人都不應該打破這樣的規則。在這樣的情況下，我們停止了思考，只是希望尋求透過理智來證實我們之前所持的觀點。

在愛默生看來，對直覺的尊重，就需要我們反對這樣一種認知，即認為當人處於睡眠狀態時，睡眠會控制我們的精神功能，讓我們無法去感知一些經久不衰的心理暗示 —— 即在這個世界上，沒有任何事物會終結。認為所有的結論都是臨時的，所有的結果都是暫時性的結果，認為目前最好的東西肯定要被更好的東西所取代。愛默生認為，靈魂要想保持健康，就必須要以一種順從或是暢通無阻的狀態去接受人的感知。除此之外，他不願意透過任何信條的方式去進行闡述。他認為，這樣做只會適得其反。愛默生並沒有說，我們對神性精神可以進行積極接收（因為我們無法說這是自然而然的）。因為，這樣的論述就會使之變成一種哲學，但超驗主義並不是一種哲學，這只是一種復活的宗教情感，正如弗羅辛漢姆所說的，這是「一種情感的波動」，經常會在清教徒的思想表面激起一陣濃煙。

為了更好的追溯超驗主義在新英格蘭地區的歷史，我們有必要回過頭看看這一殖民地最初的歷史，然後記錄下不同歷史階段出現的宗教思潮，並且最終形成了現在公認的宗教信條。這一過程包括唯信仰論、再洗禮教派、教友派教義等。接著，就是懷特腓以及「新光明」思潮所重新激發出來的喀爾文主義。這些人擔心昌西博士以及他那些阿民念派教徒在 18 世紀中期所提出的人類可以直接對神性真理進行感知的觀點，聲稱這「沒有建立在理智與證據之上，只是在靈魂的某種祕密衝動下完成的」—— 這與一個世紀後的「新光明」運動讓一神論領袖感到憂慮，因為前者說人們可以透過追求意識以及神聖的直覺來感受上帝。在所有這些例子裡，那些所謂的異端邪說都表現出了一種不寬容的精神，因為他們所宣稱的並不是發現了一種全新的真理，將其視為對過去那種真理的生動認知。不過，這樣的主張是不可能立即被擱在一邊的，因為這畢竟是新教主義的一個特點，雖然這不是基督教的一個特點。但是，其在一起開始的時候始終希望

那些最忠誠的信徒去見證上帝的精神,從而反對所有教會制定的官方理由或是證據。特別是在一神論教派(或是自由派的基督教,一些著名的主持者寧願這樣稱呼)要想得到正名,就必須要為其所提倡的所有教義去正名,反對所有教會提出的教條,然後透過《聖經》裡提到的良知與常識這些更高階的權威去進行評判。

　　新英格蘭地區早期的超驗主義思潮,因為當時所處的形式而被扼殺或是變成了某種毫無作用的論述,因為其根本不涉及到任何關於宗教本質思想的問題。不過,懷特腓重燃了這種思想,這帶來了一次反應。一種精神到了其失效期,就代表這種精神曾經發揮過作用,就像在小溪的表面上泛起漣漪,然後按照一種全新的秩序不斷前進。

　　對於虔誠的清教徒來說,這個世界「就是上帝進行報復的一個絞刑臺」,因此他們必須要將所有的成功與歡樂都延期到另一個世界,他們這一輩子的主要任務,就是要明白這一切是毫無意義的,或是塵世的一切事物都是毫無意義的。這就是清教徒們所謂的神義論,這就是他們對上帝與人類之間看法的一種正名。他們唯一能解釋這種信念的假設就是與將之與現實的社會狀況相連起來。對於後來那些過著舒適生活的新英格蘭地區的居民來說,這個世界並沒有展現出這樣的現象:人們來來去去,知識與財富不斷累積起來,因此他們有了一種外在的安全感與空前繁榮的社會。社會就是建立在一個合理基礎之上的,始終準備著不斷提升。讓一個小社會與文明世界相連起來的生活藝術,加上那些原本專注於生存狀態的清教徒已經越來越少了,因此就會出現這樣的局面。對於那些依然還活著的清教徒,比如瑪麗‧穆迪‧愛默生,她也能感覺到之前的那種信條已經不符合這個時代了。對於那些生意興隆的波士頓商人或是專業人士,這個世界是一個非常美好的地方。因此,對於這些人來說,倘若他們假裝對過去祖先所秉持那種憤怒持譴責的態度,這就有點矯揉造作了。他們已經不太重視那些宗教象徵了,但依然會尊重這種宗教,但已經不會表達出自己真正的情感了。對他們來說,他們所使用的崇拜方式已經失去了原先的意義。宗

教正越來越變成一種只是在週六進行的禮拜或是適用於某個特殊的場合。對他們來說，宗教再也不是每天生活所需的那種精神支柱了。那些依然虔誠的清教徒希望透過認知方面的邏輯推理去說服其他人，卻發現這樣做是缺乏現實與自我證據作為支持的，因此他們的做法只能加速其他民眾對此的反感。喀爾文神學所具有的深厚神祕主義漸漸被理性主義的思想方式取代，被阿民念教派、一神論教派所取代。但無論演變成什麼樣的形式，再也無法激起信徒往日對宗教的熱情了。

比觀念的改變更加重要的是，人們對整個宗教問題的看法發生了根本轉變。宗教所提到的另一個世界失去了其在現實中存在的意義 —— 這一點是非常清晰的，因此這是一個很重要的死結。即使對於那些心靈虔誠的人來說，難怪在這種宗教建立下的社會基礎會逐漸瓦解。毋庸置疑，當第一教堂委員會在談到那些有學識有智慧的人攻擊神聖的宗教時，的確是有點誇大其詞了。那些有學識有智慧之人所具有的態度 —— 代表著整個社會裡那些接受過良好教育與高尚之人的看法 —— 他們對宗教並沒有表現出敵意，更多的只是友善且尊重的冷漠態度。就好比富蘭克林（Franklin）這樣的人，如果他們認為可以自由的去做自己想去做的事情，那麼顯然會有很多人會喜歡他，即使他們很少參加教堂的禮拜。但對他來說，他會在必要的時候，以恰當的方式表達自己的觀點。但是，他們所尋找的公眾崇拜是被一種禮儀所規定的，而不是以宗教情感去感化的。要是他們被告知在沒有上帝的關懷下生活在這個世界上，那麼他們肯定會感到非常憤怒的，但是他們從小就沒有被教育要將上帝視為在這個世界存在的人物，或是認為即使感受到了上帝的存在，也沒有理解到這代表著任何值得尊重的地方。在布道講臺上，他們可能會裝作自己很虔誠。但在其他場合，他們會表現出懷疑的態度。在他們的生活中，並不存在任何崇拜的目標。他們認為，即使是最高級的尊敬，都不可能超過上帝對他們父親般的愛意。那些狂熱的清教徒並沒有徹底消失，他們依然感覺自己肩負著沉重的使命感。只不過，人們想要追求的那些美好或是不可或缺的東西，已經褪去了

任何宗教意義方面的含義。透過誠實的努力去養活自己，擁有純潔、正直與仁慈的心，成為一個好兒子、好父親或是好公民 —— 這些對於一個社會的健康發展是極為重要的，對於個人來說也是極為重要的。但是，之前的宗教已經無法喚起民眾的熱情，無法讓他們產生自我奉獻的精神。因為，無論他們在宗教層面上有多麼美好的目標，最後還是與他們想像中的個人福祉有一定的差距。最後，我們可以想像，他們必然要脫離這樣的宗教。要是我們宣稱某種宗教具有正統性，這必然會讓信徒感到困惑，或是認為這是一種褻瀆的行為。對瑪麗·愛默生女士來說，那種單純將宗教視為社交、政治或是任何在現實生活中帶來好處的觀點，就好比情人利用他的朋友去實現一般的目的。她也承認這樣的說法有點無理取鬧。但是，我們認為宗教只是讓我們與另一個世界存在關聯的紐帶，與當前這個世界沒有關係的觀點，是非常符合常理的。如果上帝存在於另一個空間，那麼他肯定具有全能的力量，他只有在某些特殊的情況下才會干預我們這個世界發生的事情，那麼我們就會對一些看似重要的事情持一種懷疑的態度。正如瑪麗·穆迪·愛默生女士所說的，即使是虔誠與仁慈會讓人生變得寶貴的同時，難道這不會像一個圈套那樣套住我們嗎？

　　但是，這樣的觀點只是過去那種宗教信條的一種外延而已，雖然這些信條的影響力依然部分存在。將崇拜的目標轉移到另外一個世界，這是我們感知一種堅定信念的權宜之計，讓我們深信這不會讓那些理想消失，讓其在這個世界上沒有立足之地。當我們意識到，還有另外一個地方可以存放這些信條時，那麼我們關於出世性的信念即使慢慢消失了，也不會造成信仰的事實。我們依然會認為，享受天堂的生活，並不需要我們離開這個地球，也不需要我們拒絕讓自己去面對這些關切，而只需要明白一點，它們沒有讓我們在膚淺的滿足感或是短暫的目標中限制自身。正如愛默生所說，我們要為他們找尋一條釋放的管道，讓我們能夠將其利用起來。在超驗主義者眼中，這些才是遠方閃耀的詩性光芒，也是愛默生的《自然》一書所宣揚的道理。

這些論文集的第一部分似乎是愛默生早已寫好的。我猜測，這些文章或許會占據前面五個章節。第七章與第八章（精神）似乎是在他離開康科特之後寫的。而第六章〈理想主義〉，則是作為這兩個部分的一個紐帶。在寫給哥哥威廉的一封信裡，愛默生這樣說：

西元 1836 年 6 月 28 日，康科特

我的這本書接近完成了，書名就叫《自然》。這本書的內容並沒有包括桑普森‧里德所寫的〈心智的成長〉這篇文章。我的想法就是寫出另一篇名為〈精神〉的文章。這兩篇文章，就能成為一本不錯的書了。

8 月 8 日

這本名為《自然》的書依然放在我的桌面上。我總感覺這本書中還存在著某些不足的地方，我卻不知道如何去將其結合起來。但是，如果我這週沒有其他事情做的話，我肯定會完成這本書的。

在這個月的下旬，愛默生對這本書的內容進行了校樣，在九月分出版。在這本書的第一版裡，加入了羅馬新柏拉圖派哲學家普羅提諾[156]的這段名言：

自然只是人類智慧的一種圖像或是暗示，是靈魂中最為長久的東西：自然作為一種存在，只能不斷的運行，卻沒有認知的能力。

自然，或者說現存的世界，這是在時間與空間領域中實現神性心智的媒介，也是普世事業產生影響的一種方式。若是從自然本身去進行思考，或是將之視為一種最終的結果，就會發現這是不透明的、殘忍的或是塵世的。若是用這樣的觀點去看，我們就會發現自然意味著命運，意味著環境所具有的能量，意味著對精神的一種束縛與限制。人類是自然一部分的這

---

156 普羅提諾（Plotinus，西元 203 ～ 270 年），新柏拉圖學派最著名的哲學家，更被認為是新柏拉圖主義之父。

種觀點，必然會讓自然牢牢的束縛著人類發展，必然會讓人類因為自身的種族、秉性、性別、氣候或是組織等方面而遭受各種挫折。但是，人類並不單純是自然的一部分，也不單純表現出某種影響，而在很大程度上與自然共同分享著一項共同的事業。人類的心靈在某方面可以向神性心靈敞開，然後透過交流的方式，人類就能讓自己從自然世界超脫出來，可以用冷漠的眼光看待這個世界的各種事物。我們的思想或是各種充滿鬥志的意志能量會變得更加透明與更具可塑性。當人類進行思考的時候，就處於萬物的中心，這就好比一道光線穿過一切阻礙，照射在人類身上。每一個自然的事實都可以視為精神事實的一個象徵，每一種思想的表達都不會就此停頓，而會永無止境的以越來越高的形式呈現出來。當人類讓自身的意志屈服於神性的激勵時，那麼他就在有限的世界裡變成了一名創造者。如果人類對此表達反抗，如果他想要成為更好的人，那麼他就會發現自己面對一切充滿敵意或是無法理解的事物。人之所以為人，就在於他有認識世界的能力，在於他有能力去行動。當我們始終堅持這種反抗的態度，那麼內在的毀滅就會透過我們身邊的事物展現出來。當我們屈服於精神的補救力量，那麼我們就將不會看到任何邪惡的東西。

愛默生在總結的時候說：「因此，建造一個屬於自己的世界吧。當你能夠儘快讓自己的人生與心智世界的純粹思想融合起來，將能夠更好的釋放自己的潛能。之後，你將會發現自己的精神湧入許多對應的變化。」

對愛默生而言，這意味著在超越了單純的動物存在之後，我們的人生應該是由我們的理想、對公眾逐漸產生的意識，與萬物共同存在的功能等造成的，不過人類還是會受到各種野蠻動物以及各種無生命物體的影響。因此，人類根本沒有能力去干預、限制或是拓展這方面的能力。所有事物都具有道德性的。也就是說，這些事物都是具有一種為人類所用的功能。人類所具有的一種特權，就是感受內在的無限性，讓自己成為實現意志的一種工具。當人類願意順從自身擁有的天國視野，就會發現自己有能力去實現這些目標，即使這些目標有時被人們視為邪惡的。因為，他可以看

到，那些讓人不滿的形象、那些混亂或是失敗的情況，都會出現在自己的人生或是他身邊的世界裡，這只能表示他缺乏對永恆善念的信念，而這樣的信念對於我們實現美好的目標是有好處的，因為這能夠讓我們更好的去面對這一切。

愛默生的這本書在剛出版時，並沒有吸引許多讀者，只售出了幾百本。弗羅辛漢姆說，這本書在剛出版的時候受到了很多人的攻擊。我認為，那些攻擊的人應該都是正統宗教思想的代表人物。其中《基督郵報》就是當時教會進行思想宣傳的主要喉舌。不過，這份報紙用相當放任的態度面對這一事實，將愛默生的這本書視為一本詩歌狂想曲，認為該書雖然用優美的文筆寫成，卻沒有正確的哲學觀念，因此整體來說，只能為讀者帶來一種不正常的夢想。在當時，教會將超驗主義當成一種威脅，並對此進行攻擊（雖然，更為貼切的描述是恥笑）。但教會還是認為這種主義是不足為患的，也不會帶來任何革命性的變化。我認為，愛默生不是這樣想的。在他看來，他可以感受到這種主義帶來的影響，認為所謂的變革其實與自然的變革是一樣的，就好比自然界的植物只有在準備好綻放出全新的花朵時，才會讓原先的花朵凋零。當愛默生去世之後，霍姆斯博士在麻薩諸塞州歷史協會上發表了一篇讚揚愛默生的演說，他稱讚「愛默生是一位不需要鐵錘的反對偶像崇拜者，他溫柔的走到偶像的基座下面，然後不慌不忙的將這尊偶像拿走。他的行為本身似乎就像一種崇拜行為」。霍姆斯博士的這句話說得非常貼切。但我不能確定的是，愛默生是否真的這樣做了，或是認為真的應該摧毀這樣的偶像崇拜。因為，愛默生認為，只要還有一些人真誠的這樣做，就不該這樣做。愛默生所希望摧毀的只是教會的形式主義，反對那些代表早已停滯的精神生命的信仰，讓人們能夠從過往的宗教啟示中跳脫出來，不再盲目於過去的宗教信條。

但是，一些充滿熱情的人則為這種理想主義添油加醋。對這些人來說，理想的現實似乎需要帶來即時的結果。要是無法看到這樣的結果，那麼他們就會拒絕參與任何他們原本不贊成的活動。從某種程度來說，這種

唯信仰論的精神在那個時代是很普遍的，正是在這些人的鼓動下，超驗主義這個名稱才真的傳播開來了。在那些實用主義者看來，這需要進行激烈的改革，甚至需要將原先社會中那些愚蠢的文明都分離出來，只為某些人服務。而另一些擁有理想主義觀念的人則認為，所有這些關聯都與普通人的觀點存在著深厚的連結，因此他們傾向於譴責這個社會以及社會的所有工作，然後專注於與岩石、樹木、動物、孩子或是沒有接受過教育的人交流。對這些人來說，他們不願意去感受任何超越於眼前的目標。因此，即使他們對我們相當反感，但因為他們的目標是毫無價值的，所以不會對我們造成任何威脅。

超驗主義這個名詞最容易讓人想到梭羅。實際上，梭羅與此還是有一定的距離，他擁有屬於自己的思想。作為一名有著無與倫比文學才華的人，他用平實無華的文字將新英格蘭地區的風貌都介紹出來，為讀者帶來獨特的閱讀享受。梭羅完全有權利按照自己的意願，在康科特的田野或是森林裡漫步，雖然他並不需要在這個地方待很長一段時間。即使如此，梭羅還是透過自己的文字，將他的每一次漫步的見聞都變成了一種類似於宗教的崇拜。整體來說，那些不服從權威的人，都是具有敏感心靈的人，他們寧願回歸到大自然，欣賞岩石或是聆聽自己在山谷中的回音，然後透過指責人類文明社會存在的一些缺點，來獲得深沉的滿足感。「他們讚美一位農民的生活。」愛默生在日記裡寫道：

但是，這只是表達了他們對商人的一些不滿。你會發現，那些讚美農民生活的人，往往都不是真正想要過農民生活的人。

在愛默生的文章裡，我發現了一個很好的例子。有兩個城市的孩子——他們分別是一位商人的職員與學徒——在梭羅前往瓦爾登隱居的一、兩年前，他們就放棄了在帳房的工作，試圖在森林裡度過整個冬天，遠離人類的文明社會，每天都住在他們搭建的小木屋裡，閱讀或是寫作（當然是戴著露指手套），同時，他們還需要抵禦寒冷。最後，他們不

得不要逃離這樣的生活，因為他們都被嚴重凍傷了，不得不尋求朋友們的幫助。

在那個時候，這當然是在很多接受過教育的年輕人中間流傳較廣的一個誇張例子 —— 但是，當時的這種反抗環境的精神，反抗工作、朋友或是他們無法接受的各種社會標準，因為他們認為接受這樣的標準，就意味著自己的天賦會受到壓抑，因此他們不願意屈尊去做一些毫無意義的工作，或是認為自己應該交一些普通的朋友。當然，這只是一種非常普遍的心靈思維，在每一個「不斷前進」的文明社會中，都必然會出現這樣的情況。但在那個時代，這樣的例子特別多。那個時代的新英格蘭地區是名副其實的希望之地，一切事情都處於開始的發展階段，傳統文化的束縛鬆動起來了，大家都能看到各方面所展現的美好未來。大家彷彿能夠感受到空氣中瀰漫著讓人神往的空氣，即使是那些最保守的人都難以倖免。當時，這個地區充滿了某種不明確卻又無比強大的希望，每個人都認為社會上的一切罪惡都會迅速消失。

這樣一種心靈的興奮感並不局限於當時的美國。在英國，柯勒律治、雪萊與華茲渥斯等詩人就預示著一個更好的未來。拜倫也透過詩歌表達了他對現狀的不滿，希望未來會變得越來越好。即使是在當時保守的牛津，也出現了一種「運動」，雖然我們可以肯定這是一種具有倒退性質的運動。每個人都要回到那個大家都一無所知的時代，只要那個時代與我們現在這個所處時代毫無相似之處就可以了。這些都是持續了許久的浪漫主義思潮，可以追溯到半個世紀前的德國與法國，並在西元 1835 年傳到了美國。但是，當時的美國對此並沒有多麼牴觸。卡萊爾在《衣裳哲學》一書裡提到的「飢餓的治癒」是不具有操作性的。無論從哪些方面去看，過去與未來都沒有多麼強大的力量，未來則看上去更加具有能量。因此，超驗主義的思潮就不斷得到了拓展，並且沒有對任何人帶來不良的影響。因為，每當這股思潮可能會朝著造成傷害的方向發展，必然會遭遇清教精神的強大抵抗，最終只能淪落為人們口中談論的東西。在那個講究自發性

的時代，民眾對此進行了許多談論 —— 充分表現自身能力的權利以及責任，接著就是充分發揮自身的天賦。但是，當超驗主義的思潮涉及到行動方面，清教思想就會立即出面，拒絕超驗主義者以非法的方式去踐行。因此，關於超驗主義最糟糕的一部分，就是讓我們看到了許多自誇的文字或是悖論 —— 看到了很多自信的表述、充滿情感的文章，當然這些人的文章並不是都表達他們對自己每天的思想或是行為的一種過分的優越感。人們抱怨說，超驗主義思想並不適合他們那些從事商業活動的兒子或是社交活動的女兒。他們甚至認為，超驗主義思想會讓一個人無法適應文明社會。

　　人們很容易用嘲笑的口吻談論「超驗主義運動」—— 事實上，一些超驗主義者的確讓一些幸災樂禍的人免於陷入麻煩 —— 但倘若我們進行認真的思考，就會發現現在的新英格蘭地區依然存在著這樣的理想主義，其實也不是一件什麼壞事。要是那些嘲笑者擁有強大的本能，知道什麼對整個社會是最重要的話，他們肯定會意識到，在所有這些浮華的表象之外，他們可以看到另外一個不同的東西：這些人正在努力的實現著《獨立宣言》裡面那些閃閃發光字眼的諾言。超驗主義思想帶來了什麼好處呢？我認為，超驗主義代表著一種情感。如果說它有什麼影響的話，我認為這是積極的影響，讓我們用更深層的情感或是更開闊的視野去看待世間萬物，而不是依然按照之前某種特定的觀念或是行為。無論這在未來會產生怎樣的結果 —— 也許現在去研究還顯得為時過早 —— 不過，對於新英格蘭地區民眾的品格形成，這是一個非常有意思的階段。要是我們深入研究的話，會發現這樣的影響是非常明顯的。

第八章
康科特的生活

在這個他的祖父曾居住的安靜城鎮裡，愛默生的新家準備迎來的母親以及弟弟查爾斯，查爾斯與伊莉莎白·霍爾女士的婚禮要在 9 月分舉行。愛默生正忙著幫他們布置新家。原本一切看上去無限美好的生活卻因為查爾斯的死訊而終結了。

霍姆斯博士曾用「暗淡的額頭」以及「瘦削的身軀」來描述生前的查爾斯·愛默生，他的這些描述可以說是查爾斯患上了肺結核的一種徵兆。事實上，他們三兄弟都患上了這樣的疾病。現在，隨著他要邁向 30 歲這道門檻，因此大家都建議他前去更加溫和的地方度過春天。當時，愛默生在薩勒姆地區發表演說，在聽到這個消息之後，馬上推遲了演說日期，與他一道乘坐馬車前往南方的紐約地區，他們的母親當時也住在那裡。

西元 1836 年 4 月 23 日，南布魯克菲爾德

親愛的利迪安：

在這個有那麼多事情需要去思考與去做的時候，我為自己不得不要暫時離開妳感到遺憾。我為查爾斯的健康狀況感到遺憾，因為查爾斯也知道，我現在這個時候必須要離開這個地方。但是，我希望所有這些悲傷都會很快過去。我討厭乘車旅行，這對我來說是很煎熬的。我也討厭在公共馬車上與人交談的時光。幾乎在旅程的每個場合，我都認為與人說話簡直是浪費氣息，不願意聽別人說，更不願意自己說。妳可能對我有不錯的印象，認為我很難找到陪伴的人。但是，當我找到了志同道合的人，就會感覺到內心的快樂，這可能也是一種補償吧。

4 月 24 日

　　昨天冷冽的寒風過去了，但我們今天還是面對著不適合人類生存的天氣。我擔心，在查爾斯的咳嗽疾病完全好起來之前，我應該不會離開這片土地。查爾斯現在的病不是很嚴重，雖然他現在的身體還是很虛弱，身體的免疫力很差……我親愛的妻子，接下來，妳可以將信件寄到紐哈芬，接下來再寄到紐約，告訴我妳現在的健康狀況、所處的環境、做了什麼事情以及妳的所思所想。我希望我的來客，無論是肯特（Kent）上校還是科特爾（Kettell）先生都不會在我離開的這段時間前來拜訪。如果他們過來的話，請您代我熱情的歡迎他們，讓他們賓至如歸，接著，妳就需要為此感覺承受太大的壓力。妳說妳很友善的接待了桑普森夫人，妳也可以接待所有過來拜訪的人。我親愛的妻子，祝妳幸福快樂，願上帝會不斷帶給妳我玫瑰與陽光！

永遠忠誠於妳的
沃爾多·愛默生

　　在紐約的時候，查爾斯的身體狀況似乎逐漸好轉，愛默生就離開了一陣子，讓母親在威廉的房子繼續照顧查爾斯，自己則回去繼續演說。沒過多久，他就收到了查爾斯身體狀況急轉直下的消息，便與霍爾一起前去紐約，結果發現查爾斯已經去世了。下面是愛默生寫給利迪安的信：

西元 1836 年 5 月 12 日，星期四，紐約

親愛的利迪安：

　　昨天下午，我們參加了查爾斯的葬禮。母親與伊莉莎白都聽到大家的祈禱，但沒有去外面。母親現在的身體狀況良好，她始終堅強忍受著這樣的悲傷，還試圖去安慰別人。伊莉莎白現在的情緒也很穩定，她所具有的品格力量與善意讓她能夠面對這樣沉重的打擊。威廉與蘇珊（Susan）始終非常友善的對待我們，正如他們之前一直非常照顧查爾斯。我已經跟母親

說了，我認為她最好還是立即回去跟我一起住，結束她在紐約這段悲傷的時光。回去與他的兒子在新家住上一個月，這對她的情緒是有好處的。查爾斯生前最後的七、八個月都處於重病階段，顯得非常不安，最後就這樣走了。母親與伊莉莎白將會與我一起回去，我們明天下午就將乘船回去。我親愛的妻子，妳現在在波士頓還是康科特呢？妳做自己認為最好的事情吧。妳可能認為有必要在週五回家，為接待我們做好準備，或是妳可以在週六的時候與我們一起說一些話。畢竟，這都不是很重要，都是一些瑣碎的事情。我只是希望母親能夠像往常那樣安靜的在家裡待著，還是像往常那樣。

利迪安，我永遠無法忘記那位高尚的朋友 —— 這位帶給我智慧與驕傲的人了。他的靈魂已經遠走了，很少有人知道他的離去對這個世界造成的損失，我也只能獨自面對這樣的悲傷。因為如果我嘗試去談論他的話，別人肯定認為我對他的評價是誇大其詞。他是一個在四個方面都能做到完美的人：他有著完美的常識、完美的天才、完美的優雅舉止以及完美的美德，我從未見過同時將這些優秀特質集於一身的人。妳也知道，我決定住在康科特，因為他也在那裡。現在，他想要安然度過而立之年的夢想已經破碎了，我感覺身心都處於一種漂浮狀態，同時內心也感到一陣愧疚。親愛的利迪安，我感謝妳在某種程度也認識與了解他。要是妳之前從未見過他，或是從未了解他的話，我肯定會無法原諒自己的。感謝妳對他表達出來的最善意的憐憫與懷念之情。從此以後，妳只能依靠我這個丈夫了。因為，查爾斯最大的能量在於他的靈魂，他再也無法給予我們任何建議了。透過他的眼睛，我能夠看到太多太多東西了！我感到自己的未來是那麼的黯淡無光。

永遠忠誠於妳的
沃爾多·愛默生

下面是愛默生的日記：

西元 1836 年 5 月 16 日，康科特

　　我再次回到了家，但我是獨自一人回來的。我的弟弟，我的朋友，我的知己，我人生的歡樂泉源與驕傲已經遠走了，或者說他已歸為塵土了。5 月 9 日，星期一的下午，查爾斯在紐約去世了。他生前曾祈禱自己以後再也不會生病的願望，也終於實現了。他再也不會被疾病局限在病榻之上了。週一那天下午，他與母親一起乘車出門，他曾答應過我在第二天要與我相聚。在回到家之後，他獨自一人走下馬車，在不需要別人的攙扶下走上階梯，坐在階梯上，一陣暈眩，之後再也沒有醒過來了。他的人生是多麼的純粹與美好，從未受到任何不良誘惑的影響，他為其他人帶來的都是一些正面的影響，散發出歲月的芳香。我為失去他而深感悲痛，因為他天生就是一位演說家，而不是一位作家。他留下來的一些文字並不能完全證明他的才華，因為他肯定也覺得，自己的演說能力與他寫在書頁上的文字是存在著很大的差異，因此他很容易對寫在紙上的文章抱著一種鄙視的態度。查爾斯的離世，代表著我不得不要翻開人生悲傷而沉重的一頁。我早已經習慣了有他在身旁的那種踏實感覺。他的存在會讓人不自覺的感受到他所傳遞出來的溫暖情感以及燦爛的陽光，能夠讓人感受到他所帶來的色彩。除了要感謝他為我直接帶來的許多有價值的思想之外，我們一起生活的經歷也帶給了我無限的力量！因此，我們很難說，這些思想就是屬於我的思想，那些就是屬於你的思想。我感覺從他身上得到了極大的幫助。也許，上帝是網開一面的，讓他既成為我最親的人，又成為我最好的朋友。我們倆之間的相互了解達到了完美的狀態，因為我們兩人都有著友善與溫和的性情，所以不會允許任何雜質去影響我們之間的關係。我們對彼此非常了解，有一種神祕的遺傳力量似乎將我們牢牢的相連起來，並一直延伸到我們所知領域之外。對我來說，誰能替代他的位置呢？誰能替代他離開之後留下的心靈空缺呢？沒有人！我也許（雖然這是不可能的）看到過

許多有教養的人，但是查爾斯的優雅、智慧、常識以及對原則的崇拜是那麼完美的在他身上結合起來，我無法找到第二個像他這樣的人。他在我身上看到的本性以及給予我的啟發，我認為只有莎士比亞才能做到。他的靈魂深愛著聖約翰（St. John）、聖保羅（St. Paul）、以賽亞（Isaiah）以及大衛（David），他能迅速從紛繁複雜的事情中分辨出好與壞 —— 能夠對社會、政治、教會、書籍、人類有著透澈的認知。他的內心始終洋溢著愉悅的思想，這讓他始終保持著幽默的心態，放聲大笑，而這一切都絕對不是有意為之的。他的一生就是不斷追求完美美感的一生 —— 隨著他的離去，這一切都從我的現實世界裡消失了，我再也無法看到了。

給瑪麗‧愛默生姑姑的一封信：

我為這個國家所遭遇的損失而感到悲傷，可是知道他的名字、他的雄辯口才及罕見才華的人卻寥寥無幾。他從小就為自己擁有的天賦感到自豪，那些從小認識他的人也是如此認為。他希望日後能夠到參議院就一些重大的政治問題進行辯論，這些都是他與生俱來的一種能力。他能用充滿理智的方式進行即興的辯論，他發表的演說在人們看來就像聆聽美妙的音樂，他說話的精確度、流暢度以及他優雅的表現，都是獨一無二。我再也無法看到一個比他做得更好的人了。對我來說，關於他的記憶就像一個永遠開滿鮮花的花園。每當想起他，就會想到他曾經發表演說時的情景。

之後，愛默生再也無法找到一位像他弟弟這樣的好朋友了。在這個階段，他也開始結交一些他日後經常相處的人。在寫給哥哥威廉的信裡，愛默生這樣說：

西元 1836 年 8 月 8 日，康科特

最近，奧爾柯特先生過來這裡待了一天 —— 他是一位創造世界的人。現在，還有一位卓有成就的女士與利迪安待在一起，她就是瑪格麗特‧富勒女士。她是一位具有非凡領悟力、學習知識能力以及交流能力的

女性。能夠與這樣一位有智慧的女性進行交流，這是一件讓人非常愉悅的事情。在這個地方，你能夠遇到更多的人，就好像你能將四肢的長度伸得更長，讓你的視野變得更開闊一樣。

其實，早在一年前，愛默生就認識了富勒女士。此時，富勒女士特地過來拜訪他，並且過來的次數相當多，她總是受到愛默生一家的歡迎。我認為，富勒女士的行為讓愛默生有點擔心，因為他雖然享受與這些有智慧與善意的人往來，也願意引領她去看自己的圖書館或是那些他認為有影響力的「畫作」，但是，富勒女士的經常來訪，還是擾亂了他平時的生活節奏。正如富勒女士在寫給某人的一封信裡所說的：「教育這位聖人，了解所有讓他成為羽翼豐滿的天使的原因，試圖讓他放棄透過單純的思想去了解宇宙的徒勞努力。」她的這些做法必然會讓愛默生有所反感，愛默生在他的一首詩歌〈拜訪〉裡就進行了說明。富勒女士具有著某種成熟的品格，喜歡對一些事情發號施令，隨意選擇她想要結交的人。但在愛默生身上，她發現自己這樣做根本行不通。愛默生在日記裡寫道：「她似乎想要在我身上獲得一些我根本不具有的東西，或者說她想要找的東西，但我根本就沒有。」富勒女士所缺乏的不是洞察力，因為愛默生欣賞並且大方讚美她慷慨大度的性情以及天賦。但是，她始終無法與愛默生形成親密的個人關係。可以說，任何人 —— 除了愛默生的家人以及他童年時期的朋友之外 —— 是無法與他形成親密的個人關係的。但是，富勒女士根本不相信自己會做不到這點。最後，她開始反對愛默生的一些做法。正如希金斯（Higginson）所說的，她一再進行著一些痛苦的嘗試，卻無法讓愛默生陷入艱難的境地。事實上，這根本不是愛默生的過錯，她不知道該怎樣打開愛默生的心門，因為她沒有鑰匙，即使她有，愛默生也不會讓她進入。他們通了許多信件 —— 特別是在《日晷》雜誌出版期間 —— 愛默生在信件裡表達了對富勒女士的欣賞與感謝之情，這本應讓她感到滿足。但是，她的自信讓她認為還可以更進一步。有時，愛默生會寄給她自己所寫的一些沒有出版的文章，歡迎她的來信或是拜訪。愛默生也為自己的有所保留而

抱歉，但她無法跨越愛默生的心門。下面就是能對此說明的信件，第一封信沒有標明日期，但時間可能是在西元 1839 年，當時她也在康科特居住。

親愛的瑪格麗特女士：

　　沒有人比我更加清楚，男性在招呼不周這方面所感受到的遺憾或是不滿。我缺乏與別人形成更好關係的能力，即使我所愛的東西是「堅定不移」的，也不例外。因此，對於這樣的男性來說，他該怎樣去招待他的客人呢？他在很久之前就問自己這個問題了。他也只能等待，或是期待別人在發現他這個樣子之後，不會那麼的反感或是流露出猜疑的心態，而是可以透過事先通知的方式，來進行一定程度的掩蓋。冰是有其好處的，冰的化學成分是不會發生變化的，它具有一種普遍適用的價值，而這是玻璃或是明膠所不具備的。妳想要了解更多關於這個人的一些歷史嗎？在他的心靈世界裡，他是一個冷漠、羞澀、驕傲的人，他認為自己與整個社會上的其他人都很難完全相處，每當他獲得了別人的友善對待，內心都會感到一陣驚訝，會認為這似乎是來自天國某個其他的角落。現在，他將這些人稱為自己的朋友。讓人驚訝的是，他竟然會懷著愉悅的心情去信任他們。每一個對這些情感有所感知的人，都應該會知道他可能不知道怎樣回報別人吧。我就是這樣的人。我對別人給予我的一切讚美或是投射過來的無限希望，都心懷感激。我從來不認為，過去的一些制度會突然就這樣崩塌。我知道，如果我能夠珍視內心存在的一些浪漫情感，那麼我就會溫柔的對待這些情感，然後好好珍藏，不想著去利用這種情感，而是透過虔誠之心去不斷的錘鍊自己，最終成為一個內心堅強的人，勇於面對社會上的任何人。因此，我的朋友，妳可以將我當成一頭沉默的驢，為我現在這種缺乏與人溝通的能力而心存包容。

　　妳提出這些問題的方式是相當溫和的。如果妳能用更加客觀的方式去評價我的話，這可能會更加公正一些。妳完全有理由去期望一些重要的活動、重要的演說，或是妳那些朋友在智力層面上表現出來的才華。雖然，

妳沒有說出來，妳從他們身上沒有得到任何東西。這就好比說沉默的行為代表著那些沉默寡言的自我主義者。不過，我並不認為自己會犯下這樣充滿惡意的愚蠢行為。這樣做是非常低能的表現，完全不是表現反抗的行為。雖然，這可能會變得讓人厭惡。這樣的評論似乎是非常合理的。諷刺的是，妳提出了自己是否應該值得信任，並且承諾以後會表現得更加謙卑。哎！我們每個人都會做出承諾，但是未來的預言者卻依然沒有出現。我們的認知與我們去表現與肯定某樣事物的能力，存在著不小的差別。

在《日晷》雜誌發行的那個年代，他們經常見面，並且經常通信，但始終保持著一定的距離。愛默生在西元 1841 年的日記裡這樣寫道：

與瑪格麗特女士進行著古怪、不冷不熱，既有趣又讓人反感的對話。當然，當我接近她的時候，我是尊敬她，甚至是崇拜她的，有時甚至對她充滿了愛意。但是，當我們想要更接近一些的話，那麼我就會渾身僵住，不敢出一聲了。

當瑪格麗特女士離開美國前往歐洲，他還經常寫信給她，始終對她給予自己的欣賞與同情表示感謝。當聽到瑪格麗特女士去世的消息，他在日記裡寫道：

我失去了她這樣一位聽眾。我現在必須要投入到工作中去。她的離去提醒著我，留給我的時間不多了。

奧爾柯特先生在西元 1835 年來到康科特，並在西元 1840 年居住在這裡。他與愛默生的第一次見面，就讓愛默生留下了極為深刻的印象。下面是愛默生給瑪格麗特·富勒女士的一封信：

西元 1837 年 5 月 19 日，康科特

親愛的朋友：

奧爾柯特先生是一個偉大的人，富勒女士還沒有見過他。他的著作並不能真正代表他這個人，我不願意看到這樣的情況。我已經好久沒有見到

他了，我願意修正自己之前對他的一些印象。但是，他身上散發出來的那種莊嚴感是我從來沒有見過的，他身上似乎散發出嚴肅的氣息。他是一位老師，我不應該擔心他日後是否能夠獲得成功。如果他不能讓那些有智慧的人感受到他身上那些優秀的品格，那麼這對他來說是很糟糕的。他有著極為遠大的理想，他希望能實現自己的抱負，幫助眾生，讓這個世界變得更加美好。

同一天，愛默生在日記裡寫道：

昨天，奧爾柯特先生在 3 天的拜訪之旅結束之後，離開了我們。他是一位非常傑出的人，是這個時代最偉大的天才。他應該像古代那些傳播福音的教士那樣去宣揚自己的理念。他有著無比堅定的人生目標，這讓人驚嘆。他所具有的視野以及堅定的目標，會讓我們感到汗顏。我們這些微不足道的人只能懷著慚愧的心態在他面前匍匐前進。

15 年後，「要是我之前從不認識奧爾柯特這位土生土長的美國人，我肯定依然會將柏拉圖式的世界當成一個幻境。不過我要說，他給我的印象，就像麻薩諸塞州之於我一樣，堅不可摧」。

他很快就發現，奧爾柯特沒有什麼寫作能力。他之後不得不要向朋友們坦承，他的這位朋友無法處理一些事實。西元 1846 年，愛默生在日記裡寫道：

當奧爾柯特從英國的來信說他會帶來賴特（Wright）與萊恩（Lane）兩人（愛默生在哈佛的果園公社地區與他們成為了朋友），我寫了一封信給他，表示我希望能夠見到他們，說他們可能非常相信他的理論，但他們不應該相信他關於一些事實的論述。當奧爾柯特與那兩個人到來後，我詢問他們，他是否願意給他們看這些信件，他們回答說他這樣做了 —— 因此我明白了。他總是用比別人更加宏大的視野去看待事情，要是他能夠以行動去實踐的話，必然能成為世界上最偉大的人。但是，我發現他另一個特點：雖然他看問題的視野相當宏大，但他的思路卻無法連接起來。他無法

準確的對很多問題進行定義。我們必須要允許觀察問題時出現這些偏差。但無論怎麼說，他都是我認為在這方面做到最好的人了。

愛默生經常說，要是奧爾柯特不理睬他，這肯定是一個遺憾，因為他有著某種向世人將奧爾柯特的想法表達出來的能力。我沒有發現愛默生曾經承諾過要這樣做，但在他下面這篇名為〈影響〉的文章裡，我們可以看出其中的端倪：

我們已經看到了一個具有智慧的軀體，但這個軀體沒有手腳，沒有任何器官透過任何藝術形式將其思想表達出來 —— 沒有任何音樂天賦、演說天賦、繪畫、雕刻、建築或是寫作等方面的技能……只有透過自身存在以及展現出來的智慧來表現，作為對其他人的一種測驗或是標準。我不會將這樣的人稱為具有影響力的人。一些礦工說，他們有時會在加州發現一個金礦，那裡的金子是一種與其他元素結合起來的複合物。要是用化學方法將其分離出來，必然會造成金子本身的損失。這個世界上同樣存在著一些具有無與倫比洞察力的人，這是任何教條、工作、書籍，或是任何卓越的行為都不能分離或是引用的。也許，擁有這些能力的人代表著在這個社會站得最高的人。當我們看到一些天才迷失於人事之中，就會經常感慨這造成的人才損失！我們經常看到，一些人喜歡用籠統的方式將一些具有特殊能力的人忽視了，這讓我們經歷了許多失望。但是，在任何一點上的累積都會吸收這個社會「樹幹」的養分。我們要說，那些沒有能力的人是幸福的。

當愛默生搬到康科特居住的時候，梭羅還是一個在上大學的年輕人，於西元 1837 年畢業。我認為，他們是在那個時候第一次見面的，雖然早在他們認識之前，愛默生就為他這位年輕的鄰居做了一件好事。他向當時哈佛大學校長昆西寫了一封信，希望能夠給予這位有前途的年輕人提供更多的大學獎學金。因此，直到梭羅於西元 1862 年去世，他們始終都保持著親密的關係 —— 儘管梭羅有著古怪的脾性，他們依然能夠保持著這樣

親密的關係。愛默生說，梭羅這樣的脾性很難與其他人形成親密的關係。梭羅是偶爾與愛默生一起林間漫步的一、兩個人——梭羅每週都會去林間散步，在週六下午，他並不反感別人的陪伴。在西元 1841 年，梭羅成為了愛默生家裡的常客，並在那裡居住了兩年時間。他們一起打理花園，梭羅對果園裡的樹木進行了嫁接，愛默生後來對梭羅這樣做感到非常高興，並常常以此為驕傲。在西元 1847 年，當愛默生人在歐洲的時候，梭羅過來幫助愛默生打理這個花園。

愛默生非常欣賞梭羅身上那種不屈不撓的誠實品德，非常看重梭羅展現出來的文學天賦。雖然他在這裡遇到的其他人都沒有展現出很高的素養，但愛默生卻非常喜歡梭羅表現出來的冷漠、頑固以及自相矛盾的心態，因為他幾乎在每次交談時都會有所表現。愛默生說，如果他的行為風格表現得趾高氣揚，這只能是因為他的心氣超過他身體的限制範圍。

梭羅在說話的時候相當嚴肅與有分寸，他說話時的頭部動作讓人想起愛默生的動作，這有可能是他無意識中對愛默生的模仿。梭羅所寫的文章也經常會透露出這樣的訊息。愛默生始終否認這樣的模仿，宣稱梭羅是他認識的人當中，最為獨立與具有原創精神的人。但是，他們倆之間在這方面的共同點，也許是因為梭羅的某種特殊特質造成的。在他的自傳手稿裡，愛默生讚揚了梭羅所具有的務實能力，稱讚他作為自然學家、調查員、伐木工人所獲得的成績，讚揚他的智慧以及他所創作的優美詩歌，卻沒有提及梭羅所說任何讓他印象深刻的話語——其中就包括梭羅對野生森林的氣息或是粗野自然的表達。

愛默生在日記中寫道：

我對亨利·梭羅說過，他的自由是透過形式表現出來的，但他並沒有揭露什麼新的東西。我非常熟悉他的思想，他的這些思想其實就是我的思想，只是以原創的形式表現出來。但是，如果說他有什麼全新的思想被世人所知，他其實並沒有說過這些話。

愛默生似乎不願意承認梭羅的〈冬日散步〉的文章，這肯定是梭羅
在《日晷》在這本雜誌發表的一篇最好文章，當時愛默生是這本雜誌的編
輯[157]。

　　這個時候在康科特的愛默生的生活狀況，可以透過桑伯恩（Sanborn）
在梭羅的回憶錄得到清晰的紀錄。愛默生從未吹噓這個地方所具有的自然
魅力。在很多智慧之人看來，這個地方也許就像一個養兔場。但是，這個
地方能夠滿足愛默生的各種需求。「在康科特的田野上，過著一種適度的
生活，這會給人帶來回報。這裡沒有風景如畫的壯美景色，卻有著讓人輕
鬆愉悅的環境。我在康科特生活，彷彿置身於一個公園。無論是在伯克郡
還是在海邊，除非我能夠將自己的許多習慣都放下，否則我永遠都無法更
加接近太陽或是星星。」愛默生對蒼茫的曠野並沒有什麼熱情與興趣。愛
默生在瓦爾登森林欣賞原始的自然景色、古老的道路，或是在城鎮的郊區
發現一些被廢棄的農場。愛默生喜歡在下午漫步的時候去這些地方看看。
但是，不管這些情景給他帶來什麼樣的感受，他都會迅速回歸到人性或是
文學層面上的興趣。他心目中的風景始終是帶有人類存在因素的風景。

　　夏日，在巴雷特、布特里克與伊斯塔布魯克農場的草地上漫步，這是
多麼愉悅的事情啊！這代表著夏日的榮耀，這裡的景色是多麼的壯美啊！
但是，每個人似乎都沒有停下腳步去欣賞這樣的景色，因為一夜的霜凍就
有可能將這些美好的景色全部扼殺掉了。走在科那圖姆公園的陡峭路上，
我的內心泛起了懷舊的遺憾之情 —— 難道所有這些美好的事物終將要消
失嗎？難道沒有什麼可以再造溫暖的太陽、溫暖的和風、天藍色的河流、
蔚藍的天空嗎？黃色的草地上面到處可見一些麻布袋以及採摘蔓越莓的

157　在他的信件，愛默生有時會對他關於梭羅的讚美表現得比較謹慎「西元 1846 年 7 月。在很短的時間內，如果
　　威利（Wiley）與派特南（Putnam）露出了微笑，那麼你應該是讀了亨利．梭羅的《在康科特與梅里馬克河的遠
　　足》，梭羅用很多章節講述他在七天內的旅程，就像艾薩克．華爾頓（Isaac Walton）那樣描述的田園生活一樣，
　　內容非常有趣，其深度與寬度與梅內（Menu）那樣。梭羅曾在河邊的橡樹旁邊向我閱讀了其中的一些內容，這
　　讓我的精神為之一震。」「西元 1854 年 8 月 23 日。幾乎所有美國人都非常喜歡梭羅的《湖濱散記》。瓦爾登湖
　　那個很小的池塘似乎因為突如其來的名聲而沉入湖底了。我不知道你是否看過這本書，但這本書洋溢著熱情
　　的思想火光，非常具有可讀性，能讓讀者獲得點滴的智慧，有時甚至將讀者的思想帶入到很高的層次裡面。我
　　們可以將梭羅稱為實至名歸的美國雄獅。」

人。這裡還有紅色的灌木叢，有鐵灰色的房屋，其顏色正如花崗岩的顏色，難道這裡還有野生的果園嗎？此時此刻，我們會想到過去那些征服了這片土地的先驅們。還有那座阿貝爾環形山，吸收了許多陽光，就像太陽下一個碩大的甜瓜或是南瓜。

今天，在一個懸崖邊上，我們保持著警惕。在我看來，沒有比那流經黑暗樹叢的河流更加美好的景象了。在太陽照射下波光粼粼的河流流向了黑暗的地方，而河流上泛起的每一片浪花似乎都在慶祝它們的閃光。儘管如此，水泡卻依然保持不斷向前，沒有一個水泡是向後退的。它們始終勻速前進，就像行軍的士兵按照雄壯的軍樂邁步向前，按照規定的時間與規定的命令，不斷的前進，前進，我似乎感到了它們在永恆的流動發出來的警告。

當我買下這座農場的時候，我根本沒有意識到自己是做了一筆多麼划算的買賣。因為這裡的藍色知更鳥、食米鳥與畫眉鳥都是不需要收費的。我之前根本想像不到，每天太陽初升時給人一種雄壯之感，而日落則給人一種蒼涼之感。這裡的美麗景色，這裡的田野以及適合徒步者走來走去的鄉間小道，這一切是如此美好！我之前完全沒有意識到的一個難以言喻的美好，就是我們的印第安河，這條河與村裡的街道是平行的，因此長街上每座房子都會有一個後門，穿過花園就能來到河邊。在夏天的時候，人們可以乘坐輕舟或是平底小漁船在河裡划船。冬天的時候，人們可以在這裡滑冰。直到此時，我仍然不知道與自己相處的是一群多麼友善的鄰居。這裡的人都是具有思想與美德的人，其中一些人因為他們的學識、智慧或是愛國行為而聞名全國。在這裡，我有機會認識他們。其他一些人雖然名氣不是很大，但他們在當地是享有名聲的，他們不是律師，而是農民。他們是這片土地的主人，每天辛辛苦苦的工作，將一大片沼澤地與沙洲變成了一座座可以種植水果的果園。他們剷除茅草與蕁麻，種植蘋果樹，開墾幾英里長的土地，種植玉米與黑麥作物。我原先根本不知道這裡有這麼多有趣的學生與追求知識的女學生，他們會在路上向我問好，他們可能在學校

的展覽室看見過我。

　　愛默生是一位友善的人，與鄰居相處得非常好。愛默生幾乎都會參加城鎮會議，認真聆聽著那些在討論中慷慨激昂的人的話語，卻從不親自參與進來。他在一個學校委員會任職，饒有興趣的監督學生的考試，特別是學生在演說方面的能力。愛默生是該城鎮「社交圈」俱樂部的成員——「這是我加入的最好的俱樂部了——這個俱樂部有我們城鎮的 25 名公民，他們有的是醫生、律師、農民、商店老闆、磨坊主人、機械師等。那些平時最可靠的人能在這裡聽到最可靠的八卦。相比於我這些朋友所代表的堅定立場，哈佛培養的人才簡直是不值一提。在冬天的每個週二，我都不願意離開家。」

　　在西元 1836 年秋天，愛默生的第一個兒子出生，這是一個非常可愛的男孩，原本有著光明的未來，但卻在 5 歲的時候夭折了。

　　此時，愛默生已經習慣了在康科特這裡的生活方式，在之後的人生中一直堅持這樣的生活方式。他習慣在早上工作，不願意在這個時段被任何人打擾。他每天起得很早，洗漱之後就開始工作，一直工作到下午 1 點鐘。他通常在下午去散步。晚上，他通常都與家人在一起，有時會大聲朗讀，或是繼續學習，但他從來都不會工作到很晚，因為他認為保持充足的睡眠時間是一個人保持身心健康的必要條件。愛默生是一個睡得很沉的人，並不像有些人想像的那樣會半夜突然醒來，將閃過腦海的一些想法記錄下來。

　　愛默生在文章所引用的句子，以及他有時在談到一些高深話題時的堅定口氣，都給人這樣一種印象，即他不是太在意閱讀時去偽存真。愛默生具有迅速發現優美句子的能力，並且過目不忘。我認為，至於他所引用的那些句子，有時正是他在閱讀一本書時想要找尋的。當別人將他描述成新柏拉圖主義或是任何從書本中學到知識的人時，他總是既感到有趣，又感到惱怒。事實上，愛默生隨時準備從任何方面獲取更多的知識。不過，至

於他完全是出於無聊的好奇心，或是希望從別人那裡獲取一些思想，讓自己成為一個有識之士或是作家（或者是旅行家與聞名世界的人），他則沒有這方面的念頭。他甚至沒有追求自己的人生事業。他始終在觀察著這一切，努力將自己的想法完美的表現出來。至於自己的想法與其他人的想法是否存在最為渺遠的關聯，他不是很關心。當他透過望遠鏡來觀察天空或是找尋星星的時候，不是為了在天空中描繪一幅圖畫，或是特別關注天空的某個區域，他不關心其他觀察者得到的結果。愛默生認為，每個人都應該找尋屬於自己的東西，然後將所看到的說出來。如果每個人都能忠實的將自己的想法說出來，那麼所有人都會同意的。與此同時，如果這些結果需要修正的話，那麼這也必然會為當事人帶來全新的體驗。要是我們能夠始終留意這些教導的話，就永遠不會失去對生命的興趣。在愛默生看來，閱讀書籍是那些學者打發無聊時間的做法：在這些時候，愛默生享受書籍帶給他的精神愉悅與刺激。用他的話來說，就是「讓他的腦袋飛快的旋轉」。在這個過程中，愛默生不會對閱讀的書籍過分挑剔，而是傾向於閱讀充斥著奇聞異事的回憶錄或是書籍 —— 比如普魯塔克、蒙田、斯賓塞（Spence）、格林兄弟（Grimm）、聖西門[158]、勒德雷爾（Roederer）等人的書籍，都是他所喜歡的。同時，他也喜歡閱讀關於拿破崙一世時期的書籍。我還記得，當瓦恩哈根·范·恩斯[159]的那本長篇回憶錄出版後，愛默生急不可待的閱讀起來了。他饒有興致的閱讀著《創造的遺跡》，將許多來自各處的奇聞異事或是相關科學家的言論記在腦海裡。在他年輕的時候，他似乎就已經讀過柏克萊[160]與休謨的書，當然也閱讀過柯勒律治與培根爵士的書。愛默生從人生早年就喜歡閱讀英文詩歌。在開始創作的階段，他閱讀書籍的時間變少了。當他從歐洲回到美國之後，在卡萊爾的敦促下，他

158　聖西門（Claude Henri de Rouvroy, comte de Saint-Simon，常簡稱為 Henri de Saint-Simon，西元 1760～1825 年），法國哲學家、經濟學家、空想社會主義者。

159　瓦恩哈根·范·恩斯（Karl August Varnhagen von Ense，西元 1785～1858 年），德國傳記作家、外交家和軍人。

160　柏克萊（George Berkeley，西元 1685～1753 年），著名英裔愛爾蘭、哲學家，同時為聖公會駐愛爾蘭科克郡克洛因鎮的主教，與約翰·洛克和大衛·休謨被認為是英國近代經驗主義哲學家中的三大代表人物。代表作：《視覺新論》、《人類知識原理》等。

研究了歌德所有作品，甚至還閱讀了歌德的《顏色的理論》。

　　愛默生並不是人們平常說的那種批判性讀者，因為他的閱讀偏好是非常明顯的，終其一生都沒有發生變化，但他從來沒有想過要對此進行解釋。他從雪萊、阿里斯托芬[161]、塞凡提斯（Cervantes）、奧斯丁（Austen）小姐與狄更斯（Dickens）的作品中看不到什麼內涵。他也很少閱讀小說，即使是著名的小說，他也很少閱讀。在他看來，但丁「是一位應該被放在博物館裡，而不是進入你家的人；另一個則是澤拉·科爾本[162]，此人具有著強大的想像力，不過他的作品更多是現實性的，而不是具有沉思或是智慧的作品」。愛默生不喜歡法國文學，雖然他喜歡閱讀聖伯夫[163]與喬治·桑（George Sand）的作品。在一次旅程中，愛默生在手提包裡裝上了馬提亞爾（Martial）或是西塞羅的一本專著，因為他不願意在家浪費時間閱讀這些書。在家的時候，他從來不閱讀任何拉丁語或是希臘語的作品，雖然他掌握的希臘語，足以讓他在日後對普魯塔克的《道德論》的古老版本與原始版本進行對比（順便說一下，這是愛默生非常喜歡的一本書）。神祕主義的作品——比如史威登堡（Swedenborg）與波墨[164]等人的作品——都是很多人向他推薦的，雖然他對這些作品涉獵不深。《新柏拉圖主義者》（托馬斯·泰勒〔Thomas Taylor〕翻譯的版本）與東方宗教的書籍（特別是印度方面的），比如《薄伽梵歌》、《往世書》與《奧義書》都是他非常喜歡的書。愛默生經常從所謂的占星術神諭裡引用一些句子，從來不去考證這些句子的真實性。用他自己的說來說：「他根本不在乎這些書籍是古代的作品，還是現代人偽造出來的，因為我只在乎尋找優美的句子，根本不關心那些古老的真理。」

161　阿里斯托芬（Aristophanes，約西元前 448～前 380 年），古希臘喜劇作家，雅典公民。他被看作是古希臘喜劇尤其是舊喜劇最重要的代表。相傳寫有 44 部喜劇，現存《阿哈奈人》、《騎士》、《和平》、《鳥》、《蛙》等 11 部。有「喜劇之父」之稱。

162　澤拉·科爾本（Zerah Colburn，西元 1804～1839 年），美國神童，因超強大腦」而聞名。

163　聖伯夫（Charles-Augustin Sainte-Beuve，西元 1804～1869 年），法國作家、文藝批評家。代表作：《十六世紀法國詩歌和法國戲劇批評史略》、《約瑟夫·德洛爾姆的生平、詩歌和思想》等。

164　雅各·波墨（Jacob Behmen，西元 1575～1624 年），德國哲學家、神學家。

一般來說，在愛默生開始寫作與出版之後，他更加注重那些「充滿光彩」的作品——那些透過一些句子就能讓思想凝結起來，然後在他的腦海裡流動。他會拿起柏拉圖的作品、新柏拉圖主義者的作品或是馮·哈默（Von Hammer）所翻譯的哈菲茲（Hafiz）作品，享受閱讀這些作品的過程，而根本不會探究這些作品的真實性。我們經常會發現，愛默生的作品深受這些書籍的影響，特別是他早年閱讀的一些作家的作品，比如柏克萊、休謨、柯勒律治、桑普森·里德的《心智的成長》等。但整體來說，要是想從新柏拉圖派哲學家或是他所閱讀的任何書籍中找尋他的思想源頭，在我看來就好比找尋雅各·波墨點燃那盞青灰色金屬耳杯的燈火的火柴是從哪裡來的一樣。愛默生說，這些句子始終都會激發出他腦海裡對神性事物的追求。即使他在某些作品表現的思想與一些思想家出現雷同（比如費希特、史萊馬赫 [165] 以及黑格爾〔Hegel〕），但這雷同都只能說是純屬巧合。我完全有理由相信，愛默生從來都沒有真正接觸過這些思想家的作品。

在西元 1837 年的日記裡，愛默生這樣寫道：

如果你將寫作當成人生的主要任務，我認為你必須要放棄所有對閱讀的自負態度。

愛默生這樣說，學習不會影響到人的原創力——按照他的說法，原創的過程通常也是一種同化與吸收的過程。愛默生對那些真正的學者充滿了敬意，抱怨當時的美國就是缺乏這樣的人才。他討厭那些以無知為基礎進行創造的所謂「自強之人」。不過，愛默生所想的只是自己的情況：他認為，學習不是他的任務，他有許多問題亟待解決。

很久以前，我就發現我根本不需要在乎別人的一些事實。如果我能夠做好自己的事情，這已經足夠了。

對他而言，個人能力的最好釋放方式還是透過演說方式表達出來，

---

165 史萊馬赫（Friedrich Daniel Ernst Schleiermacher，西元 1768～1834 年），德國神學家、哲學家，被稱為現代神學、現代詮釋之父，主張神的臨在性，也就是強調宗教「感覺」。

透過那些絕對或是帶有勝利意味的口吻說出來，讓聽者能夠直接感受到你的思想，同時鄙棄所有的定義。對他而言，無論是面對散發出這種精神的書籍或是人，對他都具有特殊的吸引力，這也許能解釋了他的一些閱讀偏好。他不喜歡思維的局限，喜歡閱讀任何能夠讓他擺脫思維局限的書籍，同時又不是很在乎自己最後能夠掙脫思維的束縛。

　　整體來說，愛默生與書籍之間最為明顯的關係，就是他不太依賴於閱讀書籍。他喜歡與書為伴，這能為他帶來一種自在的感覺，但書籍卻又無法真正影響到他的人生。對他來說，書籍是愉悅的夥伴，而不是心靈的諮商者—更談不上什麼知己了。他在寫作裡引經據典，非常看重自己平時為了演說而摘錄下來的優美句子。但正如他自己所說，他引用這些句子的方式並不會讓這些句子的原創者感到高興，因為他最後表達出來的句子，其實是在這些思想被他內化之後說出來的。

　　對他來說，學習主要是為了學習表達的能力，而不是在學習週期中不斷的循環，而應該專注於以精確的方式將自己在接收這些資訊時的印象表達出來。如果他有時被他所說的「一個句子的某個點或是驚喜」—無論是他的還是別人的—所誤導的話，我們就會發現，他是多麼不願意犧牲文學的形式去表達這樣的思想，這也是他經常在自己的作品中展現出來的。人們可能會說，愛默生的主要目標或者說唯一目標，就是在與生命或是現實存在緊密連結下進行寫作。

　　下面是愛默生的日記：

　　演說的祕密，在於意識到你將要說的話。千萬不要為我們帶來一枚假幣的反面，而應該讓說出的每句話都具有真正的價值。只有當這些話語具有全新的價值，才能替人帶來溫暖，才能將這些話寫下來。詩歌的一個本質特點，就是它能透過每個單字表現出人類心靈轉瞬即逝的活動狀態。有時，這可能是一種過分奢侈的行為，讓他變得軟弱。一樣東西可能代表著自然或是一種原始的力量，但書籍卻將人類變成了一個軟弱無力的空談者。

所謂表達，就是將我們內心的想法說出來。記住，我們要表達的不是知識，而是我們的想法。不過，我們說的每一句完整的話，都是需要意志的過程來完成的。就比如蒙田、博蒙特[166]與弗萊切[167]等人，他們都習慣了這樣的心靈行為，因此他們看似能夠信手拈來。我在這方面做得很差，當然與我同時代人的也是如此。我只知道，我珍視一種東西的名字，也就是說，我更加看重真正詩人的名字。如果我能為月亮找到一個更加恰當的描述詞語，或是為其存在方式與影響方式找到恰當的描述詞語，那麼這些詞語無論是對我還是對所有人來說，都充滿了人性與宇宙的美感與重要性。那麼我就找到了自己的目標：因為我根本不期望我的花園裡有一條道路直接通到月亮，或是在一英畝地或是一平方英里的土地上做出的一個行為，能夠對我帶來影響。

　　在他的寫作裡，每個句子都是對一種持續努力的自然限制，而文本以及句子之間的關聯是之後才需要考慮的事情。

　　在寫作的時候，我並不尋求任何規範的思路，或是希望實現某種和諧或是良好的結果。我不在乎每段話之間是否與某種思想或是情緒相符：我相信自己所寫的內容會自然而然處於和諧狀態。這就好比一年當中某天的某一分鐘，會與未來的某一分鐘存在著關聯，我知道這樣的連結是存在的。這樣的思想在每一分鐘都遵循著各自的磁場，會在未來的某個時候自然顯現出來。

　　當一個句子成型的時候，愛默生的做法就是將這個句子寫在日記本上，然後讓這個句子在日後的某個場合自然出現。愛默生將日記本整理得非常工整與有條理，就好比一座採石場，他可以從中找到自己創作演說稿或是文章的原始資料。當他準備寫某個主題的文章時，會按照這個名目去

166　博蒙特（Francis Beaumont，西元 1584～1616 年），文藝復興時期歐洲英格蘭劇作家。他曾與約翰・弗萊切保持密切合作。兩人一起創作了幾十部傳奇戲劇和喜劇。其作品風靡一時。

167　弗萊切（John Fletcher，西元 1579～1625 年），文藝復興時期歐洲英格蘭劇作家。他曾與法蘭西斯・博蒙特合作寫作了幾十部劇作和喜劇作品。另外，他還與莎士比亞合作，共同創作了《亨利八世》和《兩個貴族親戚》等作品。

進行找尋，然後按照當時的想法進行添加。他在此過程中添加的內容，往往會讓最終呈現出來的文章與原先的素材有很大的不同。在他早期的時候，比如西元 1846 年的時候，這樣的比重是較大的，但在他後來的文章裡就較小了。

愛默生深知自己的寫作方式存在不連續性，他與所有人一樣都不喜歡這樣的結果。

下面是愛默生在西元 1854 年的一篇日記：

如果智慧女神米娜瓦[168]賜給我一種天賦與一個選項，我會說，請賜給我寫作的連續性吧。我已經厭倦了隻言片語式的文字了。我不希望自己成為文學或是智慧層面上擺放雜物的衣櫃。我不願意像猶太人那些裝著一簇織錦、天鵝絨與一些金線織物等東西。讓我將這些布料編織成幾碼或是數英里長的有用衣服吧，讓我可以去找尋真正的真理，讓我以完整的思路去闡述事實吧。

不過，追求論述的完整性，這違背了他的文學信條：

我不會放棄一個想法或是等待一個想法，去貶低自己的存在。如果這樣的想法進入了我的腦海，我會很高興。但如果這樣的想法不是以連貫的方式進入，那麼最好還是出去。

當他完成了每天早上的工作之後，就可以自由的從書籍中找尋靈感了。他也可以去散步，或是在果園裡閒逛。他喜歡在適合的季節去修剪樹木。他喜歡穿過小溪與田野，走在長滿青草的小路上，一直走到瓦爾登樹叢。有時，他會在工作之前來到果園。在某個時期，他每天都會按時扛著鋤頭與鏟子來到花園工作。

下面就是當時一些敏銳的觀察者對愛默生得出的兩種形象，這兩種形象差別非常大。馬提紐女士[169]旅美之行於西元 1835 年來到康科特，她是

168　米娜瓦（Minerva），為智慧女神、戰神和藝術家與手工藝人的保護神，相對應於希臘神話的雅典娜（Athena）。美國加州州徽中的女神即是米娜瓦。馬克斯－普朗克學會會徽即用此女神之頭像。

169　馬提紐女士（Harriet Martineau，西元 1802～1876 年），英國社會理論學家、作家、輝格黨人、被譽為英國的

這樣描述愛默生的：

　　他是一位安靜謙遜的人，不喜歡人群的打擾與衝突，同時他會欣然面對生活的各種事情，不會壓抑自己的憐憫心。他是一位入世的思想家，有時不為世人理解，甚至會被認為是不合時宜的人。他總是時刻準備採取各種行動。當人們要求他前往洛厄爾演說時，他就前去那裡面對工人發表演說。當他有機會的時候，就會發表演說。無論他走到哪一條路，或是經過哪一座房子，人們都認識他，他的行為與言論讓當地人非常尊敬他。有一個經常為他家送木材的男孩也受到他的感染。即使男孩在他家待的時間很短，也認為自己體驗到最優雅的家庭行為……愛默生的心智是那麼的成熟，正如他的生命顯得平穩與流暢，他散發出來的那種無法言喻的幽默感是每個與他交流的人都能感知到的。他在說話的時候，似乎散發出一種無形力量，他的洞察力是那麼深刻，這讓他始終有取之不盡的創作素材……如果要說他最為明顯的一個特點，可以說是適度的獨立……他的這種獨立是思想、語言、行為、職業乃至人生目標方面的獨立，同時不對自己的品格有任何一絲的鄙視，也不影響自己的每個行為[170]。

　　後來，霍桑這樣評價愛默生：

　　有時，在樹林小徑裡或是大路上遇到他，是很有趣的一件事。他散發出來的純粹智慧光芒有如身著華彩的服飾。他是那麼安靜、簡樸，沒有任何自命不凡。每個遇到他的人，似乎都想從他身上獲得更多的智慧……要是與他一起生活在一個地方，那麼別人或多或少都會感受到他那種高尚思想所帶來的清新之氣[171]。

　　第一位女性社會學家。

170　引自馬提紐女士的《西部旅行回憶錄》。

171　引自霍桑的《古屋青苔》。

第八章　康科特的生活

第九章
宗教

在西元 1836 年的秋天，愛默生在波士頓的許多報紙上刊登了一則廣告，宣傳他即將在共濟會教堂舉行 12 場演說。「演說的內容主要是關於當代哲學。這些議題可以說是宗教、政治、科學、文學、藝術以及事物本質的基礎：當代民眾的一些行為對此所產生的一般性影響；這些文明元素的現狀以及發展趨勢；流行科學以及人類的天才。這些話題都會在演說中提到，演說還會涉及到當代人在智慧層面上所要肩負起的責任。」

愛默生的演說在 12 月 8 日開始，（按照愛默生的說法）每場前來聆聽演說的人數平均為 350 人，這表示了前來聆聽演說的聽眾應該沒有多少是他所著的《自然》一書的讀者，因為他在那個時候已經具有一定的名氣，可以吸引一些聽眾前來。

愛默生在日記裡寫道：

我們根本沒有成為自身智慧的主人！我感覺自己的智慧正在慢慢逃脫我的控制。我不知道該如何驅趕這種不屈不撓的想法。我可以遠遠的看到智慧的存在，但是它們卻又迅速的溜走了：我不斷懇求，我為此感到悲傷，我向聽眾們指出，他們千萬不要像我這樣。但是，這些智慧的思想並不是成雙成對的消失，也不是以線團的方式離開，或是以任何可控的方式消失。不過，人類的生存需求是我們去創造一切的本源。當那一天到來的時候，我們就會覺得終於成為了自己的主人，必然能更好的控制自己的智慧。我的演說主要是關於公民歷史。在做了這麼多演說之後，卻沒有出現任何印刷出來的演說稿，這的確讓我有點汗顏。我感覺漸漸變得有點僵化了。我應該始終堅持將人性的因素都放在我研究的方向當中，因為這構成

了當代歷史中的一個不可或缺的核心因素。當我們不懼怕所面對的這些恐懼時，就會感覺內心的瘋狂情緒慢慢的溜走。這個國家的文人根本沒有進行任何形式的批判。

在演說的引言裡，愛默生希望聽眾首先不要關注事實，而應該關注思想，因為正是思想才能創造或是控制事實。過往的歷史之所以顯得那麼沉悶，就是因為它並不像一幅肖像畫，沒有將人類的一些行為充分展現出來，而是一部將人類在野蠻時代的各種戰鬥或是對某些人或是家庭的指引進行編年式的紀錄。因此，這讓過去的歷史失去了其真實性以及真正的品格。其他人似乎也是屬於籠統類型當中的，根本沒有將人的個性展現出來。這讓我們感覺到某人與其他人都是一樣的，每個人做出的行為都與其他人一樣。但事實上，每個人都代表著一種不可估量的全新能量。我們完全可以肯定的預測一點，即每個人身上都擁有著他之前從未釋放出來的潛能。真正的歷史會將個人變成一個普遍意義上的人的過程描述出來。個人所展現出來的創造力與具有的永恆性會逐漸顯露出來，世界上的每個人都會在太陽的光芒下不斷成長。

在愛默生的第一批文章出版後的三、四年，他在這個時期的大部分演說才出版。出版之後，演說稿的核心思想並沒有發生什麼變化，只是對一些句子重新進行了修改而已。當讀者閱讀這些文章的時候，他們可以很輕易了解愛默生對宗教的看法。愛默生只在一篇演說中使用了宗教這個名稱，但他的這些演說幾乎都是與宗教相關的。

在完成了波士頓的演說後，愛默生受邀前往各處進行演說，其中就有普洛敦維士、羅德島等地方。西元 1837 年 6 月，在青年協會的邀請下，愛默生來到羅德島，重複了一遍他在波士頓的演說。當時，因為時間限制，他不可能就所有議題都發表演說，因此他只能刪除部分內容，然後以「宗教」為題目進行演說。之前，愛默生在波士頓進行演說的時候，就已經引起了波士頓一些報紙的議論。其中一些報紙的社論認為，愛默生的

演說冒犯了當地正統的宗教思想。但是，當時的年輕人正想要聆聽愛默生的這些演說。最後，在他的朋友弗雷德里克·A·法利[172]，時任普洛敦維士第二教堂牧師的建議下，愛默生最後同意就這個議題發表演說。也正是在法利牧師的善意幫助下，我才能在一個安靜的房間閱讀這些有趣的故事。在當時的聽眾當中，就有布朗大學的校長與一些教授，還有幾名牧師。法利說，其中一人是「已故的某某博士，他當時是負責介紹愛默生的。看到某某博士希望將愛默生引向爭論或是討論的努力完全失效之後，而愛默生始終保持安靜、禮貌與耐心的態度時，這真是非常有趣。某某博士後來對我說，你的朋友愛默生是一個非常獨特的人。我從他身上無法獲得任何東西。對此，我回答說，愛默生先生是從來不與人爭論的」。

在這次演說期間，法利某天詢問愛默生，他是否已經決定完全放棄布道演說了。愛默生回答說，在某個時候，他感覺自己有必要再次嘗試一下。在接下來的週六，在法利牧師的邀請下，愛默生再次站到了布道演說臺上發表演說。

愛默生從格林伍德（Greenwood）的一些作品中挑選了一些充滿純粹沉思性質的讚歌，同時沒有過分表達基督教的思想。至於《聖經》方面的教訓，他閱讀了《便西拉智訓》中的一段優美的話。他的布道演說完全具有獨特的風格。當他在進行禱告的時候，完全沒有說出任何祈禱、坦白或是讚美的話，而是就自然、美感、秩序、善意與愛意進行了沉思。當時的教堂裡擠滿了人。在回家之後，我發現愛默生用手抱著頭，正在沉思。他抬起頭對我說：「現在，請你誠實坦白的告訴我，你認為我剛才的做法如何？」我回答說，在他做到一半的時候，我就已經下定決心，這是他最後一次站在這個布道演說臺了。「你說得對，」愛默生回答說，「非常感謝你給我這個機會。在我主持儀式到一半的時候，我就已經感覺自己不適合在那裡繼續待著了。我內心的疑問終於解決了。」

172　弗雷德里克·A·法利（Frederic A. Farley，西元 1800～1892 年），美國神學家、牧師、作家。

　　當我第一次從法利牧師那裡得知這個有趣的故事時，加上我知道愛默生無論是在當時還是在後來，都會定期發表一些布道演說。因此，我比較傾向於認為，法利牧師的紀錄也許是寫錯了日期。但法利牧師卻不這樣認為，當然我只能認為法利牧師的說法是對的 —— 只是這樣一來，愛默生當時說的那些話其實並不是他的真心話。他當然不會覺得自己不再適合站在布道演說臺上了，因為他從歐洲回來之後，他就一直在發表布道演說，並在長達一年半的時間裡每個星期都要發表演說，在之後的幾年裡也會偶爾發表布道演說。但是，愛默生的鄰居或是那些已經習慣了他演說風格的聽眾，肯定會認為他的演說是相當「安全」的。這些人不會詢問或是引導愛默生去質問，他的演說內容是否已經超過了當時民眾可以接受的信條範圍。愛默生沒有透過對信徒的觀點進行調查或是比較來得出自己的想法，而是透過擁抱一種全新的觀點去加以實現。當他在發表一些觀點新穎或是讓聽眾震驚的內容時，他不是有意為之的。他只是按照自己的想法去做，根本沒有左顧右盼或是瞻前顧後。但是，當他遠離了自己的家鄉，特別是在人口較多的城鎮，當地的報紙對他在波士頓演說的評論已經激發了公眾的注意。因此，他肯定已經意識到，許多人正在關注著他，其中一些人對他是同情的，一些人則是持懷疑態度的，認為他是一個動搖基督教信條的人。

　　事實上，愛默生內心的本意絕不是要動搖民眾對基督教的信任。即使在他看來，基督教只是代表著一種幻覺，但他也絕對不會這樣說。愛默生在演說裡曾說：

　　那些發現自己無法接受流行宗教的人只能睿智的等待，看看當那些古老的宗教遭受攻擊時，肯定會出現讓他們意想不到的支持者。他們想要知道自己內心的一些疑問或是信念是否也為其他人所共用。但即使如此，他們也絕對不應該急於表達自己的觀點。動搖別人已有的信仰，這是毫無必要的，甚至是有害的。還是讓他們逐漸發現其中的弊端吧，或是等到真正的全新宗教出現，贏得了更多的支持者，最終取代之前宗教的地位吧。任

何善良的人都不會吹噓自己對某種宗教的懷疑，而只會將目標定在以真正的動機或是法則，取代那些錯誤的法則。

即使是清教神學的迷信與謬誤（正如他們所認為的那樣），是那些自由派的宗教人士所反對的。但在愛默生看來，只要他們彼此能在一種真正的虔誠狀態下聯合起來，那麼他們都是可以容忍的。假設他們認為，理智會反對所有謬誤與迷信，並認為整個社會都處於一個絞刑架上。祕密之所以被保密的原因，任何偶然的發現都會帶來混亂或是造成永久的革命，就代表著自然界的一個真正目標，而正是人類的崇拜心理會出現的本能傾向。在此，那些錯誤的目標就是所謂的本能，或多或少都會讓人感到不信任，無法以其原本的面貌贏得尊重。

愛默生認為，在對信條的研究中發現熱情的缺失以及戰勝這些信條的衝動，讓他懷著遺憾的心情回看那個沒有任何深究就盲目信任的時代。

在西元 1841 年里普利博士去世的時候，愛默生在給瑪麗‧愛默生的一封信裡寫道：

這些清教徒，即使是在我們所處的這個時代，他們依然拒絕成為精通儀式的人，依然認為他們可以透過隆重的慶典展現他們解放美國的精神。我認為那些偉大或是目標堅定的認真之人，都會很自然的趨向於其他與妳不同的思想或是學派。但是，我的情感始終對妳過去所走的步伐、嚴謹的遵守教義或是所扮演的角色充滿了敬意。那位一臉鐵青的教會執事，那些讓人疲倦的禱告儀式，只剩下時代所留下的豐富詞語了。

但是，愛默生根本沒有認為基督教只代表著一種幻覺。他在一些特殊的救贖儀式場合下，無法與一些人分享自己的這些觀點。雖然他沒有將基督教視為一種幻覺，卻認為基督教作為一種限制人類找尋真理的宗教，應該遭到斥責。正是基於這樣的理由，他漸漸疏遠了宗教自由派。這些自由派透過混淆傳統與現實，使神性的啟示無法讓信徒更好的理解，無法透過人與時代的某種特殊關係來表現出上帝的啟示。

　　我認為，基督教的確是一種非常真實的宗教 —— 其真實在某種程度上可以透過許多正統的捍衛者終其一生都沒有窺探過其真正的真理。我是一個支持原則的人，而他們則是以人為基礎的。他們將我視為一個缺乏信仰的人，我則有更好的理由認為他們才是真正缺乏信仰的人。他們過分誇大了心靈激發、奇蹟、中間人的身分、三位一體、洗禮、聖餐禮等儀式的重要性。我希望他們能夠將所有這些儀式都放下，好好的感受耶穌基督、蘇格拉底、柏拉圖、但丁、米爾頓、喬治·福克斯與史威登堡等人所提倡的內在法則與和諧所具有的光榮美感。至於那些人將所有的奇蹟都歸為耶穌基督，我認為這是耶穌基督對他們進行報復的一種手段。如果（當然這還沒有出現）這能顯示耶穌創造出來的奇蹟，只能加強信徒輕信這種錯誤的愛意，那麼我寧願失去這樣的愛意。事實上，我的確為此感到高興。要是人們無法感受到精神真理所帶來的理論，無法像感受地心引力法則那樣，感受到耶穌作為老師所傳遞出來的信條，或是無法在所謂應該發生但卻沒有發生的事情上採取信任的態度，那麼他們是沒有任何恰當的理由去支撐他們的觀點。我們會失去與這些人的爭論，即使我從來不想說服他們。事實上，所謂的奇蹟就是事後的修補，是一種後來添加進來的東西。

　　愛默生在西元 1834 年的日記裡寫道：

　　他們認為，上帝創造了奇蹟，讓人類好好的感悟，然後說，這就是真理。他們無論是現在還是未來，都無法理解到，這是對真理具有的神性的一種不信任表現，這是對不可戰勝的美感的漠視。透過對上帝的描述，這是對上帝的最大不敬。這些人代表著過去那群中看不中用的人，他們認為自己充當著上帝的信使，能夠將人類從低等中拯救出來。好吧，這些人必須要擁有所謂的憑證，而上帝創造出來的所謂奇蹟就是他們的憑證。我要說，上帝始終會帶來信使給我們。我的周圍充滿了上帝的信使，他們每天都在向我帶來各種憑證。我們並不只有耶穌一位孤獨的信使，雖然他是一位充滿愛意的傳令官。

　　無論我們用什麼觀點去看，人類歷史上最神奇的一個事實就是基督教

的出現。只有 10 個人或是 20 個人，如果你們願意的話，也可能認為是 20 個人或是 40 個人。這些人有意識或是無意識中接收了上帝關於道德情感的啟示。這些啟示的深度與強度讓他們寧願為這些啟示犧牲自己的生命，也要去將這些啟示傳遞給身邊的人，傳遞給自己同時代的人。他們所展現出來的熱情最終在這個世界上站穩了腳跟，最終形成了我們現在所熟知的偉大基督教。他們的論述是不正確的，無法正確的闡述這些事實。他們只是受到了心靈的啟發，而沒有經過大腦的思考。作為一種爭論的方式，他們的布道演說與信件始終沒有為世人所知，他們活動的身影局限於本地，他們的目光是狹隘的，觀點是偏頗的。但是，他們擁有著謙卑的情感與對永恆的信任。他們無法用讓世人明白的方式去進行闡述，但是他們將這樣的想法放在心中，並漸漸讓這樣的想法控制了許多國家與過去的歷史。這樣的想法很快就以形式得到展現，正如原本激烈的情感在廣泛傳播之後漸漸被稀釋了，最終被認為是某個時代或是某些人的一些內在產物。但在當代，無論在每個國家，人類的精神本性都拒絕繼續保留這種古代殘留下來的思想，堅持認為所謂的基督教不應該拘泥於所謂的形式或是某種特定的行為，而應該嚴格遵守普遍性的價值，將其視為人類心智眾多行為中的一種。

在愛默生的出生與成長階段，自由派的行動正處於愛默生後來所說的「現實主義」的運動低潮 —— 他們用名字或是傳統來替代宗教事實。但是，他們存在的分歧一開始並沒有顯露出來。如果歷史悠久的教堂依然堅持過去的傳統，那麼新的教堂也會這樣做。這樣的改革就在於將教堂的傳統恢復到其原始的形態。但是，真正讓清教思想處於癱瘓狀態的，並不是其神學理論的缺陷，其野蠻的教條形式，而在於假裝擁有的正統性，宣稱可以透過一套固定的教條就能掌握神性的啟示。當我們在追求宗教真理方面的努力變成了追求真理本身的方式之後，那麼只有當我們的心智處於停頓狀態時，才會重新陷入形式主義，重新回歸過去那種冷漠或是祕而不宣的無信仰狀態。

　　這就是之後的清教所面臨的局面。清教徒依然堅持著那些已經過時的教條 —— 他們甚至按照那些陳舊教條字面上的意思去做 —— 逐漸的將神學從宗教中分離出來了。清教主義者中的自由派所發起的運動，證明人類本身的情感要比宗教情感更加具有生命力。我們很容易懷疑上帝三位一體的概念，不容易從中找到與之對等的情感，或是將宗教的意思轉變成更容易為世人所接受的形式。除非這一點實現了，否則原先的傳統必然出現裂痕，無法支持之前的宗教繼續存在。我們可以在思想中發現一種比較迅速的方法，即上帝的啟示會受到人類所添加的思想或是解釋而變得殘缺不全。我們所要做的，就是將人類添加的所有錯誤都清除乾淨。因為這些人為添加的錯誤觀念可以追溯到中古世紀，因此必須要還原上帝一開始帶來的純粹思想。

　　在這些殘缺不全的思想中，最重要一點是基督教歷史的集中化與特定化的教條，形成了耶穌基督具有兩種本性的教條思想。我們應該將這樣的思想視為人類添加的思想，然後反對這樣的思想，因此這樣的思想在《聖經》裡都沒有足夠的證據可以支持。當我們認真研究基督教的經典作品，然後再與古代的一些作品進行比較，就會發現耶穌基督是一個人，只是受到了上帝的委派，向人類展現出宗教所具有的真理。他以上帝之名去發話的權威，是可以透過他展現出來的無形奇蹟來得到證實的。

　　截至目前為止，這種全新的改革是允許的，但卻不能繼續深入下去了。大家可以自由的拒絕一些他們認為不權威的基督教信條，特別是在基督教的世界裡，除了少數一些新教主義信奉者同意將之視為最確定或是最重要的部分。但是，我們必然要順從耶穌基督當時的朋友或是繼承者所提出的信條，接受他們對耶穌基督所說的話以及行為的解讀，然後將之視為上帝啟示的唯一證據。一旦我們泛起了追根究柢的念頭，要想半途而廢，這是讓人感到難受的。如果耶穌就是上帝，那麼他依然與我們同在，依然憑藉著良知來說話，那麼他所教授的真理必然會讓信眾透過自身的人生經驗得到證實。如果耶穌是一個人，不管他的精神層次比其他人高出多少，

他所傳遞出來的其實都是局限於某個歷史時期或是區域的，因此我們只能透過二手的文章或是書籍來進行感受。因此，我們必須要明白在這方面，所有的基督徒都是受到限制的。耶穌的宗教教導必須要按照那些接受他啟示的信徒的需求去進行調整。即使是他本人的一些想法，也必然無法全然代表上帝的神性真理。

耶穌具有雙重本性的教條只是為了擺脫這一思想的困境，宣布上帝傳遞出來的資訊是無限的，同時放棄所有歷史上相關的上帝啟示內容。但是，如果這個教條遭到拒絕的話，那麼其原先的地位也不會被一個所謂的特殊使命來填補。因為這只能更加說明了時間與地理位置的局限，只能將上帝帶來的永恆自我啟示降格為歷史上某件特殊的事情而已。

因此，隨著自由主義派的立場（或是其中某個派系的立場）變得清晰與自信的時候，他們所要探尋的事情就逐漸失去了原先的宗教意義，並與可能的理智過程混淆在一起。因此，各式各樣的可能性都會冒出來，這是不可避免的。除此之外，那些被宗教情感控制心靈的人會覺得，宗教的真理不可能只是一個機率的問題，而只能透過對神學家或是形上學學者的深入研究才能得出來。同時，他們認為宗教真理是顯然存在的，認為每個信教者都無法駁倒這點。另一方面，對於那些認為歷史證據已經足夠充分的人，如果他們發現自己處於權威的地位，就會認為自己有必要宣稱這是真實的：那麼，缺乏信仰之人反對那些假裝深入研究之人的呼聲就會變得越來越強烈，最終他們進行自由探尋的立場也會遭到放棄，轉而找尋比之前那種正統思想更加狹隘與厚顏無恥的正統思想，因為他們所找尋的宗教誠信已經被他們徹底拋棄了。

宗教自由派或者說其主要的成員都是朝著這個方向前進。因此，這很可能會變成一個宗教派系，認為古代的宗教經文以及信條才是信徒們獲得救贖的唯一憑據，特別是對於基督教徒而言。但是，他們所持的這種信條會失去其自身存在的基礎。反對新教的人士所持的一個全新立場，就是認

為新教所宣導的化身，這是無法將人類身上所具有的永恆上帝靈性都代表的，因為這必然要得到每個人的順從，而這只能展現在耶穌基督身上。耶穌就是這種神性本性的一部分，只要這沒有與他的人性本質產生衝突的話，那麼只能讓他擔任一個調解人的身分，讓我們能夠獲得未經解釋以及不可思議的救贖。這是一個赤裸裸的事實，不需要與我們平時的生活經驗進行任何形式的類比。這其中並不涉及任何的冥想，也不需要展示我們去感受聖靈所採取的各種方式與途徑。相反，我們可以去接受這樣一個事實，即透過神性的命令，人類是可以得到拯救的，即使是那麼原本不值得拯救的人也在其中。基於這樣的想法，耶穌基督的思想以及行為其實並不能代表我們的思想與行為，因此無法為我們在日常生活行為上提供任何指引或是動機。耶穌基督的使命不是展現這種道德情感，從而更好的提高自己的地位。當然，一些所謂奇蹟性的方式可以在某種程度上彌補這種力量的缺失。

指出這些所謂神性天意的缺失，這其實是很簡單的一件事：因為它根本就沒有任何表現出來的證據，有的只是對宗教意識的某些事實進行解釋。當這些事實改變了自身的存在方式，那麼這些所謂的事實就會從他們眼前消失。但是，倘若我們就此打住，這就涉及到將宗教降格為單純的神學問題了。愛默生認為，宗教自由派是希望宗教事實在此時此刻，就能以他們所能感受到的形式出現，將那些晦澀的宗教暗喻變成具有生命力的語言。

對愛默生而言，這一事實可以透過耶穌基督的神性教條得到展現，因為這意味著人類本性具有一種無限性。他認為，只要人類能夠敞開心靈的大門，就能夠接收到這樣無限的心靈靈感。他認為，那些自由派的牧師所處的位置，必然會讓他們在喀爾文教派犯下投機性的錯誤，或是任何與存在論相關的問題上犯錯，因此這應該在普遍的人類經驗為基礎。這也需要人類透過美德去感受人類的存在，而不論這樣的美德之光是多麼的黯淡或是渺茫，都應該去認真觀察，而不能只是單純感受耶穌基督做出的榜樣。

因此，這些教條應該能夠代表救贖的思想，不能被視為一種神祕的交易，而應該被視為一種普遍性的真理。無論一個人在任何地方，都可以透過死亡到自私的過程，去感受到自己人性的存在 —— 一些人認為，人的生命是完全由感知所控制的，我們所有的個人本性能夠將善與惡區分開來，這只是一個幻覺而已。

這樣的觀念其實並沒有任何新穎之處。就在十年前，錢寧博士得到法利牧師的任命，到普洛敦維士擔任布道牧師的時候，就表示上帝只不過是處於最理想完美狀態下的人性表現，而所有的宗教精神都在於將我們內在的本性釋放出來。倘若不是這樣的話，我們就無法像現在這樣從上天感受到一種精神法則，無法聆聽到西奈半島那裡的雷鳴為我們的耳朵帶來的震撼，無法讓靈魂感受到任何的意義或是權威。耶穌基督所展現的，只是人類心智處於完美狀態下的樣子，而他則是透過自身的例子來做出了榜樣 [173]。

不過，對於一般的宗教自由派來說，這似乎是相當危險的信條。他們接受錢寧牧師幫助他們否認了耶穌基督是上帝的觀點，但他們同時也不準備承認耶穌基督就是一個普通人。他們表示，耶穌是一個像我們這些普通人一樣的人，但與此同時，他們又將他視為我們的救世主，將其看成是我們信仰的創造者與終結者，透過這樣的方式來讓耶穌基督與人類經驗隔離開來。

只要關於這些宗教名詞的爭論只是一種熱情洋溢思想的外溢，這都不會讓愛默生反感。即使是錢寧博士經常在布道演說裡說耶穌基督並不能代表上帝，這也沒有讓他感到憤怒。愛默生曾說，安息日的宗教儀式是空洞的，其儀式上使用的語言都充斥著古代那些過時的字眼，並說這些字眼讓他想起了「某些接受過正常宗教教育的人所遺傳下來的優點。我從沒有聽到一個年輕人接受的神學教育，是完全局限於劍橋地區的公共教育機構，

173　摘自《錢寧作品集》，西元 1862 年在波士頓出版。

這讓我總感覺擁有屬於自己的幸運星是多麼的幸福，因為我能夠感受到古代宗教帶給我的影響。」（愛默生在西元 1837 年的日記內容）

「當我們明白了將古代騎士精神所帶來的虔誠感覺，這造就了肯皮斯[174]、斯庫加爾[175]、泰勒[176]以及赫伯特[177]等人的天才。這是一些忠誠的清教徒身上展現出來的美好一面，而另一方面，他們則展現出對理性主義的空洞否定。而理性主義的精神正是大衛與保羅所提倡的。誰能重新將散發出惡臭的安息日的宗教儀式恢復到過去的樣子，讓這個地球與每個人居住的寒舍變得聖潔呢？」

這些宗教自由派譴責許多顯而易見的常識，但他們卻將故意冒犯常識的做法，看成是對他們內心深處情感的一種致敬：

在我看來，在禮拜天，或是在舉行聖餐儀式的時候，這些歷史都代表著人類歷史中的那些沉悶部分。當我想到拿撒勒教徒們擁有的神性靈魂時，當我想到我那些友善的好鄰居，那些彎著腰的執事手裡拿著杯子與盤子的時候，倘若他們知道這樣做只是為了崇拜某個人的時候，他們肯定會頑固的表示反對的。因此，我只能去感受這種天才的力量，去感受到那些希伯來人說出的神聖話語，然後不斷傳播這樣的影響力，最後發現這些神聖話語在經過時代的變遷以及千山萬水之後到達康科特的教堂時，依然沒有完全失去其原先的意義。

愛默生拒絕主持聖餐儀式。但是，當他的朋友巴托爾（Bartol）博士後來過來就類似的問題詢問他的意見時，愛默生卻建議他去做職責該做的工作。在愛默生看來，繼續保持現有的宗教儀式，透過信仰去不斷提升信徒的精神，這是不錯的，前提是這樣做是有可能的。這樣的可能性則涉及到這樣一個事實，即每個人都必須要為自己的人生做出決定。我們過去可能

---

174 肯皮斯（Thomas à Kempis，西元 1380～1471 年），文藝復興時期歐洲宗教作家。他積極提倡靈修，他的一生主要從事於帶有宗教內容的創作，為《效仿基督》一書的作者。

175 斯庫加爾（Henry Scougal，西元 1650～1678 年），蘇格蘭神學家、作家。

176 泰勒（Jeremy Taylor，西元 1613～1667 年），英國教士、神學家、作家。

177 赫伯特（George Herbert，西元 1593～1633 年），英國詩人、演講家、教士。

過分注重了形式的重要性，時刻準備著反對這些形式或是接受這些形式的存在。

愛默生在日記裡寫道：

那些指責別人以及別人想法的人，看不到這些宗教機構或是他們想法背後所隱藏神性的人，他們是膚淺的。即使這些宗教機構本身是讓人討厭或是一文不值的。

我們無法用過分精確的方式去說明一個事實，即在當前的神學思想中，關於耶穌基督的信仰正在遭到侵襲，這是不準確的。我們不能說耶穌基督的存在會帶給我們冷漠、自我否定或是缺乏信仰的心靈狀態。

當我們堅持傳統的程度達到了可以用其來替代信仰的程度，那麼我們就只能提出抗議。

愛默生在西元 1838 年的日記中寫道：

我們從《聖經》裡引述的句子似乎否定了上帝的全能與永恆。在過去，上帝曾經透過一些好人去說出這些特殊的話語。現在，如果我們有任何神聖的事情可做，就必須要從中汲取一些精神養分，然後再說出自己的想法。但是，我們卻根本沒有自己的想法。我們應該以謙卑之心去了解上帝的質疑，不能按照現在的語言去闡述上帝的思想。難道你不能到墓地裡挖掘死人的屍體，然後拿走你祖父的衣服嗎？這就有點像聖露西亞的那件外套，那些島民最後一一向新任的統治者稱臣。

愛默生認為，將原先讚美上帝的話語放在耶穌基督身上，這顯示了信仰的缺失。事實上，愛默生沒有以自己與其他人有不同的想法為榮，因為這會讓他感受到有某種思想的人被排除在外。因為這樣做實際上就是否定了上帝啟示的普遍性與權威性。按照這樣的觀點，耶穌基督沒有將上帝的啟示告訴我們，而是透過他跟我們說的話，傳遞出某種特定的神學。正如猶太人從當年那些抄寫員那裡獲得他們的神學。我們其實就是按照耶穌基督的話語來建造我們現在的教堂，而不是按照他所提出的宗教原則去做。

他所具有的榮光就在於，將所有二手的教義以及所有關於宗教模稜兩可的思想都拋棄了，然後呼籲人類能夠認真聆聽每個人心中的永恆啟示。上帝發出的聲音始終用一種新穎的方式傳遞出相同的真理。耶穌基督並沒有因為那些抄寫員寫下的錯誤內容而譴責他，但抄寫員的行為的確是破壞了良知本身所具有的權威。如果我們每個人都擁有這樣的信念，而不是整天去談論的話，那麼耶穌基督的信念就會讓我們感受到超乎人類智慧與美德之外的成就。在我們最高的敬意中，他真實的頭銜具有的意義，在於讓我們每個人都感受到一種無窮無盡的神性真理，以及我們都有能力去感受這種能力的信念。耶穌基督的本意不是看到這些信條因為時間的流逝，而慢慢將他本人、他的言語或是行為神聖化，這違背了他的初衷。我們這樣做，正是缺乏對耶穌基督的信仰所導致的。當我們想到耶穌基督是一個人，一個與我們一樣的人時，那麼我們就能感受到上帝意識的存在，就會看不到他存在的個性了。那麼我們就會按照一個一般人那樣去思考與行動。但在自由派信徒看來，這是一種可怕的觀點，他們只承認當人類的理性被從天而降的徵兆所壓制之後，這一切才是有可能的。

長久以來，這些思想都敦促著愛默生喚醒那些信徒，讓他們能夠更好的感受到信仰所具有的真正含義，說服他們將自己的宗教信念與現實生活更加貼近一些。他無意去攻擊當時流行的偶像崇拜，只是希望他們不要因此而忽視了崇拜儀式的真正目的。在他看來，崇拜的目標是非常明顯的，根本不需要與別人進行任何爭論，而只需要將他們放在原本的位置，按照他們帶來的啟發去做 —— 愛默生希望透過對自身信念的耐心且忠誠的堅持來實現這一目標。愛默生在西元 1835 年所寫的日記中寫道：

當年輕的哲學家忘記了人們的觀點，那麼任何有意義的東西，包括生命，都似乎沒有宗教教義那麼重要了。如果我能夠說服人們認真聆聽他們內在的信念，如果我能夠表達或是展現出他們內在的信念，這就代表著真正意義上的生命。那麼，我們就不再是抽象的，而是按照一個人做出應該有的行為。但是，在進行崇拜的時候，每個人都必須要是處於自由與真實

的狀態。他絕對不能將自己所信仰的東西與他不敢在公共場所反對的信條結合起來。

愛默生說，他更願意讓英國或是羅馬教會作為公共崇拜的媒介，給予一些必要的幫助。因為這至少代表著一種崇拜的形式，一種大家對上帝存在的認可，而不是單純關於上帝的觀點。但是，英國與羅馬教會都是相當排外的，而一神論教堂則依然是比較開放的。愛默生說，他發現那些歷史久遠的教堂依然是按照這樣的方式去做。在一神論教堂的布道講臺上，他可以聲稱耶穌基督就是一個人，但他同時也需要意識到，耶穌基督的教義紀錄其實記錄著神性啟示。

愛默生並沒有透過激烈的方式提出自己的觀點，他認為這只需要改變自己的方式來得到展現。比如，他可以展現出自己的信仰，然後忽視所有自己反對的觀念即可。如果他能夠打動人們的心靈，那麼所有人都會認為，忽視耶穌基督具有的官方權威才是對他具有真正生命力的權威的最大認可 —— 而這樣的權威也會帶來其自身存在的憑據，並且是獨立於人類的努力之外。

這就是他希望在法利牧師的布道講臺上想要進行的實驗。在此前的一、兩年，他在日記裡這樣寫道：

對一所普通的教堂來說，一種精神宗教與一種傳統宗教之間的區別不能表現得過分明顯。因為這是值得嘗試的。信仰中的許多部分是真實與不言自明的。當人類的心智依附於此的時候，許多叫囂得最響亮的教派就會無所適從。但是，要想告訴信徒在不再前往教堂以及個人獲得真正的精神提升之間做出選擇，我認為最好還是讓他們回到教堂。為了將現實以及精神法則 —— 即耶穌基督的格言是符合世界的核心真理 —— 的無限深度展現出來，我們就不能對人類的本性進行任何欺騙 —— 只有這樣，每個人才能更好的進行理解。我也會用我之前珍藏許久的那句諺語來表示：愛能夠製造愛，恨能夠激發恨：一種作用力與反作用力是相等的。社會上的任

何邪惡都存在著正義的遏制，這兩者是共同存在的：世間萬物只有人類的意志是自由的，只有人類能夠獲得屬於自己的美德：犯罪必然要遭受懲罰。「單純的道德」基督教的一個明顯特徵就是其具有的道德性：所有隸屬於個人的東西都是毫無價值的。當一個人能用更好的洞察力去闡述道德本性的話，就能代表全新的信條。如果我能夠讓你理解你現在所不能理解的一些事情，讓你感受到自身道德的提升，那麼你就不會否定我帶來給你的精神激勵。

當這次實驗失敗之後，愛默生回到了演講臺以及演說家的平臺，認為真正適合自己的地方還是布道講臺。他認為這樣做能讓自己過得更加快樂。在西元 1840 年的一篇日記裡，他這樣寫道：

在所有演說裡，我只是不斷的重複一種信條，即每個個體所具有的無限性。只要我將演說的題目稱為藝術、政治、文學或是家庭事務等，聽眾們都非常樂意接受我的觀點，給予我極大的讚揚。但是，一旦我將這樣的無限性拓展到宗教層面上，他們就會感到非常震驚，雖然我只是在以相同的道理去闡述另一個事實而已。

每週，愛默生就是用文學議題作為幌子去闡述自己的觀點，收到了不同的反應。在 8 月的美國優秀大學生聯盟組織的演說以及 12 月的〈人類文化〉的演說之前，他發表了一篇名為〈美國學者〉的演說。在這場演說裡，愛默生似乎已經決定了要徹底放棄他對教堂的幻想。這年初冬的時候，他就告訴了萊辛頓委員會，表示自己準備辭掉那裡的工作。

關於西元 1837 年 8 月 31 日舉行的全美優秀大學生演說，羅威爾說：「這是美國文學界從未有過的盛會，期間發生的很多事情都因為其有趣且帶來的思想震撼而值得銘記。當時的走廊都擠滿了人，窗戶上都能看到許多人擠在那裡，大家都充滿了熱情，之前所有持不同觀點的人都安靜下來了。」

愛默生說，學者的責任都集中於自我相信之上。他感覺自己受到了神

性靈魂的激發，同時也想去激發其他人。在這場盛大的集會上，他負責傳播智慧的演說：他的任務就是將生命以真理的形式傳達出去，將人生的事情以及工作從原先偶然的關聯中抽離出來，向他們展示生活的真正秩序，動搖他們內心根深蒂固的傳統價值觀，讓他們按照所有事物對人類所具有的真正價值去判斷這些事物的價值。他希望向他們指出事物表象下面的事實，更好的提升他們的思想，指引他們前進的道路。這就是每個人要做的。每個人都應該對自己充滿自信，永遠不要屈服於大眾的想法。不要放棄認為玩具槍就是玩具槍這一淺顯事實的認定，即使古代人認為這預示著最後審判的號角。

霍姆斯博士說：「愛默生的這次演說是我們在智慧層面上的『獨立宣言』。」這是當時新英格蘭地區的有識之士迫切想要聽到的忠告。愛默生認為，他們應該聆聽自己內心的想法，而不是完全照搬歐洲那邊的做法或是一些書籍的內容。

在這年冬天，愛默生就「人類的文明」發表了一篇演說，這篇演說是他之前思想的擴充。在過去漫長沉悶的歲月裡，無論是從事商業活動，加入軍隊、從事法律研究、管理國家等，人類似乎都是自身財富的附加物。現在，他們發現這些事情 —— 應該說是世界上的所有事情 —— 都只不過是將人類心智的潛能激發出來的一種方式而已。只有病態的思想才會讓人類成為附屬品。人類的文明就是一個不斷讓人類釋放自身潛能的過程。人類釋放自身能量的唯一動機，就是去發現自身潛在的能量，並按此去從事貿易或是其他工作等，與其他人形成各種關聯，從而獲取財富。他們的每個行為看上去都是一種輔助性的行為。真正的文明代表著一種普遍性自律，根本不會證明人類的存在是毫無意義的。

接下來，愛默生透過〈雙手〉、〈大腦〉、〈雙眼與耳朵〉、〈英雄主義〉、與〈神聖〉等演說題目繼續進行闡述。他的觀點是，人類可以透過體力勞動去接受教育，也可以透過對真理的感知獲得知識。除此之外，人類可以

透過對美感、藝術、詩歌以及個人情感（就是所謂的「利他主義」，愛默生將之稱為人類本性的一部分）的感知，加上人類反抗所有傳統與習俗的本能傾向進行比較。愛默生還談到了日常生活的行為。有時，他會對此表示反對意見。最後，他認為人類可以透過讓靈魂的升騰，從而完全控制道德情感。

愛默生在這段時間大部分的演說都收錄於後來出版的書籍裡，特別收錄了他的第一系列演說稿。比如他所發表的〈謹慎〉演說稿就幾乎完全收錄進去了。我認為，他的那篇關於「英雄主義」的演說手稿沒有收錄進去。正是在這次演說裡，愛默生談到了洛夫喬伊（Lovejoy）（幾個月前，他在伊利諾州被一名支持奴隸制度的人謀殺了），將其視為一名追求自由言論與自由觀點的殉道者。喬治·P·布拉德福德[178]就曾說：「他的一些朋友與同情者都認為，當他勇於面對當時的輿論壓力，直接表達自己想法的時候，大家都為他捏了一把冷汗。」

他的演說吸引了很多人到場聆聽。愛默生在日記裡寫道：

在系列演說將要結束的時候，到場的人數要比一開始前來聆聽的人更多一些。我認為在最後一場演說裡，來了差不多 500 人。看來，一部分聽眾似乎對我提出的觀點都相當感興趣。我的演說內容基本上都是從自己的日記裡尋找的。在冬天的每週三晚上，我連續 10 週都發表了 10 篇演說。我要感謝所有支持我的人，也要感謝賜給我健康的上帝，感謝所有帶給我知識的人。

幾天後，愛默生在給妻子的一封信裡這樣寫道：

西元 1838 年 2 月 19 日

昨天，我來到了萊辛頓，告訴委員會說我想要辭去在那裡的工作。我認為，如果可以的話，這份工作應該交給約翰·蘇利文·德懷特[179]去做。

178　喬治·P·布拉德福德（George P. Bradford，西元 1837 ～ 1864 年），美國哲學家、政治家。

179　約翰·蘇利文·德懷特（John Sullivan Dwight，西元 1813 ～ 1893 年），美國音樂藝術家、神學家、超驗主義者。

他們同意了，前提是我要親自去聯絡德懷特，而不是讓他們出面。這是一件相當瑣碎的事情，但我同意了。與此同時，我也發現自己得到了很多人的讚賞。但是，卻也悲傷的看到，剛愎自用的人已經切斷了他與教會最後僅存的一絲連結，將代表著遠方猶大的黑白象徵完全割斷了。

　　雖然愛默生用輕描淡寫的筆調寫這封信，但他認為教會的布道講臺因為失去了有能力的牧師而漸漸失去其應有的優勢，覺得這是很嚴重的一件事情。他沒有自欺欺人的認為解決這些困難是容易的，但他認為無論教會是否面臨著這些困難，他們都應該努力去做。

　　愛默生在西元 1838 年 3 月的一篇日記中寫道：

　　在我看來，當我去描述教會時，會感覺到這樣做缺乏必要的真誠與獨特感，而這些都是信徒進行崇拜活動所需要的。這也是我無法說出名字的聖人或是哲學家所需要的特點。這種病態的宗教情感，加上不存在本身所帶來的一些微弱影響，正在指責著我們所過的貧苦與枯燥無味的生活。當然，這樣的情況會變得越來越好，這是可以肯定的。當我們習慣了這一切之後，難道我們沒有面對死亡的勇氣，不會承認意志所帶來的各種行動嗎？

　　在他的情形裡，愛默生感到自己缺乏某種明確的觀點，無法在進行有說服力的演說中更好的表現自己。信徒都喜歡那些內心有明確觀點的牧師，告訴他們他所信仰的東西以及應該怎麼去做。愛默生卻表示，對於那些我們認為沒有將自己內心話說出來的人，我們不應該去聆聽他們的話語。此時，愛默生始終沒有真正的投入進去，也沒有真正下定決心。他自己說：「對於別人還有其他的想法，我始終沒有做到非常真誠。」雖然他始終沒有做到真誠，但我們也很難找到一位比他更加認真或是完全相信自己觀點的人，或是找一個像他那樣勇於表達自己觀點的人了。愛默生不僅做好了準備，而且急迫的想要承認真理為其他的結論正名。這就是他喜歡蒙田作品的一個基本原因，雖然蒙田的很多作品裡的觀點都讓他反感。他

從來沒有學習蒙田提倡的那種智慧層面上的伊壁鳩魯學派思想，相反，他發自內心的同情自己缺乏耐心，說出自己認為符合法則的事情。在這方面，他超越了蒙田，因為蒙田對於他所持的懷疑主義具有一種教條思想。在蒙田看來，懷疑代表著智慧的高峰與終點。但在愛默生看來，懷疑只是一種實現目標的方式。在他看來，對系統化推理過程的厭惡，並不能代表對真理的絕望。這樣一種約定俗成的信念就是，我們始終無法知道任何確定的東西，而是源於這種情感：我們對真理的感知應該能讓我們確信一點，即在我們的視野內看不到的東西，這一切並沒有結束。

這種寬容的心態對於愛默生來說是非常自然的，好比絕大多數人心中存在的偏見那樣。因此，這顯然是愛默生具有特殊影響力的原因，卻不是他作為成功的布道演說家的原因。愛默生說：「任何充滿力量的演說都必然需要演說者具有一些狂熱精神。」而在說服信徒以更好的方式去對宗教進行思考的方式，沒有比牧師在布道講臺上的演說更加有效的了。雖然所有的假定都似乎違背著他的想法，但他卻可以透過演說在聽眾的腦海裡形成一整套全新的畫面，讓他們像自己那樣看到崇拜的目標。正是出於這個目的，牧師必須要提出某種單一的觀點，以獨斷的方式將其他所有觀點都排除在外。

愛默生欣賞甚至是羨慕他的一些同輩人或是即將的繼任者所採用的「不容置疑的說話口氣」：比如巴克敏斯特、錢寧、格林伍德等人。卡萊爾採用專橫獨斷的演說措辭，衛理公會教派的泰勒（Taylor）神父對水手們所發表的具有畫面感的演說[180]。這讓他們迅速吸引了別人關注的目光。

180　當愛默生還在第二教堂擔任布道牧師的時候，有時就會在泰勒的禮拜堂發表布道演說。後來，泰勒神父來到康科特發表布道演說，並在愛默生的家裡住了一晚。愛默生在日記裡寫道：「泰勒神父是一位偉大的人物。我認為他簡直是一名完美的演說家。他在演說過程中，始終顯得那麼全面，那麼有條理。雖然他讓人困惑的演說讓臺下的聽眾發出了一陣陣質疑聲，這當然會讓他的演說失去一定的效果 —— 但是，他的演說是多麼的優美、內容是多麼的豐富，是多麼的具有深度，為聽眾帶來多大的心靈愉悅啊！對於那些水手與窮人來說，他彷彿就是莎士比亞的化身。上帝找到了一個能夠發出神性旋律的豎琴，然後讓美妙的音樂在洞穴與地下室裡迴蕩。泰勒神父就是這樣一個例子 —— 在此時此刻，我要說，我們可以從他這個例子中感受到力量，因為他所具有的智慧，並不是由他一個人占有的。他無法對此進行回想或是運用，而是彷彿讓他用一陣陣充滿著憐憫之情的微風吹拂著聽眾的臉龐。對我來說，他是一個非常有魅力的人。我為他所具有的個性感到高興，他表現出來的行為與三帆快速戰艦一樣，能夠讓我們彷彿在短暫的一瞬間置身於大海的中心，然後為我們建造一條白色

但是，對於他本人來說，要是他擁有這些選擇的話，我認為他還是會選擇自己的演說方式，即使這不會帶來任何的補償。他必須要保持自由。若是沒有了自由，這些人就是自身才華的受害者，所具有的能量都會受到他們短淺的目標的限制，他們的目標就是要讓心智對全新的光明保持開放的態度，激勵著別人也這樣做。愛默生認為，這才是他的本性具有的東西。他欣然接受這樣的事實，正如他平靜的接受其他事實一樣，內心始終不帶任何遺憾，因為這其中涉及到他內心失落的目標。

西元 1838 至西元 1839 年，愛默生在日記中寫道：

我悲傷的發現，當人們發現他們現在的指引是錯誤時，我卻發現自己沒有了任何熱情，也沒有了去指引與幫助他們的任何資源。這次教育大會的氣氛是冰冷的，但我也許應該保留一個希望，即我不能認為自己是在受到別人的吩咐下在進行諮詢的。無論是在布道講臺還是在教師大會上，我都討厭發表布道演說。布道演說代表著一種承諾，我想要說出自己此時此刻的情感與思想，同時附帶聲明我明天也許會說與此完全相悖的觀點。我希望得到的是無限的自由。

探究的態度並不是崇拜的態度，人們也不會在教會的一聲令下，就盲目的團結在教會周圍。愛默生的信仰在擺脫了傳統的管道之後，依然能夠

的街道。他廣受歡迎，正是對他的演說能力的最大認可。他在演說中表現出來的輝煌人生與快意人生，始終讓我們保持著清醒的頭腦，即使是在茫茫的黑夜裡，依然發出光亮。他將那些流連於酒吧間的紳士稱為『就像一隻在吧檯前面奄奄一息的小鳥』。當他出去為慈善事業出力的時候，他認為自己彷彿『像一隻海鳥那樣在雨中不斷飛行』、『我已經年過半百了，我從未認為哪一天是不幸的，每一天都是幸福快樂的。』、『我已經去過世界的每個角落，我從未遇到一個不值得我去愛的人。』、『對於人類來說，這個世界太大了，因此根本沒有製造任何隔離牆的必要。』他說的這些話是多麼的具有思想啊！即使是讓他指引那些龐大的海馬渡過大海，他也會讓牠們在陽光明媚的海面上前行！但是，當他在某些情況下被強大的海怪所擊倒的時候，他就不能再給別人任何指引了。」

泰勒神父也非常喜歡愛默生，雖然他對超驗主義理論的評價並不高。約翰‧皮爾斯博士在他的日記裡懷著真誠的憐憫心記錄了泰勒神父聆聽關於超驗主義演說的評價：「要想改變人類的靈魂，需要進行許多布道演說，正如要想讓讓一個人喝上一大杯牛奶，需要花費力氣去擠奶。」但是關於愛默生，他在與安德魯（Andrew）州長說話時做出過評價：「愛默生是上帝創造出來最美好的人。我能感覺到他的這部機器裡的某個部件出現了鬆散的情況，但我不知道具體是哪個部位，因為我始終沒有聽到這部機器發出任何嘈雜的聲響。當他去世的時候，肯定會進入天堂。因為如果他死後進入地獄的話，那麼地獄裡的魔鬼也將不知道如何處置他。但是，相比於希伯來文經文所提倡的原則，他似乎不了解《聖經‧新約》的內容。」（出自 E‧D‧切尼〔E. D. Cheney〕女士，西元 1884 年 7 月 28 日在康科特舉行的紀念大會上）

自由前行，但這樣的思想卻沒有滿溢出來，淹沒「一般的教會」的小溪與淺灘。在那個宗教形式普遍遭到鄙視的時代，他無法以安全的方式表達自己的觀點，而全新的宗教形式卻也沒有在他腦海裡變得清晰起來。雖然他認為自己沒有能力去實現這些目標，但他依然認為布道牧師對當地社會來說是需要的。西元 1838 年，他在一篇日記中寫道：

我不想成為一名神職人員，也拒絕日後成為這樣的人。但在我所在的城鎮，神職人員的頭銜在我聽上去依然像音樂那樣悅耳！在我看來，神職人員不可能是一個安靜且完整的人，但我們多麼需要那些無比高尚的神職人員啊！

至少，愛默生會說出自己所認為需要的東西代表著一種負面的狀態。如果公眾崇拜是為了在社會經濟中維持原有的地位，那麼這些都必須要盡力避免的：

我應該坐下來認真思考，寫一篇關於美國牧師的演說，向他們顯示當代神學與教會骯髒醜陋的一面，向他們展示道德本性的榮耀與美好。牧師必須要遠離任何蒼白無力的教條。當代的現實主義可以作為一種衝鋒思想提醒著他們，只要禱告開始了，我就會退縮或是畏懼不前，不會因為我的裁縫為我做了一個很大的領結，就認為禱告的行為是糟糕的。

在這個時代，如果我前去教堂的話，通常會發現那裡的牧師在某種程度上都是精明之人，但整個教會卻顯得那麼空洞……在那個清教徒朝聖的時代，這些牧師所持的信仰，正是當年鞭打與迫害其他人的信仰。他們的布道演說是具有想像力且狂熱的，每句話都像一塊石頭。

一、兩天後，在收到神學院畢業生的邀請，面對這些即將成為基督教牧師的學生，愛默生來到劍橋向他們發表演說。據我所知，愛默生的演說激起了學生們的熱烈討論，演說內容只是他一些手稿的部分內容。之後，他開始按照一些議題對手稿進行分類，甚至還為此寫了一篇緒論。

當然，愛默生知道，他的演說內容肯定不會被學校所接受的，當然也

不會為教會所包容。但是，他所譴責的邪惡是這麼的明顯，因此覺得每個人都不該對這些邪惡的存在抱有不同的態度，無論他們各自想出什麼樣的方式去擺脫這些邪惡。7 月 8 日，愛默生在日記裡寫道：

我們避免談論那些會為信徒們帶來思想震撼的話題，甚至將那些原本不屬於耶穌基督榮耀的題目都拿走了。但是，這樣一種恐懼只是他們無力去激發信徒道德情感的表現。如果我能夠吸收這種智慧，就會馬上將這種智慧說出來。這樣的話，信徒們馬上就會產生愛意與敬畏之心。對耶穌基督的崇拜也正是為此。如果你能讓每個信徒都明白這樣的智慧，那麼他們就會感覺到所有一切都是美好的，上帝也會重新在他的心靈世界裡歸位。當我像此時此刻這麼清醒的時候，說出一個簡單的事實，那麼所有的抱怨，所有不願意聆聽的想法，所有會對良知造成危險與傷害的一切，都會迅速萎縮，然後消失。這就是我在神學院發表演說的主要內容。

在西元 1838 年 7 月 15 日，愛默生在神學院的小禮拜堂發表了演說。除了學生之外，他還當著其他人的面，其中就有亨利·威爾牧師，他是愛默生之前在第二教堂任職時的同事，現在擔任神學院演說與牧師關懷方面的教授。在演說之後，威爾以平常的友好方式與愛默生進行交流，表達了他對愛默生部分觀點的認同。與此同時，他在第二天寄給愛默生的一封信裡，不得不表達出愛默生在演說中「傳遞出高尚的理想與精神的美好形象」，同時他坦承愛默生的一些言論在他看來是值得懷疑的，而這些言論的流行有可能會顛覆基督教的權威與影響力。

與他那些自由派的兄弟們一樣，愛默生也許要比他們當中絕大多數人都更加清楚這其中的危險。

愛默生在那個時期的日記寫道：

我們要考慮到，宗教改革是需要允許的。我們會說，你所做出的行為在《聖經》裡並沒有標明 —— 其中應該做的有第一種行為，第二種行為，第一百萬種行為 —— 但是，無論是過去還是現在，這樣做所遭受的懲罰

都應該是一樣的。卑鄙的行為會讓你變得卑鄙，神聖的行為會讓你變得神聖。當一個人從束縛他的恐懼中擺脫出來的時候，就會失去一切恐懼加在他身上的束縛。當這樣的誘惑變得強烈時，他就會嘗試這樣的罪惡行為，然後才知道其後果。現在，我討厭失去這種振奮精神的力量，而最後擺脫墮落罪惡的行為又是那麼可貴，因此我不會對採取的行動方式過分小心謹慎。要是能夠獲得好的結果，我願意感謝這個過程中所犯下的任何錯誤、頑固的行為或是愚蠢的行為。

　　但是，我們必須要面臨這樣的危險：如果我們全部都能得到拯救的話，就必須要透過自身信念的力量，而不是透過對自身軟弱依然抱著虔誠的態度。難道懷疑主義本身就是一種隱蔽的懷疑主義念頭，這不讓我們感到恐慌嗎？難道這沒有顯示我們對宗教的現實缺乏自信嗎？

　　他們認為，除非真理本身得到支持，否則真理就不會持久。他們似乎認為，上帝的宗教以及上帝的存在都是取決於我們說了些什麼。對於那些只重視宗教表面的人來說，這是很自然的想法。如果他們的信仰本身並不能讓身邊的人都認可的話，那麼這就像遭遇海難一樣無法維持。對於一位真正的信仰者，一個認為自身的信仰代表著意識的人，他們永遠不會因為別人沒有看到他所看到的事實而感到內心不安。

　　愛默生深知喀爾文教派的衰落所造成的可能風險。他說：「現在流行的宗教就是一位非常優秀的治安官。」但是，如果這位治安官遭受大家的鄙視，無法贏得他們的尊重，難道大家豈不是不再像之前那樣需要他了嗎？我們是否可以從表面的方式，去找尋任何可以為社會秩序變得鬆散所帶來恐懼感的藉口呢？事實上，這樣一種觀點沒有被很多人廣泛的意識到。除了波士頓與劍橋地區，我們只是偶爾看到受這種思想影響的孤獨思考者而已。傳統意義上的正統思想依然占據優勢地位，而正統思想則用漠不關切的態度，看著理性主義者與那些占據了古代虔誠派與新光明運動派之間的爭吵。也許，這兩派在意見方面並沒有出現多大的分歧。一些宣揚

正統宗教思想的報紙甚至都為愛默生說好話，為他遭受到自由派人士的攻擊進行辯護。

但在週四波士頓舉行的牧師演說大會上，還是出現了一陣思想上的震撼，而這樣的思想震撼很快就在這些牧師所能影響到的圈子裡傳播開來了。很多人都說了一些強硬的話。當這些演說稿印刷出來之後，受到了當時波士頓一份主流報紙《波士頓日報》的猛烈攻擊（西元 1838 年 8 月 27 日）。這篇攻擊文章並沒有署名，但一般認為是神學院聖經文學的前任教授安德魯斯·諾頓 [181] 所寫的。諾頓是一位具有智慧與威嚴個性的人。我認為，他可以說是自由派基督教的代表性神學家。在這篇文章裡，他猛烈的抨擊了馬提紐女士、雪萊、庫辛（Cousin）、卡萊爾等無神論者，以及泛神論者史萊馬赫等人，將他們說成是超驗主義學派的創立者與養育者，將這種思潮貶斥為一種錯誤的概念，不斷對我們的社會帶來不良的影響，宣稱這些思潮是根植於一些晦澀難懂、充滿朦朧色彩的最卑劣德國投機思想家的思想。最後，他在文章裡還對愛默生所發表的演說進行了一番抨擊：「愛默生在演說中所描述的事物狀態，似乎只能代表著一種愚蠢的暴動，是一種類似於傑克·凱德（Jack Cade）式的反叛行為。如果參與其中的人沒有因為自身的無知而獲得自信，如果他們攻擊人類社會以及人類幸福的基礎，那麼這樣的反叛很快就會平息的。有人擔心，這些愚蠢的女人與愚蠢的男人都在慢慢疏遠基督教信仰，當然前提是他們所脫離的是真正意義上的基督教。這種邪惡的思潮已經造成了一些災難，讓人們感到恐慌。目前的這些事實就是這些思想造成禍害的最好證據。」—— 他將愛默生的演說當成最好的證據，表示這些演說足以顯示作者完全否定了基督教所具有的神性啟示……如果他以某些恰當的方式去信仰上帝，那麼他在演說中必然會讓聽眾認為，他的演說充斥著錯誤的判斷，也很不符合禮節。

這篇文章還解釋了一點，即那些廣受人們尊敬的教會負責人絕不應該

181　安德魯斯·諾頓（Andrews Norton，西元 1786～1853 年），美國神學家、牧師。

為這種侮辱宗教的行為負責，因為他們並沒有招惹什麼，相反的，那些剛畢業的神學院大學生應該對此負責，因為他們已經成為了那種邪惡思潮的同謀。當然他們也許是無辜的同謀，根本不知道這樣做是犯下了大錯。我們應該警告他們，如果他們有人認同愛默生的演說觀點，那麼他們在擔任基督教牧師之後，就必然會欺騙他們的信徒，在一些務實的問題上犯錯，無法抵制誘惑。這樣的人將會為他們這些思想而選擇過著欺騙的生活。

正如愛默生後來在一封寫給卡萊爾的信件裡所說的，我沒有將這稱為「小題大做」，從未想過會因為勤勉僕人的回憶而遭受指責，指出那位教授說出的缺乏仁慈的話語已經顯示了他過度的熱情。在很多善良與友好的人裡 —— 其中一些人比較傾向於支持愛默生，他們認為那位教授的話是一份具有分量的宣言（也許是分量過重的宣言）。但這樣的宣言也讓他們知道了，正統的宗教思想在當時新英格蘭地區依然具有很強的影響力，民眾的思想依然沒有得到開化。即使如此，超驗主義者們依然努力的否定正統宗教思想的整個理論基礎。這表示，那些在宗教方面有著先進觀點的人，他們一開始都懷著真理是一種寄託的假定，認為這可以讓他們直接與上帝進行交流，現在他們對此已經無法容忍了，因此譴責任何激進的做法。正如愛默生所說的，在這些改革家看來，那些依然堅持宗教改革的人是比教宗更加可惡的人。

毋庸置疑，這是一個非常極端的例子。一般來說，自由派的基督徒會一邊譴責愛默生所發表的觀點，另一邊則似乎小心翼翼不將他納入譴責的範圍之內。當時的主流宗教報紙《基督郵報》由詹姆斯・沃克（James Walker）擔任主編，他就對當時這種鬆散且不嚴謹的觀點表示懷疑，他認為有必要反駁愛默生的觀點，將其斥為不具有任何神性或是常識的演說，但他卻依然對愛默生懷有敬意，與他保持著友誼。錢德勒・羅賓斯（Chandler Robbins）牧師是愛默生在波士頓第二教堂的繼任者，他在《基督郵報》上發表文章，表示愛默生從未被視為一名正統的基督教牧師，但他也指出愛默生是一位具有很高天賦、成就與神性的人，在他的靈魂深處以及

他的人生行為舉止上，都符合一位基督徒應該有的表現。康維斯·法蘭西斯（Convers Francis）牧師後來接替了威爾在神學院的教職，在愛默生發表完演說的那天晚上，他就在愛默生的家裡住了一晚。在得到他的許可之後，我在下面引述他當時寫的一篇日記。在日記裡，他是這樣說的：

當我們兩人獨處的時候，他談論了在神學院發表的演說，談到了別人因此對他進行的毀謗。對於我提出的反對與質疑，他都進行了極為真誠的回答。他是一個性情冷靜、沉穩與具有簡樸靈魂的人，始終找尋著真理與人生的智慧。他始終愛著人類，追求著善意。我從未遇到過像他這樣的人。他不是一位哲學家，而是一位預言家。如果你像他那樣看到真理，那麼你會認為他是一位具有天賦的老師。如果你無法像他那樣看到真理，那麼他跟你解釋再多也是毫無意義的。但是，我們不能對他貼上預言家、狂熱分子或是冒牌者等標籤，這些標籤都不能真正的代表他。他是一個真實與具有神性的人，雖然他對理想的追求讓他對現實產生了鄙視的情感。

這可能是對這件事感興趣的絕大多數人所持的一種想法。在他們這個圈子之外的很多人都認為，他們必須要捍衛基督教的聲譽，抵制所有不符合《聖經》內容的攻擊，因此他們警告所有人不要將基督教信仰與缺乏權威的觀點混在一起，即使他們有時是在布道講臺上聽到這些異端邪說。

愛默生的朋友亨利·威爾[182]（愛默生有時將他稱為勒·邦·亨利〔le bon Henri〕）就處於風口浪尖之上，他有時也會為自己對愛默生的尊敬與愛意產生困惑之情，同時他又是一個具有嚴格責任感的人，這就要求他不得不出面譴責愛默生所犯下的一些過錯。在他看來，「靈魂無法了解任何人」的觀點就足以證實愛默生是一個無神論者。在一篇面向神學院學生的布道演說中，他充分表達了自己的觀點，這發生在愛默生的演說稿出版之後。他將這篇布道演說稿的影印版寄給了愛默生，並附上了一封信，表示他這封信是反駁愛默生的一些觀點。事實上，這封信也的確有這樣的意

182　亨利·威爾（Henry Ware，西元 1765～1845 年），美國著名神學家、牧師。

思。但他同時也急切的表示，這樣做並不是為了攻擊愛默生，因為他也不是完全了解愛默生這些思想的嚴格本性，或是無法透過爭論來為自己的觀點正名。

　　愛默生的回信內容經常為人們所引用，因為這封回信因其展現出來的冷靜秉性，同時坦承自己缺乏理智推理能力而聞名。愛默生表示，這個世界上沒有比他更不願意與別人進行爭論的人了。「我不可能與你在來信中提到的任何一個問題進行『爭論』，因為我知道爭論對於任何一種思想的表達都沒有什麼作用。」但是，這裡存在著誤解的風險。愛默生顯然不願意與人進行爭論的，但在這樣的情況下，爭論也是不適合的。他只是想要喚醒同輩人對宗教事實的深刻感知，而這是不可能透過爭論來完成的。一個人要是始終感知自己置身於上帝的影響下，那麼他可能會根據自己的人生經驗去揭示一些啟發，可能會透過爭論的方式去對自己的經驗進行總結，也有可能會將自己的理論神學化。但是，任何神學方面的爭論都只能向上帝證明，你是一個缺乏宗教信仰的人，正如任何關於光線的科學論證，都無法讓一個盲人感受到色彩的存在。他沒有任何辦法去證明自己爭論存在的基礎，他可能承認或是否認這點，但這些理論對他而言也只是單純的理論性假設而已。威爾認為，我們應該將這些特質歸結為上帝 —— 他的正義與仁愛 —— 除非他們是屬於某個具體的人，否則這就是一個單純抽象且空洞的名字。倘若愛默生是一個喜歡爭論的人，那麼他可能會回答說，對他而言，這一切都不存在任何抽象。如果這些特質能夠建構成一種與我們完全不同的本性，如果上帝的正義與仁愛與人類所說的這些美德是不同的話，那麼上帝的信徒所說的這些就不單純是抽象的概念，只能證明上帝是不存在的，是一個由人們臆想斷定出來的東西。如果這兩者是一致的話，那麼靈魂無法了解任何人的信條，只是意味著我們對這些神性特質的了解，並不能保證我們將上帝歸結為時間與地方的局限，因為時間與地方的限制只適用於人類身上。

　　要是威爾與愛默生都說出他們心目中的神學理念，我認為他們的理念

不會有太大的區別。愛默生可能「會透過他的形上學」否定上帝的個性，但他從來都不怎麼關心自己的這一套形上學。他所談到的個性，似乎只是某種局限個人的東西。在發表那篇演說幾個月前，幾名神學院的學生過來拜訪他，就這個方面向他提出了問題。愛默生在日記中這樣寫道：

西元 1838 年 3 月。這些友善的年輕人就有神論的問題向我提問，他們認為我關於上帝非人格化的論述是非常可怕的，我該怎麼回答他們的問題呢？我說，當我在自己的良知世界內進行探尋的時候，無法找到任何事實可以證明上帝是一個人，而是與此相反的結論。我認為，要是我們說上帝是具有人格化的話，這是一種褻瀆的行為。要是我們將他視為像人的個體存在，這就會讓他從我的意識裡消失。如果他是具有人格化的，那麼他最多也只是一個偉大的人物，比如受到民眾崇拜的人物。靈魂所做出的自然回饋，要比你們在這些爭論中戰勝別人的有意識的思想更重要。這樣的思想並不是被「正確的方式」所控制的，也不會按照一定的比例或是真實的影響展現出來的。這需要一些強而為之、聲嘶力竭且三心二意的目擊者。就在昨天，我參與了一場關於有神論的閒聊。我說，在這個問題上，我們很難找到任何語言去進行描述，這些語言只是輔助性的，而不具有充分性的，這些都是我們自身思考的一種表達，而不是思考的複製品。我之所以否定上帝的人格化，只是因為這實在是對上帝的過度貶低，而不是過分讚美。生命，個人的生命，相比於上帝所具有的能量，是微不足道且冷漠的。因為理智、愛意與美感，或者說所有這些 —— 都代表著更高的生命、更高的理智與更高的愛意。

如果個性的貶值是自我意識的話，那麼愛默生不會否定上帝也具有這樣的個性。

愛默生在西元 1835 年的一篇日記中寫道：

當我們使用「無意識」一詞時，這存在著嚴重的語義含糊 —— 這個詞語廣泛應用在當代心理學領域。我們說，我們的美德與天才都是無意識

的，說它們都是上帝賜給我們的。那些反對者則反駁說，要是將神性的存在視為一種無意識的存在，這是非常恐怖的。但是，我們所談論的無意識只是與我們存在著關聯的東西。我們是根據我們尚不了解的更高原則去說話與採取行動，透過屈服於自身對此的認知來獲取對身邊事物的了解，我們無法凌駕於此，或是監督其運轉 —— 我們無法看到它是以什麼方式影響我們的。但是，當我們這樣說的時候，可以斷定它與任何涉及自身的意識或是無意識都沒有任何關係。我們可以立即看到，我們無法使用足夠微妙的語言去描述這個我們無法接近的領域。那個領域的空氣是那麼稀薄，任何語言的翅膀都無法飛進去。我們不能說上帝是具有自我意識或是沒有自我意識的，因為一旦我們的雙眼注視著那可怕的本質，那麼它就會迅速逃脫所有的定義，讓我們所有的努力變成無用功。

　　人類的心智就像一塊稜鏡，能夠將神性法則的光芒聚集起來，從而讓我們可以看清楚所謂的上帝個性。到目前為止，所有的聚焦都是聚集於無限之上，因為上帝表現的形式或是個性都超出了人類心智的理解範圍。但是，我們必須要努力擁有良好的心靈，因為當我們說出內心一些真誠的懷疑後，這會讓我們處在一個更不利於行動的心靈狀態。我們表達最好思想的話語，或是我們表達自身信念的語句，都會讓我們似乎變成了有神論者，讓我們擁有全新的勇氣與力量。

　　愛默生否定上帝具有的個性，只是為了重申上帝本性所具有的無限性，說明這超越了人類想像與理解能力所能企及的範圍。但是，愛默生並沒有繼續去涉足這「渾水」，因為這些「水」至少在目前來看還是清澈的。那些自由派則毫無緣由的警告公眾要反對愛默生的投機思想，直到他們能夠想出更好的解釋。這些自由派願意承認，要是將宗教思想與宗教形式脫離出來，這會存在著極大的危險。他們認為，當我們不再承認耶穌基督是上帝的話，那麼危險就已經到來了。因為他們認為，只有透過耶穌基督這個人，上帝才能向所有的基督教徒的心靈直接傳遞他的啟示。整個基督教的理論基礎都是基於這個事實。如果這個事實遭到否定的話，那麼所有關於基督教的歷史事實都將會變得無足輕重。

愛默生沒有過分看重自己的演說，他其實都沒有將自己最想說的話說出來，同時為自己所說的話遭受到的誤解感到震驚。因為，他的很多基督教兄弟都認為，他是在貶低耶穌基督的品格。事實上，愛默生並不是這個意思，他只是希望人們能夠在更加真實的情況下去崇拜耶穌。要是超過了這個真實的範圍，那麼這必然會使信徒無法得到真正的啟發，即使得到所謂的啟發，這樣的啟發也將失去原先的力量。愛默生在西元 1838 年 7 月的日記中寫道：

　　另一種樸素的思想就是，很多見風使舵者都會迅速站出來反對耶穌基督的名聲，將其名聲提到非常高的位置，滿足自身的驕傲情感。這就需要那些真正熱愛上帝的人去愛上帝所給予的愛。

　　伊莉莎白·皮博迪女士在她所寫的關於錢寧博士的回憶錄裡，就說相關的一個段落在閱讀演說稿的時候被刪除了。她希望愛默生將這個被刪除的段落在出版的時候恢復過來。但是，愛默生在思考之後，決定還是按照原先的方式進行出版。愛默生的意思已經很明顯了。如果不這樣做的話，他所表達出來的一切都像馬後炮，這讓他到時候無法為自己進行解釋。

　　在那個時候，愛默生的演說所造成的影響，應該會讓他從此遠離任何學會演說或是教會演說了。

　　愛默生在寫給哥哥威廉的信中表示：

　　我希望在今年冬天繼續在波士頓發表演說，也許當地的民眾因為一些報導的影響，不願意出來聆聽我的演說，不願意購買我所寫的書。我希望能夠免費發放一些演說門票，這樣我的努力就不會白費。

　　愛默生在日記中寫道：

西元 1838 年 8 月 31 日

　　昨天，在優秀大學生的週年紀念日上，我發表了一場演說。我認為，如果一個人是真正的學者，他就應該獲得完全的自由。一些年輕人與成年

人所表現出來的厭惡情緒以及他們臉上露出的反感，這些都是我所預料到的。我對此沒有做出任何反應，內心也沒有一絲恐懼。因為，如果他們只是一位觀察者、一位不帶情感或是沒有偏見的報導者的話，那麼他們所處的立場就應該是不受任何外在影響的。他們不應該帶著任何反感的情緒去聆聽，也不要讓自己處於孤立無助的地位。那些庸俗之人認為，他們應該形成一個派系，或是獲得一些任命什麼的。但是，他們更加清楚自己需要什麼，他們更願意得到好處。這個社會無法賄賂我，政壇勢力、教會、大學或是市政府都無法做到這點。我所擁有的資源還遠遠沒有耗盡呢！如果他們不來聆聽我的演說，我會騰出更多閒暇時間來創作我的作品。除此之外，大家都公認且接受的一句格言，就是一個人應該在自己能力範圍內去做某些事情。當你勇敢的堅持自己的立場，亮出自己的態度，去做你認為你完全有權利去做的事情，那麼所有人都會為你讓路。那些竊竊私語者、那些仇視你的人、那些謾罵你的人，他們都是誰呢？他們都是一些沒有知識且沒有任何穩定心智可言的人。與此相反，真正的學者會堅信自己的觀點，相信終有一天，當初辱罵他的人都將會為他喝彩。要是我們對那些辱罵你的反對者進行分析，就會發現他們之所以辱罵，是因為他們感到了羞澀、迷惑或是不知道什麼才是真正有價值的東西。

人們經常可以從那些充滿怨恨情緒的批判家那裡看到這樣的情形，似乎他們能夠嗅出遠方傳來的異端邪說。然後，他們像那些思想幼稚的人傳播內心無法遏制的憤怒情緒。

這樣的情形之所以讓他感到不滿，主要是因為這讓他思考自己：

我看待自己與別人一勞永逸的方式，就是將時間、空間與個人關係的「野草」全部都放在一邊。因此，我所遇到的一切批評，包括極端的批評或是讚美，都會讓我的心智處於失衡狀態，讓我在某個時間裡以錯誤的方式去面對別人，無法釋放出自發的情感，浪費著我的時間，失去原有的思想，在貧瘠的個人思考中自我封閉。因此，我討厭因為別人的指責或是

讚美而受人關注。我所祈禱的是，我可能永遠無法了解一個事實，但我希望能夠對許多問題進行研究，讓我永遠都不會覺得自己的心靈是多麼的貧瘠、荒蕪。

給哥哥威廉的一封信

西元 1838 年 9 月 2 日

我在劍橋的演說招致了許多的反感，現在已經過去 9 天了。神學院方面當然有權發表措詞強硬的聲明，否定我所說的任何觀點，同時表達對我的觀點的反感。因為如果神學院不這樣做的話，就會顯得他們是支持我的這些「異端邪說」。一些人甚至建議將這件事放到議會去進行討論，看看人們對這個重要問題的看法。

愛默生在日記中寫道：

我千萬不能陷入這種庸俗的幻想當中：即認為每當別人反對我的時候，就認為自己是遭受到別人的迫害。我認為，沒有比我得到更多而遭受更少懲罰的人了。我能夠接受幾個人或是數百人說我是壞人或是愚蠢之人 —— 我也得到了許多朋友的尊敬，這些都是超越於彼此的想法的。除此之外，我還是會經常與那些說我是壞人或是愚蠢之人進行交流。我深知自己肯定存在很多缺點。我知道自己還有很多沒有實現的目標，我做的很多事情都沒有讓自己感到滿意，因此我遠遠沒有達到完全順從上帝的程度，我又怎能期望去滿足別人的要求，贏得他們的愛意呢？一些人不給我好臉色、寫一些諷刺我的文字，這些都是我為自己的缺點所付出的卑微代價。

愛默生繼續埋頭自己的研究，並沒有為別人的冷言冷語所影響，不過他還是為自己所得到的對待感到寒心。也許，最讓他感到惱怒的是，他發現自己作為所謂的「新思想」的始作俑者而臭名昭著了。

第九章　宗教

第十章
在康科特生活期間，拜訪者與朋友

對於那些之前在宗教與社會學領域之外遊蕩的人來說，康科特地區引發的思潮已經變成了一股潮流，讓許多人過來這裡交流觀點或是就彼此的活動範圍進行交流。當愛默生在這年秋天神學院的演說結束之後，來了一位與眾不同的訪客：他是一位宗教神祕主義者，也是最為簡樸與謙遜的人，但他經常為突然而至的內心熱情所點燃，這讓他會超越自己平時的自然本性。正是這種內心的熱情讓他來到了愛默生面前。他不是要與愛默生比較大家的思想或是尋求建議，或是說出自己的一些想法，也不是要警告愛默生不要在智慧領域內表現得那麼驕傲，更不是要勸告愛默生停止這種自我指引的生活方式，重新成為一個缺乏主見的人。他就是瓊斯・維里，一位來自塞勒姆地區的年輕人。他當時雖然經濟狀況窘迫，但還是上了哈佛學院讀書，並在西元 1836 年以優異的成績畢業，成為了學校的一名講師，負責向大一新生講授希臘語。我就是他所教的那個班的學生。我還清楚的記得，他是一個身材較高，體型瘦削的人。當他從別人面前經過的時候，經常擺出一副不苟言笑的臉。但更有趣或者說獨特的是，他對我們每一名學生都充滿了個人的興趣。他不看重我們在學業方面的成績（雖然他也從未忽視這方面），更看重拯救我們的靈魂。對學校的一些管理者來說，他的這些表現足以讓他們覺得，他肯定是已經瘋掉了，於是開除了他的教職，將他送到一所精神病院。對此，他沒有提出任何異議，甚至在薩默維爾的一所精神病院裡非常溫順的接受貝爾（Bell）醫生的照顧。就我所知，他的精神病其實並沒有影響到他正常履行大學講師的職責 —— 我認為，這主要是因為出於這種假定，即《新約》裡的教條就應該按照字面上

的意思去進行理解。不過，維里的精神狀況顯然是急速的朝著不正常的方向發展了。有段時間，他沉迷於心靈的沉醉，這加強了他對宗教的印象。正如愛默生所說的，這讓他對精神領域的事物擁有獨特的洞察力：「他所說的話語，他所持的觀點，都不是完全出於他個人的。他的思想就好比是遠處太陽發出的光芒以及吹拂過來的南風那樣讓人覺得毋庸置疑。」

愛默生在一封寫給瑪格麗特‧富勒女士的信中這樣說：

西元 1838 年 11 月 9 日，康科特

最近，維里來到了這裡，待了好幾天。他是否真的發瘋了這個問題，讓我們所有人都感到困惑。當你初次見到他，聆聽他說話的方式，你可能會認為他已經瘋掉了。但是，倘若與他交流幾個小時，你會發現真正瘋掉的人是你。雖然他是一個偏執狂，但他也是一位非常優秀的人。雖然他的心智沒有處於一種自然狀態，或是沒有處於平穩的狀態，但他卻是一位非常優秀的朋友。我與他進行了多次讓我記憶特別深刻的對話。

愛默生在日記中這樣寫道：

維里對我說：「我感覺，當我聽你發表演說或是朗讀你所寫的文章，就知道你比別人更能看清真理。但我覺得，你所持的精神不是很正確。每次聆聽你的演說，都會讓我感覺到一陣寒氣吹拂而來。」維里認為我過分貪婪的將我所看到的真理據為己有，認為我想著去接受真理或是利用真理，而不是單純的遵循真理。他似乎認為我 —— 特別是在瓦爾登森林的時候 —— 要對他的使命有一個完全的了解，並且參與其中。當我了解他的想法之後，我問他是否知道，我的思想與所持的立場完全是合法的。我說，要是我試圖說出他的思想或是以他的立場為基礎，就好比他代替了我的位置，那麼這就是錯誤與不可能的。當我進行了坦率與全面的解釋之後，他也認可了這點。當我後來在波士頓一次晚上演說遇到他的時候，我邀請他與我一道拜會阿貝爾‧亞當斯（Abel Adams），之後他在我家睡了

一晚。在第二天早上天濛濛亮的時候，他來到我的房間，當時我正在穿衣服。他說：「當我來到康科特的時候，我想要說你說得非常正確。但是，你所傳遞出來的精神是不對的。這就好比我應該說，現在不是早上，但早上說，現在就是早上。」

　　當維里住在精神病院的時候，他創作或者說完成了一篇有史詩性詩歌與兩篇關於莎士比亞的文章。他將這些文章與其他一些詩歌手稿寄給愛默生。他創作關於莎士比亞文章的目的，就是為了表示莎士比亞的主要衝動情感，正是那種感受自身存在的單純樂趣。維里為自己能夠去認知各種生命模式而感到驕傲，闡述了多種不同的活動行為，分享與了自然普遍存在的活動，還有一些關於神性意志的無意識活動，表示這好比一棵樹沒有任何個人的選擇或是意願，或是像風那樣自然而然的吹過樹枝。維里是那種自然且具有自發性的人，會將清白純真的思想帶入到個性的意識當中。在他所寫的關於《哈姆雷特》的評論文章裡，他認為這本書的主旨，就是表達對存在樂趣必須要終結的恐懼心理。有鑑於此，人類的所有進步，所有活動與時刻都失去了行動的意義，因此也是毫無價值的。每個自然狀態下的人都希望能夠獲得永恆的存在。對我們來說，哈姆雷特似乎是瘋狂的，因為我們的主要情感不是關於自身的存在，不是分享這種普遍存在的情感，而是想要在宇宙的空間為自己獲得一些角落，讓自己成為一個富裕，具有能力、學識與智慧的人。但是，只有當我們放棄了這些東西之後，才能找到真正的幸福。無論是有意為之或是出於責任感，我們都必須像莎士比亞在無意識狀態下那樣做，不斷激發出自身的天賦，讓我們按照神性意志去做事。我們必然會再次重生的，或者說，我們的真正生命尚且沒有存在。

　　這些都是愛默生的想法，我們可能認為，當這些觀點以血肉的形式出現在他們面前，他們肯定會受到愛默生的歡迎或是積極的回饋。但是，維里到康科特就是為了自己「實現來世的使命」，但他來到之後卻感到困惑與失望，雖然他始終沒有失去對愛默生的尊重，始終會尋求他的意見，還

時不時將他那些刊登在塞勒姆報紙上的詩歌寄給愛默生。在這個時候，他將自己之前寫的一些手稿留給了愛默生，愛默生後來將這些手稿出版了[183]。

維里回到了自己的城鎮，在他西元 1880 年去世之前，他都一直在這裡生活。期間，他時不時會發表布道演說，但從未成為一名真正意義上的牧師。他年輕時的內心熱情漸漸消退了。當人們在塞勒姆大街上見到他的時候，就會發現他的面容顯得非常友善，但相當憔悴，他過去那種全神貫注進行思考的狀態，依然能在他臉上找到一絲痕跡。但是，他現在卻經常是內心暗淡，憂鬱不得志，似乎他發現了許多重要的資訊，卻始終無法將其傳遞出去。

維里在發現愛默生似乎對他的思想表現冷漠之後感到失望，也許是很正常的。愛默生日後的朋友亨利·詹姆斯希望就喀爾文神學的一些深奧真理以及對社會產生積極影響的方式，與愛默生進行交流的時候，也發現了這個事實。愛默生認為，只要這是具有肯定意義並充滿希望的話，他都願意接受他所說的，而他也非常欣賞詹姆斯對社會成規攻擊時表現出來的幽默之情。詹姆斯生動描述了他找尋愛默生的經歷，甚至來到愛默生的臥室與他進行交流，但這些都無法讓愛默生就人類重生的話題進行討論。他對愛默生的心靈進行了非常好的描述，必然會影響到許多希望向他請教問題的年輕人前來拜訪他，而愛默生每次都會以近乎虔誠的方式接待他們。

整體來說，我認為我一開始對他是感到失望的，因為他的智慧始終沒有達到他那友善的面容與得體的舉止所彰顯出來的程度。在我看來，當他與我待在一棟房子裡，他就是一個神性的存在。每當我感受到房子裡這種神性的存在，都會認為他們將會說出某些對我們智慧層面非常重要的話。最後證明，任何一位坐在軌道馬車上的老太太都能像愛默生那樣，滿足我

---

183 《瓊斯·維里的散文與詩歌》，西元 1839 年在波士頓出版。在重印的時候刪除了散文，增加了許多首詩歌與回憶錄形式出現的評論性內容。這些評論內容是維里所在城鎮的威廉·P·安德魯斯（William P. Andrews）所寫的，並且還附帶了一些散文以及更多的詩歌，甚至還有一幅維里的肖像。

在智慧層面上的貪婪……雖然愛默生始終保持著個人魅力，但在我眼中，他已經失去了在智慧層面上的地位。我甚至認為，我從未見過一位像他那樣如此缺乏精神理解的人……在他的著作或是公開演說裡，他會透過講述一些充滿神性靈感的話語來激勵人們。當你與他在私下場合談話，他是我所見到的所有人當中，少數幾位無法讓你的思想有所獲益的人。每個人看到他在演說的時候（或是他保持沉默的時候），都能夠感受到他身上展現出來的神性美感。但是，當你走上前去與他就一些奇妙的現象進行私下討論的時候，你會發現他是一個完全缺乏反思能力的人。

詹姆斯對此的解釋是，愛默生根本沒有意識到善與惡之間任何內在或是精神層面上的差異。「他始終是我們現有文明體制的頭號叛徒，雖然他會無意識的將一些基本原則放在一邊，在這樣做的時候缺乏良知的指引……事實上，他缺乏良知，總是憑藉感知來生活。這是一個人非常低層次精神功能的表現。」約翰·莫萊（John Morley）在他那篇評論愛默生的文章裡，也提出了相同的批評：「愛默生很少談論教會稱之為罪惡靈魂的可怕負擔與阻礙。無論我們怎樣稱呼這樣的罪惡，這對於人類的道德本性都是一種真正意義上的災難。他就像但丁那樣沒有眼睛，看不到人性可能出現的卑劣、殘暴與讓人絕望的可鄙。如果他能夠看到這些的話，那麼他必然會在進行一般性歸納的時候使用更加軟化的語言去表達……自然的發展過程以及人類在社會中忍受的極大不公，不會讓他感到恐懼與敬畏。即使他能看到這些，也不會認為這就是怪獸。對於黑暗的涅墨西斯（Nemesis）（永久黑暗的化身）或是可怕的厄里倪厄斯（Erinnyes）（復仇女神），愛默生選擇用這個讓人聽著順耳的抽象名詞去替代[184]。」

顯然，這些關於愛默生的評價都是有一定基礎的。但我認為對於他不願意去窺探自然或是人類身上醜惡本性的真正原因，可以從莫萊寫的一篇〈命運〉的文章中引述一段話進行解釋：「對於人類來說，不去探尋所謂的

184　出自《拉爾夫·沃爾多·愛默生的隨筆集》，西元 1884 年在紐約出版。

命運，而以其他方式去做，這才是健康的。用務實的觀點去看待事物，這才是所謂的其他方式 185。」下面一段則是出自他寫的《超靈體》的一段話：「我們認為，人類生命代表著一種意義，但我們該怎樣去發現這種意義到底是什麼？」一個有益的觀點是，這是某種能讓我們變得更好的東西。過分沉湎於我們的缺點、人類的苦難或是缺陷，這是毫無用處的。相反，我們應該將這些視為不斷改進的機會。「如果我們知道這是衡量一個成熟之人的標準，那麼我們就能接受這樣的局限。」因此，愛默生對布道演說與吹毛求疵的態度都是非常反感的。正如詹姆斯所說的，「每當你將社會看成是我們本性的一種救贖形式時，愛默生都會懷著尊敬與憐憫心去聆聽。」但是，如果你攻擊某個特定的機構，比如教堂，將其說成是錯誤或是缺乏理論基礎的，那麼他看上去就會顯得「完全缺乏對現實的感知」。事實上，愛默生根本不在意別人怎麼說他。如果你不喜歡某樣東西，你要做的只是忽視它，然後去做自己認為更好的事情。一位深受愛默生在神學院演說感染的一位年輕牧師，提出以務實的方式去加以實踐的問題，愛默生回覆說：

　　我們談論了社會與教會，如果不是我們允許這些存在的話，它們會是什麼呢？當我們坦承我們對此一無所知的時候：就需要完全沉浸於自己的思想當中，確信我們應該履行的職責，不應該因此妨礙教會的工作。事實上，教會具有生命力的因素都是源於我們自身。只要我們能夠以旁觀者的角度去看，了解更多的歷史與事實，那麼整個社會就會出現進步，而我們的靈魂就會置身於一個較小的環境裡。

　　愛默生隨時準備著聆聽別人關於實現進步與改革方面的觀點，但他主要關心的還是他們的傾向：他們以怎樣的方式去實現這樣的目標，這是他們個人的事情。如果你就此敦促他們，那麼他可能會以優雅的沉默來應對你，或是說一些容易讓你誤解的話，或是正如詹姆斯所抱怨的那樣「無法以和解的溫和態度來應對你」。

185　出自《選集》。

我應該認為，我個人的一些經歷是獨特的，而愛默生早期的親密朋友則更能讓他參與一些討論。但是，如果詹姆斯無法做到這點的話，那麼我認為其他人也無法做到。雖然，愛默生那一成不變的文雅有時會掩蓋他的失敗。

　　這種看似泰然自若的表現以及缺乏回應的行為，通常會讓那些過來拜訪他的人感到困惑，有時甚至連愛默生本人對此都感到困惑。我在前面的章節已經談論過瑪格麗特·富勒女士對此感到的失望之情，甚至連奧爾柯特 —— 這樣一位不怎麼要求別人做出回應的人 —— 都感覺到「愛默生的這種不近人情或是斷斷續續的回答方式讓人感到痛苦」，這是削弱愛默生個人魅力的一個原因。當我懇求詹姆斯談談愛默生寄給他的一些信件時，詹姆斯這樣對我說：「我不會驕傲的認為，我寫給愛默生的每一封信都值得你去讀的。如果你認為值得的話，我也非常歡迎你去閱讀。愛默生在與人往來的時候，始終與別人保持著一定的距離，不斷的感受別人的品味，試圖去了解別人的思想，從而確定別人能夠與他形成呆板或是無精打采式的友情。因此，寫信給愛默生是一件非常累的事情。我記不清自己絞盡腦汁寫了多少封信給他。我只記得我經常收到他那些文雅的回信，他在信中總是用充滿魅力的文筆來表達自己的想法。如果他是一位女性的話，人們肯定會樂於讚美他的。但是，愛默生是一個男人，因此你無法對他說些什麼，只能忍受這帶來的失望情感。現在回想起我當時所懷抱的那些愚蠢的希望，以及我早年認識他的情景，真是太痛苦了。要是我當時聆聽了別人的演說，那麼我可能就會走上另一條道路，找到一條感知這個讓人迷惑的世界的正確道路。但是，愛默生帶給我的只有一些警句，有時這些警句能彰顯出他的聰明，有些則不能。」

　　我可以肯定，這並不是詹姆斯對愛默生所持的真正情感 —— 當時，詹姆斯身患疾病，情緒低落，距離死神已經不遠了。事實上，在我所引述的文章裡，他就說愛默生與別人的關係完全是由他充滿愛意的情感來控制的。當溫·菲利普斯說出了一些「不合時宜的話語」，中傷了愛默生的朋友

霍爾（Hoar）法官之後，他還提到了愛默生在溫·菲利普斯[186]問題上所做出的暗示。但這的確顯示了，很多人都受到了愛默生始終如一的優雅舉止、寬廣心胸的影響，可能會認為他們這樣做只是為了讓愛默生支持他們的觀點。霍姆斯博士就曾這樣評價愛默生：「他的朋友都是了解他的人。」事實上，愛默生讓別人留下的深刻印象，足以消融每個遇到他的人所持的反對意見或是不同的觀點。但是，愛默生卻發現自己的內心逐漸消融，這不僅是因為普通狀態下與社會上其他人的互動，更重要的是他與朋友之間的往來，「因為智力與精神方面表現出不合時宜的癲癇症狀」。他說，在他與他的最親密的朋友之間，始終存在著「一道柵欄」。

愛默生在西元 1837 年的日記中寫道：

人對人做出的一些行為是那麼的不公平，這難道不讓人覺得可悲嗎？我們總是會觸及到對方的痛處。我對別人的了解或是認知，難道就只能透過閱讀他們的書，或是聆聽他們在談話過程中所說的話來實現嗎？我懷著求知的欲望與內心的愉悅去接觸卡萊爾。每個月，我都心懷期望，希望可以與他那樣一位內心高尚的人進行交流，但最後卻發現這只是一種虛弱、疏遠或是誇張的行為，正如閱讀米拉波（Mirabeau）或是狄德羅（Diderot）的文章帶給我的感受。這就是我們所能找尋的。除此之外，我們很難再為彼此做些什麼了。真是受挫的靈魂啊！真正阻隔我們的，並不是大海、貧窮或是個人追求。奧爾柯特就住在我的隔壁，難道這會讓我們的交流變得更加深刻嗎？不會的。大海、職業、貧窮，這些都看似阻隔，但是真正的阻隔是人的自我封閉和不願意與人接觸。每個人都像一個無線的圓形球體，在這樣的狀態下不斷保持個人的存在。

愛默生在西元 1839 年的日記中寫道：

一些人天生就擁有著關注大眾的靈魂，他們能夠敞開大門面向大街那樣生活。與他們形成鮮明對比的是，那些將大門緊鎖的孤獨之人，這些人

186　菲利普斯（Wendell Phillips，西元 1811 ～ 1884 年），美國演說家、改革家、廢奴主義的著名鼓吹者。

始終保持著沉默，經常陷入自己的思考世界裡，遠離人群，害怕與人互動。他們為別人的存在而心存感激，但他們卻沒有能力去與人更好的交流，始終在思考著各種可能性，內心總是充斥著各種想法。一旦遇到那些喜歡喧囂的人，他們就會不知所措，安靜下來了。雖然他們喜歡這些同胞，最後卻發現對某些人無法產生恰當的同情心，無法與他們所具有的天賦或是目標產生共鳴。他之所以孤獨，是因為他在思想中與人交流。當別人走過來的時候，他會趕走那些人，然後將自己封閉起來。如果我們願意的話，每個人都可以是擅長社交的人。我是一個不擅長社交的人，再加上我的身體不好，更是如此了。上天「讓我透過書籍展現自我，然後用一件長袍將我包裹起來。」我沒有社交方面的特殊天賦，也沒有這樣的意願，更沒有希望得到別人的觀點或是指引，改善我在多方面做出的愚蠢表現。

瑪格麗特·富勒寫了一封信給我，表示她等待著我的演說手稿。在與我進行了一些深入的交流之後，她知道最好的我都是透過那些手稿表現出來的。她說得沒錯，我認為別人能這樣說是很好的。我似乎始終都在得到某些支持。事實也的確如此。我在家裡接觸的大部分人，在與他們進行交流的時候，都似乎隔著一條鴻溝。我無法敞開心扉走進他們的世界，他們也不願意這樣做。也許，只有我在準備演說過程中感受到的冷漠或是辛勞才能與之相比吧。你可能會在一些語句中間加入一些內容，這就好比你在與人互動中表現出笨拙或是驕傲的行為。我看到了自己與他們處於這種困境時做出的滑稽行為。但是，我沒有找到任何的解決辦法，我對這種愚蠢的行為或是羞愧情感始終保持著耐心，對別人認為我戴上了吝嗇鬼的面具的說法，我保持著耐心，希望這種貧困的生活能最終帶來富足的補償。但是，對那些一開始將目標定得太高的人，那些一開始認為個人的提升可以堪比出生權利的人，當他們知道自己只能成為工廠工人或是抽水機人員，只能得到某種特定類型的產品，而在其他領域一無是處或是毫無價值，正如類似於客廳裡那些磨咖啡豆的磨具，難道這不讓人感到傷心嗎？

在他的家庭生活圈裡，愛默生始終是一位情感豐富且真誠的人，有時

甚至相當好玩。除了家人之外，他只有少數幾位親密朋友，其中包括他童年時期的一些夥伴。對於他的孩子，或是其他家庭的一些年輕人，他都會吐露自己的心聲。當時一些男孩還記得，他是一位充滿個人渴望與積極情感的人，對他們都非常友善。愛默生曾說：「我那些特別的牧師，就是追求著自己人生道路的年輕人。」對於像霍桑這樣的年長之人，他們也可以相處得很好，因為他們不會談論任何關於宇宙之謎等問題。當他們的天賦或是目標變得過分龐大或是模糊的時候，也不會轉而談到某些特定的問題。

當我們與那些遵循生活規律或是與我們有著相同信條的人進行交流，感覺是多麼的美好啊！我們會感覺彼此能夠翻越高山，跨越海洋！我們說出的每一句話都像擺渡者，能夠將各自的觀點傳遞給其他人。在這樣一種充滿寬容與自由精神的情境下，愛默生說：「想著與人交流卻不遭遇任何不同的觀點，這是非常無趣的。當你遇到那些想要從你身上得到一些啟發的人，而你卻想著透過自己的論述來動搖或是否定他們之前的觀點，這是非常可悲的做法。」愛默生對於當時社會普遍存在的這種風氣感到遺憾。對於那些距離他越近的人，他有時會覺得準確的表達自己會變得更加困難：「奇怪的是，每當我回想起青年時期、過去與別人之間的關係，總會產生一種恐懼心理。不過，當我想起埃倫、愛德華與查爾斯的時候，則沒有這樣的感覺。每當我想起這些親愛的名字以及與他們相關的人時，內心就會產生無盡的悔恨。我只能安慰自己說，如果埃倫、愛德華或是查爾斯能夠完全了解我的心，那麼他們肯定只會看到我對目標始終是忠誠的，始終是慷慨的，而不會只看到我表面上展現出來的冷漠或是謹慎。但是，我有時也會這樣問自己，為什麼我就不能像我的朋友那樣，做到表面上慷慨大度與高尚，同時內心也是如此呢？他們永遠不會在回想過去的時候感到恐懼，而我 —— 有著太多傷心的往事，就像一個瞎子對此視而不見。這可以說是我內心的一個傷痕。」

但是，愛默生並不像某些人所想的那樣，對孤獨有著某種熱情。他

獨處一、兩天之後說：「孤獨是可怕與讓人心碎的。」他永遠也做不了一位隱士——他希望與人相伴，與人進行交流的想法始終是那麼強烈。雖然他因為健康不佳，始終不敢與別人進行深入的接觸。不過，我認為愛默生之所以產生這種抗拒心理，主要還是因為他在智趣層面上的一種習慣——即沉湎於個人印象的一種習慣。正如他所說的，他希望能夠完整理解自己的印象，而不希望將其變成過於普通的印象。雖然他在智趣層面上存在著好奇心與寬容的內心，但他還是反感於任何觀點上的比較。他不願意從自己的觀察塔上走下來，與其他的觀察者進行比較。即使別人主動這樣做，他也會選擇遠離。

愛默生在日記中寫道：

在我看來，當我走在波士頓大街上沉思著我的幽默對這座城鎮所產生的不良影響時，這就需要我具有取悅自己的深思熟慮念頭或是堅持——正是某種「堅韌」，才讓我們具有別人所要求的那種自信與穩定。我的許多想法都轉瞬即逝，正如他們說我寫的句子也是如此。我沿著石頭經過了腳下發出潺潺流水聲的遺忘河，但我的同伴遇到我的機率，與我離開這些石頭，讓我的雙腳走在其他的道路的機率一樣大。最後，我還是跌倒在了遺忘河裡。

愛默生並沒有根據別人對這些前提的看法而堅持自己的想法，而是根據理智所具有的了解去做。他希望透過自己的心靈印象去做，而這是無法透過語言上的交流去完成的。

詹姆斯說：「愛默生不願意面對普通人所遇到的平凡一面。」我更願意這樣說，愛默生的本性以及他所處的環境，讓他從一開始就產生了忽視生活中平凡一面的傾向，不願意去了解每個個體遇到的一些事情，無論這些事是發生在他身上還是在別人身上，他將這看成一種類型，作為對人性某些特定方面的描述。人做出的每種善意行為都會讓他產生興趣，當別人的行為或是想法與他的差異越大，這會讓他產生更強的興趣。愛默生理所

當然的認為，每個人都擁有屬於自己的理想，都有著自己認為完美的視野。他急切的想要知道，到底是什麼讓這個特定的追求目標顯得那麼有趣，到底是什麼讓別人的生活計畫變得那麼有價值。但超過這一範圍之外的東西，他並不準備去探究。

愛默生在這個時期的日記：

我喜歡研究個體的人，而不是作為群體的人。我們很容易精確的了解詩人的思考，但南西（Nancy）小姐或是阿多奈拉姆（Adoniram）則不是這樣。我喜歡個體的人，而不是作為整體的人。本能與個人傾向 —— 這些都沒有任何過錯，這些都具有美感，是我們可以信任且可以遵循的。雖然，它們經常強迫著我們去信任它們。但是，為什麼雞蛋或是蝌蚪不會說話呢？所有這些只是一種描述而已，透過表現出來的徵兆告知我們。我們生活在帳篷裡，我們會用粉筆勾勒出一些輪廓，我們會開玩笑或是插科打諢，為什麼我們要說話呢？讓我們掌握少說話的美德吧。

愛默生在西元 1838 年的一封信裡寫道：

就是在這樣的關係下，我們與那些和我們有著相同想法的人形成了最高層次的友情 —— 這並不是指代某個人。我們會認為他是一個公正、真誠、純真且靈魂寬廣的人，讓他作為我們的代表，去代表我們的人性。

要是我們將這視為愛默生對友情的觀點，這就是一種誤解。當然，這是他對友情的部分觀點，或者說是他個人一種情緒的表現。這就有助於解釋詹姆斯感到困惑的地方，即一個具有「如此強大個人魅力」的人，竟然是「讓人最沒有收穫」的朋友。因為，想要學習別人身上最好的東西，這始終是讓人著迷的。同時作為一名代表性人物，作為人性的標本，這則是讓人感到疲憊的。愛默生意識到了這樣的特性。在寫給瑪格麗特·富勒女士的一封信裡，他就談到了他當時剛剛認識的一個人：

我們對優秀之人表現出來的無限興趣，這似乎暴露了我們的錯誤立場。我們希望他們在某些罕見或是偶然的情況下，為我們展現出他們的本性或是天賦。我們會謙恭的說：「哦，你們這些優秀的人，我知道你們都是具有高尚靈魂的人，所有的天神都愛著你們。請你們屈尊向我介紹一下你們吧，讓我們了解我們所希望做到的事情。哦，你們這些優秀之人，你們快點這樣做啊，因為我可能再也見不到你們了。」在這樣的懇求下，難道會有人荒謬到對此猶豫片刻，或是隱藏他們的美德嗎？儘管如此，那些謙遜的詢問者還應該怎樣問得更少呢？這就是我們真正知道的：你是做什麼的？你在我們的生活圈或是工作圈之外認識更多人嗎？這樣的渴求源於對古代極樂世界的追求，這樣的思想後來形成了所謂的天堂。

在另一封信裡，愛默生這樣寫道：

在經過漫長平凡且斑駁的歲月，一個做夢的兄弟在內心的某個角落珍藏著關於你的形象，這構成了他們過上更加快樂與自由生活的基礎。這樣的情況是否發生在你身上呢？在我有限的人生經歷裡，避免了許多誘惑或是過度的行為，我可以沉湎於自己的幽默當中，認為這些都是經過我地牢窗戶的人像，而不會因為與我的亞列爾（Ariel）與加百列（Gabriel）（替上帝把好消息告訴世人的天使）手牽手前進而冒著別人恥笑的風險。除此之外，如果你與其他欺騙者缺乏你們所炫耀的特質 —— 那就應該努力去擁有這些特質，這些特質就散落在這個世界上，因此，我完全有理由為自己找尋到這些象徵而感到高興。

瑪格麗特·富勒女士與詹姆斯一樣，都對於他們與愛默生之間的關係感到不滿。富勒女士經常跟愛默生提起這件事，愛默生最後不得不向她解釋，不能按照她所說的方式去進行處理。在寫給富勒女士的一封信，愛默生這樣說：

西元 1840 年 10 月 24 日，康科特

親愛的瑪格麗特女士：

　　我收到了妳寄來的那封充滿情感且坦率的信。我真希望自己之前沒有向妳寫那封信。我不應該讓妳就我們之間的關係展開對話或是看法，這可以免去妳的許多煩惱 —— 對於這個話題，我始終都會謹慎迴避的。我對自己能夠在人性的基礎下，與像妳這樣一位充滿常識與情感的女性進行交流感到滿足與快樂，我們可以交流一些思想，我最後都認為，妳說的思想是充滿內涵與具有力量的。對我來說，這肯定是一件好事。這讓我的許多想法與歲月都變得具有價值。至少當我們退休之後，這會將籠罩在社會上的朦朧迷霧一掃而光。這也是建立長久友情的基礎。

　　但說我是一個冷漠或是不友善的人，說在我情緒不穩定的時候，就像一塊冰冷的蛋糕，我能感覺到這些結晶體在慢慢爆炸，並且所有的碎片都固化了。也許，別人會這樣做，但我沒有必要在演說中談到這點。我經常覺得自己成為了一個孤獨且與世無爭之人，不僅沒有什麼社交能力，還經常不與別人分享自己的一些情況。從我的小兒子沃爾多身上，我就能了解自己的品行。當我看到他與自己所騎的木馬進行對話時，說得是那麼流暢，我問他是否愛我 —— 他立即變得沉默與害羞了……我認為，每個人都會向我展現出善意與智慧，我也觀察到了許多有趣的細節，這讓我有時覺得自己有必要對別人做一些事情或是說一些話。我也會有自己喜歡的「木馬」，我也會像妳那樣去駕馭這樣的「木馬」。但是，如果妳問我，我對於妳與我之間的關係，這就讓我感到困惑了……我們的秉性不一樣。我們說話時用著不同的詞語。這就好比我們在不同的國家出生與長大的。妳說妳完全了解我，妳甚至都無法用更好的語言去讓我真正了解妳。有時，我會聽到妳說的一些話，但我依然感覺自己沒辦法了解妳。當然，隨著時間的流逝，我們的確是要比之前更加親近一些了。我認為妳是一個勇敢且有能力的女性，我對此表示尊重。我也感謝妳一直以來對我表現出來的善

意。我認為，要是我們不能彼此以善意相待的話，那麼我們可能早就斷絕交流了，因為我們經常都持有不同的觀點。現在，妳對此有什麼看法呢？獵戶星座的星星不會與夜空的其他星星進行爭論，而是像過去那樣依然安靜的發出光芒。難道我們還比不上這些星星嗎？讓我們還是像之前那樣，不過以更好的方式去做。妳可以跟我談論一切除了我之外的事情，我也願意做出一個明智的回覆。

永遠忠誠於妳的
拉爾夫·沃爾多·愛默生

當然，在富勒女士或是詹姆斯這些本意良好、卻沒有足夠涵養的人，在與愛默生進行接觸的時候，的確會產生比較糟糕的情形。

人們彷彿伸出了行乞的雙手靠近他，但他不認為自己屬於他們。他擺出一副漠不關心的樣子，讓別人不敢靠近，別人很自然會認為他是一個自私之人。很多愛默生不願搭理的人都急匆匆的趕過來找他對話，因為這些人認為愛默生能在信仰或是哲學方面為他們帶來一些啟發。最後，他們卻用他們的愚蠢與不言而喻的嘲諷來回應愛默生。這讓愛默生的家庭生活的理想以及安靜的生活都無法實現。如果愛默生是一個具有憐憫品格的人，那麼他雖然不會對別人的這些責備太在意，也肯定會在內心拷問自己。他們為什麼要過來指責我呢？無論怎樣，我不在乎他們為什麼這樣做。難道他們不知道怎樣控制自己的行為，難道他們就沒有透過自己的雙眼去觀察這個世界，就不能透過自己的思想去感受人性的存在嗎？

愛默生的日記裡存在著一些祕密。表面上，他沒有做出任何標記，也沒有講述「任何破壞他這一天的事情」。我認為，他有時可能會感到失望，為別人製造的一些事情感到煩惱。愛默生始終堅信他對社會的理想，無論面臨多少災難，始終都敞開大門歡迎前來拜訪的人，即使這些人是要到他家待一整天的。愛默生在日記中寫道：

特別是某些沉悶的人（正如我的朋友所想的那樣，我始終跟一群像動物園的野獸那樣的人在一起）過來找你，然後我就會接待他們。他可能提出成立一個俱樂部的建議，或者說為一場對話進行一場會議，雖然我對此是不贊成的。

愛默生在西元 1838 至西元 1839 年的一些日記中寫道：

難道我不應該在日記裡寫下一些對我來說特別明顯的經歷 —— 並且經常在這幾年經常出現的事情 —— 即很多人都跟我商量辯論俱樂部的事情。有時，他們會以教師的名義，有時會以會議的名義，有時以審美俱樂部的名義，現在則是以宗教會議的方式，但對我來說都是一樣的 —— 在那樣的地方，我的記憶始終要比我的智慧更加強大。要是我參加了這些會議，難道我能夠不帶一絲悔恨離開嗎？難道這是因為我是一個受制於自身情緒控制的頑固，讓我不願意相信進行文學對話所能帶來的好處嗎？

當時，舉行一些會議，就一些重要的議題進行討論，這是非常流行的做法。在這些會議上，與會者很自然的陷入自言自語的狀態，沒有進行任何有意義的思想交流。愛默生為這樣的會議制定了一個大家都認可的規矩 —— 任何人都不能在別人說話的時候插嘴。我認為，愛默生很少在這樣的場合說話。對他來說，這些會議的主要價值在於刺激他的思想。即使對於奧爾柯特 —— 這位在他看來是預言家的人，他這樣說：「當我與奧爾柯特進行交流的時候，了解他的想法，這比我自己受到他的影響更重要。他的話語啟發我，我可以自由的進行思考。」

除了這些單調沉悶之人，在愛默生這段創作的高產階段，還有很多古怪的人。不僅有許多「留著鬍子的人」，他們與現在那些沒有留鬍子的人一樣引人注目，還有那些選擇沒有穿鞋的人，或是進入他家卻依然帶著帽子的人。面對那些不顧他提醒，依然帶著帽子進入他家的人，愛默生也會帶上帽子，然後對他們說：「好吧，如果你們願意的話，我們還是到庭院去聊吧。」然後，就領著他們朝庭院那邊走。

雖然我們不能說愛默生像華茲渥斯那樣，都喜歡在室外進行創作，但午後的散步卻是他每天生活的重要部分，這樣做不單純是出於鍛鍊身體的考量。愛默生說，當他來到山丘的時候，可以更加自由的作詩。當他有人相伴的時候，就更能敞開心扉與他人進行交流（這樣的情況只出現過一次，除非是在週六）—— 在那個時候，跟他一起散步的人最多的是梭羅或是埃勒里·錢寧。梭羅是一位敏銳的自然觀察者，是愛默生在散步時最好的夥伴。我認為，奧爾柯特並不喜歡散步。我聽別人說，他更喜歡與人坐下來進行聊天。

　　西元 1842 年到西元 1846 年間，在這座村子另一端住著另一位著名人物，他依然住在古老的牧師住宅，他就是霍桑。霍桑是一位非常喜歡散步的人，雖然他並不經常跟愛默生一起散步。我只知道他與愛默生進行過一次散步。當時，霍桑剛剛回到康科特居住，愛默生就前去找他一起散步。

　　在霍桑去世後，愛默生在日記裡寫道（之後加上了西元 1842 年 9 月 27 日）：

　　我已經忘記是哪一年了，當時他結婚之後就住在牧師住宅。我對他說，我從未見過你做一些冒險的事情，我們必須要一起試著走一段很長的路。你願意跟我一起走到哈佛，去看看那裡的震教徒[187]嗎？他同意了……這是一次非常有趣的徒步旅行。我們一路上聊得非常開心。我還特別在日記裡記錄了此事。

　　下面就是他的日記：

　　9 月 27 日這一天非常晴朗。霍桑與我一起徒步旅行。我們一路上沒有遇到什麼特別的事情。我們當時的精神狀態都非常好，聊了很多話題。因為我們都是喜歡收藏書籍的人，而且從未有機會看看對方櫃子裡到底藏了

187　震教徒（Shakers），又稱為震教教友會教徒（Shaking Quakers），屬於基督再現信徒聯合會，18 世紀始建於英格蘭，是貴格會的支派。西元 1774 年由安·李（Ann Lee，西元 1736 ～ 1784 年）建立，現已基本消亡。震教徒的讚美詩、靈歌、舞蹈等祈禱音樂非常著名，有著大量的相關整理和研究。這些音樂往往在一名震教徒突發宗教靈感的時候產生，並在震教徒集會上演唱或演奏，震教會在這種集會上集體震顫身體，也同樣是由某一名震教徒開頭，然後迅速波及所有的人。

多少書，因此，這個話題可以讓我們聊一整天。我們一致認為，對於徒步旅行者來說，在旅途中偶爾加入了一些幽默或是誇張是很有必要的。我們都是冷靜之人，很容易取悅。即使不在之前的那片土地上，也沒有想過悄悄走到任何一座農舍，希望對方給我們一杯牛奶喝。要是我們的口袋沒了錢，或是我們腦海裡一些奇想讓我們去到那些窮人居住的地方，懇求對方給我們一頓晚餐或是住宿，那麼這必然會打破這個家庭之前的浪漫氣氛，讓我們去了解許多關於他們悲慘的過去 —— 也許，當郵件馬車到來的時候，還可能看到年輕女孩臉上的紅暈。或是，他們的故事讓我們如墜入雲裡霧裡，不知所云。當然，客棧是為旅行者提供了這樣的機會，也是了解許多笑話、政治議題或是農夫們閒談的機會。但是，戒酒協會已經讓酒吧空無一人，這是一個非常冷清的地方。霍桑想要點火抽菸，我注意到他很快就要來到露天廣場了。在中午時分，我們來到了斯托，一起吃了午飯。接著，我們繼續朝著哈佛前進。按照我們最好的估算，走一天可以走上 20 英里路。不過，我們是乘坐馬車走完最後幾英里路的，因為當時一位友善慈愛的紳士知道我的名字以及我父親的歷史，堅持要這樣載我們一程。最後，他還將我們送到了鎮上的一家客棧，將我們介紹給那裡的醫生與某某將軍，要求這裡的主人好好招待我們。第二天早上，我們在六點半的時候出發前往 3.5 英里之外的震教徒居住的村莊。當一些好姐妹為我們準備早餐的時候，我們與賽斯‧布蘭查德（Seth Blanchard）與克勞特曼（Cloutman）進行了一番交談。他們透過誠實的回答表示了他們的信仰與行為方式。與我見到這個團體的一些人一樣，他們不是愚蠢的人，也不像其他人那樣世俗。他們彼此間的對話是非常坦率的。我認為，當別人坦誠待你，你也要坦誠待人。賽斯在對話中展現了自己的幽默感。從很多方面看，他們都是非常有趣的人，但在目前，他們對社交主義實驗顯得額外重視，這需要交給時間去檢驗了……除此之外，這種以模範農場作為安置模式是非常具有推廣價值的，這裡根本沒有我們所談論的缺乏鄉村高尚的風氣……我們從震教徒的村莊來到了利特爾頓，接著再從利特爾頓前往埃克頓，受

到了熱情的接待。這似乎是 7 月的某一天。我們從埃克頓出發，悠閒的走著，在第二天下午 4 點的時候回到了家，結束了這段旅程。

遺憾的是，關於他們的聊天卻沒有任何紀錄，顯然他們聊的大部分內容都是簡單的。他們彼此都非常欣賞對方，本性卻並不相同，而這樣的不相同讓他們對彼此都沒有任何吸引力。他們都「鄙視」對方所談論的「空想」，當然他們表達這些想法時是相當友善的，雖然這可能帶有一些孩子氣。西元 1838 年，愛默生在他的日記裡這樣寫道：

伊莉莎白・皮博迪（霍桑的嫂子）昨天為我帶來了霍桑所寫的《海邊的足跡》。我抱怨說，這本書裡面沒有什麼新穎的內容。奧爾柯特與他合在一起才能變成一個真正的男人。

西元 1852 年，當霍桑回到康科特，住在愛默生所在村莊的另一端時，他們卻再也沒有親近過彼此了。當得知霍桑的死訊之後，愛默生在日記裡寫道：

我認為，霍桑的去世所具有的悲劇因素還遠遠沒有為世人所了解，他所感受到的那種痛苦的孤獨，我認為是任何人都不願意繼續去承受的，而他最後也因此而死。當我知道他的死訊之後，我既感到震驚，又感到失望。我認為他是一個比他所說出言語更加偉大的人。他其實還可以做更多的工作，還可以展現出更加純粹的能量。除此之外，作為他的鄰居以及一直同情他的人，我深信自己可以慢慢的等待 —— 等待他改變之前的不情願或是任性的做法，最終期望能夠獲得他的友誼。顯然，要是能夠養成那種毫無保留進行交流的習慣，這對我們倆來說都是一件幸福的事情。與他進行交流是輕鬆的，不會感覺到任何的障礙。只是他在交談過程中說得很少，而我說得很多。因為霍桑一直沒有給出要我閉嘴的暗示，因此我會一直說，最後我還是會閉嘴，因為我擔心自己說得太多了。霍桑沒有展現出任何自大或是自作主張，而總是顯得非常謙卑。在某個時候，他甚至因為寫作而累垮了自己。一天，我發現他來到了山頂的樹林裡，他沿路緩慢的

返回自己的家，然後說：「真正會紀念我的，只有這條路，看來我已經等待了太久。」

我認為，霍桑所寫的書無法真正展現他所具有的天才。我非常欣賞他，他是一個簡樸、可親且追求真理的人，他在談話過程中非常坦率，但我在閱讀他的作品時內心從未感覺到愉悅，我覺得這些作品還略帶幼稚。

當霍桑在西元 1846 年離開牧師住宅時，這個住宅的所有者，也就是愛默生的舅舅薩繆爾·里普利從沃爾瑟姆搬回來居住了。里普利的妻子莎拉·奧爾登（布拉德福德）·里普利（Sarah Alden 〔Bradford〕 Ripley）是愛默生早年的一位朋友，她早年居住在波士頓的時候就已經認識愛默生了。她非常照顧那些小孩，特別是年幼的愛默生。她經常與愛默生通信，談論他的學習與詩歌創作等問題。從那之後，他們就形成了非常牢固的友誼。在愛默生看來，她是一位將友好的家庭品格與對家庭責任不知疲倦的奉獻精神結合起來的女性，並且有著終生學習的習慣。當她去世之後，愛默生在《波士頓日報》上刊登了一篇訃告，這樣評價她：

她熱愛知識，渴求知識。對知識的渴望會讓她徹夜難眠。她收藏了很多書，絕不是一位賣弄學問的人。只有當別人向她請教的時候，她才會展現自己的才華。當別人向她尋求解決問題的方法，沒有人能比她提出更加簡單的方法了。她不僅是一位最可親最善良的女性，也是一位非常真誠的女性，始終為別人著想……她從沒有想過要追求任何奢侈的生活，或是希望得到別人的讚賞或是獲得任何影響力，同時她對所有的瑣事都一笑置之。

愛默生描述她的最後一個性格特點，可以從他的姑姑瑪麗·愛默生與她之間的行為看出來。在她們要搬離城鎮的時候，需要將一個掃帚拿走。「她竟然真的拿著這個掃帚走過了波士頓廣場，從薩姆納大街走到了漢庫克大街，沒有半點猶豫或是說一句抱怨的話」。對莎拉而言，她的人生有太多真正需要關注的東西了，根本沒有時間去關心這些瑣碎的事情。每個

親近她的人，都能夠感受到她身上散發出來的那種熱情。她的一位學生（除了完成很多事情，還抽出時間與精力去幫助學校的學生，監督那些定居在沃爾瑟姆地區的學生的功課情況）就曾這樣評價她（刊登在西元 1867 年 8 月 8 日的《波士頓晚報》）：「她教授了這些學生多少知識與思想，為他們傾注了多少情感啊！她那富於邏輯的智慧，總是能夠幫助學生們解決一些看似無法解決的難題。作為一名熱愛學習的人，她想辦法讓那些最枯燥的知識變得非常有趣……她對學生的直覺以及能力的信任，讓學生們不斷得到進步，鼓勵他們去做其他老師認為不可能做到的事情。她不單純是教導學生的學業，還向他們灌輸各種真正有益的心靈能量。」

她與愛默生的友誼招致了她那位難以和解的朋友，也就是愛默生的姑姑瑪麗的指責。瑪麗說，愛默生的這些行為是失常的。也許，這只是一個誤會，至少愛默生沒有意識到這點。事實上，愛默生對莎拉所進行的形上學以及科學研究並沒有什麼興趣。

愛默生在日記中寫道：

莎拉是一位充滿智慧的人，在一大群帶著面具生活的人當中，她以毫無隱藏的方式展現自己。當我看到她的時候，我並不希望能夠獲得任何有用的知識或是思想：她也因為自己研究的範圍過廣而感到惱怒 —— 其中就包括古希臘、德國、必歐（Biot）、畢廈（Bichat）、化學與哲學等學科。所有這些研究為她帶來了甜蜜的苦惱。但是，她是一個具有高度智慧且冷靜的人，能用旁觀者的冷靜思維去看待這些事實以及生命。她要比她所知的一切都要更進一步……她擁有著某種發自內心的純粹與高尚情感，這讓她能夠擺脫所有禮儀、衣著或是個人形象所帶來的束縛。對於她內心那顆純真的心而言，任何灰塵或是汙點都無法附著。

她對愛默生產生的影響，可以從愛默生在西元 1838 年所寫的一篇日記得到展現：

昨天在沃爾瑟姆。她雙眼散發出來的善意與天賦，讓我產生了某種

積極的感覺。至少，這讓我產生了要有耐心的去做某事，擁有更自信的想法。

她是愛默生希望結交的朋友，就好比他的那些書一樣，不管他看不看這些書，這些都是他可以隨時翻開的。當里普利在西元 1847 年去世之後，她每個週六晚上都會定期前來愛默生的家，她所展現出來的社交影響力讓很多人都前來愛默生家進行聚會，愛默生對此也感到非常高興。

居住在康科特的伊莉莎白・霍爾（她後來收集了許多關於里普利夫人的信件，編輯成了《本世紀值得世人銘記的一位女性》）在愛默生的弟弟查爾斯去世之後，就成為了他的弟媳。這種親密的關係讓她有著某種非凡的洞察力，但她的體質與愛默生的一樣，都無法與別人形成真正親密的朋友關係。因此，他們有時會處於同病相憐的狀態。他們都是具有豐富情感的人，卻又不是多愁善感的人。她都保持著平衡的心態，對思想保持一種開放的心態，這讓她成為愛默生的一位理想交流對象。西元 1837 年，愛默生在日記中寫道：

那些優秀的年輕人都鄙視生活，但伊莉莎白・霍爾與我都一致認為，當我們以一種鄙視的態度去看待朋友或是過分渴求朋友的話，這是過度禮貌的表現 —— 對我們來說，每一天都是無限美好的。

可以說，她是愛默生的紅顏知己，也是他所持思想的檢驗標準。愛默生文章裡的許多思想，都是他們所認同的。愛默生在日記中寫道：

她的心智處於一種讓人讚賞的平衡狀態，我認為任何一個用文字表達思想的人都不可能像她那樣公允。她清楚的看到一種看似平衡的觀點中存在的細微差別。她將拿破崙的那句名言「尊重你所背負的負擔」運用到林肯與溫・菲利普斯身上。

昨晚，我與睿智的伊莉莎白進行了一番討論，她將常識定義為對某種不可逆轉的存在法則的洞察。很多哲學家只是思考該怎樣去表達這樣的法則，但正常人卻無法用準確的語言去進行表述 —— 這就是一個明顯的區

別。她對一般法則的定義是：你必須要清點自己的「錢」，因為如果你說這是比較瑣碎或是不加清點的話，那麼「偉大的靈魂」，就會對你進行報復，讓你對最好的朋友產生猜疑或是萌生其他的憂慮。

某天，我對霍爾說，我最喜歡那些具有能力的強壯之人，就比如她父親（薩繆爾‧霍爾〔Samuel Hoar〕）那樣的人，因為他毫不猶豫且毫無顧忌的支持社會秩序的運動：（在接下來的一個段落描述了那些充滿熱情的改革者），但在這個全新的天地裡，還產生了第三個階層的人，他們能夠接受全新的元素，能夠站在一個更高的境界去審視之前數百萬人為之摸索且感到痛苦的世界。他們能夠以全新的眼光去看待生活與幸福，我相信過去的舊世界必然要結束，因此我熱愛並且崇拜著新生活。

伊莉莎白‧霍爾是一個神聖之人。在我的所有朋友當中，我甚至要比她本人更加希望她是一個不朽之人，她所產生的影響是我所不能媲美的，因為她始終準備伸出雙手，去幫助那些需要幫助的人。

美國文明之父愛默生：

童年時期、大學生涯、歐洲旅行見聞、牧師與婚姻、「宗教」演說，從出生地波士頓到定居康柯特

作　　者：[美] 詹姆斯·艾略特·卡伯特 （James Elliot Cabot）

翻　　譯：孔謐

發 行 人：黃振庭

出 版 者：崧燁文化事業有限公司

發 行 者：崧燁文化事業有限公司

E - m a i l：sonbookservice@gmail.com

粉 絲 頁：https://www.facebook.com/
　　　　　sonbookss/

網　　址：https://sonbook.net/

地　　址：台北市中正區重慶南路一段六十一號八
　　　　　樓 815 室
　　　　　Rm. 815, 8F., No.61, Sec. 1, Chongqing S. Rd.,
　　　　　Zhongzheng Dist., Taipei City 100, Taiwan

電　　話：(02)2370-3310

傳　　真：(02)2388-1990

印　　刷：京峯彩色印刷有限公司（京峰數位）

律師顧問：廣華律師事務所 張珮琦律師

定　　價：375 元

發行日期：2023 年 06 月第一版

◎本書以 POD 印製

國家圖書館出版品預行編目資料

美國文明之父愛默生：童年時期、
大學生涯、歐洲旅行見聞、牧師與
婚姻、「宗教」演說，從出生地
波士頓到定居康柯特 / [美] 詹姆
斯·艾略特·卡伯特（James Elliot
Cabot）著，孔謐 譯 . -- 第一版 . --
臺北市：崧燁文化事業有限公司，
2023.06
面；　公分
POD 版
譯自：A memoir of Ralph Waldo
Emerson.
ISBN 978-626-357-420-5(平裝)
1.CST: 愛默生 (Emerson, Ralph
Waldo, 1803-1882) 2.CST: 傳 記
3.CST: 美國
145.35　112008394

電子書購買

臉書